BTN불교TV - 글로 읽는 대풍 범각스님의 진심법문
'대풍스님이 들려주는 마음 닦는 이야기'

나는 누구인가, 어디서 왔으며 어디로 가는가?

대풍 범각스님의
진 심 법 문

나는 누구인가, 어디서 왔으며 어디로 가는가?

대풍 범각스님의

진 심 법 문

①

맑은소리
맑은나라

여는 글

대풍 범각스님

저자

진심법문을 책으로 엮어내며

진심법문은 BTN불교TV를 통해 시청자들께 전한 불교 신행 및 불교 수행에 관한 내용입니다. 이미 방송을 통해 알려진 내용을 이렇게 책으로 엮어 독자들께 내어놓는 이유는 여러 가지가 있겠으나, 무엇보다 시청자들의 문의 전화가 무척 많았기 때문입니다. 그렇다 보니 전화 통화나 개별적 상담으로는 불교 신행 및 불교 수행에 따른 제반 사항을 설명하기에 한계가 있었습니다.

시청자들의 문의 전화 중 비중을 많이 차지한 부분은 대부분 '불자로서 올바른 신행이 되게 하려면 어떠한 자세와 태도를 가져야 하느냐' 와 같은 기본적인 질문에서부터 불교 수행에 따른 체계적이고 구체적인 차제법은 물론, 수행에 따른 몸과 마음의 변화 과정에 대한 내용도 있었습니다.

특히 출가하신 분은 수행의 과정을 좀 더 심층적으로 알고 싶어 했고, 재가불자들은 현실 속의 여러 가지 괴로움과 고통을 덜 수 있는 방편들을 묻는 내용들이 있었습니다. 그래서 진심법문이 무엇이고, 어떤 내용으로 구성되었으며, 어떤 변화를 얻을 수 있는지를 간략하게 말씀드리겠습니다.

진심법문은 '참나'의 진여본성과 불성을 깨치게 하는 법문입니다. 우리 마음은 본성과 마음의 두 가지로 구성되어 있습니다. 몸뚱이는 하나이지만 마음은 근본바탕과 작용이 두 가지인 아주 신통묘용한 것입니다. 이 마음의 실상은 무엇이며(본체는 어떤 구조이며), 발생하는 마음의 구조는(작용은) 어떻게 이루어지는지를 안다는 것이 쉽지 않습니다. 그러므로 정확한 이해를 드릴 수 있는 시간을 갖기 위해〈진심법문〉 자리를 마련했던 것입니다.

우리 마음의 본성인 마음바탕은 움직임이 없고 항상 평등하며 진여眞如이고 일심一心이지만, 그 본성에서 작용되는 마음은 너무도 다양한 변화작용이 일어나기 때문에 어느 것이 내 마음이고 어느 것이 내 마음이 아닌 것인지를 구별하기가 상당히 어렵습니다. 그로 인해 마음작용에 대한 부분을 집중적으로 법문하는 것을〈진심법문〉이라 할 수 있습니다.

물론 어른스님들께서 상당법문을 하시는 것도 진심법문이라 일컫습니다. 제가 하는 것은 상당법문에 해당되는 진심법문이라기보다는 불자들의 이해를 도와주는 설법 위주로 100일 진심법문을 방송으로 진행한 내용이었습니다. 진심법문을 하는 시기와 기간은 매주 수요일 오후 7시에 봉행되었고 1년 동안에 걸쳐서 48회를 진행하였습니다.

그리고 진심법문 핵심 주제는 한마디로 '식심견성識心見性' 입니다. "마음을 바로 알아서 성품을 보는 것이다." 라는 내용입니다.

옛날 오조 홍인대사五祖 弘忍大師께서 식심識心이라 하여 '마음을 알고 견성見性하는 것은 성품을 보는 것' 이라 하였고, '성품을 보는 것은 불지佛地다. 즉, 부처님의 경지' 라고 했습니다. 우리 선가禪家의 선풍은 '직지인심 견성성불直指人心見性成佛' 입니다. 이 선풍에 계합되는 말이 식심견성이라 할 수 있는데, 이 진심법문을 통해 마음을 바로 알게 하고, 각자가 가지고 있던 원래 성품을 만날 수 있는 보조적 역할의 법문 자리이기 때문에 식심견성이라 할 수 있겠습니다.

그리고 진심법문을 위한 중요 경전들은 『금강경金剛經』과 『법화경法華經』 그리고 『화엄경華嚴經』 등 대승경전을 중심으로 하고, 『아함경』 등 소승경전을 아우르고 있습니다. 특히 마명보살의 저서인 《대승기신론大乘起信論》을 기반으로 하고 돈황본 『육조

단경六祖壇經』을 근본으로 하고 있습니다. 여기에 첨언한 것은 필자인 산승山僧이 10년간 산속에서 무문관 수행을 통해 선정 속에 체험했던 법열의 순간들을 소개하며 진심법문을 돕는 방식으로 설명하고 있습니다.

이렇듯 지난 1년 동안 진심법문이 펼쳐진 BTN불교TV의 방송 내용을 책으로 엮어내면서 방송에서 설해진 내용은 크게 달라진 점이 없으나 독자들의 이해를 돕기 위하여 대화를 하듯 만들어진 구어체 내용들을 문어체로 전환했으며 다소 미흡했던 부분에는 문맥의 흐름을 방해하지 않는 범주 내에서 세심한 주의를 기울여 서술해 놨습니다.
또한 방송에서 시청자들께 설명할 때의 방언이나 사투리, 음성이나 어감을 손질했으며 외국어의 경우 산스크리드어, 빠알리어, 영어를 써야 하는 부분은 한자 표기처럼 역시 병기하였습니다.

진심법문 내용은 앞에서 언급했다시피 불자들의 이해를 돕기 위한 설법이지 결코 학문적인 이론서가 아니라는 점을 한 번 더 말씀드립니다. 이와 더불어 독자들이 가장 혼돈하기 쉬운 부분은 앞 페이지와 뒤 페이지의 내용이 중복되는 경우를 보게 될 것입니다. 앞에서 설명된 내용이 뒷장에서 다시 언급되는 것은 독자들의 이해를 도우려는 목적도 있지만, 불교 신행과 수행의 매커니즘이 그렇게 흘러가야 하기 때문에 부득이 중복되는 구절이 있다는 점을 미리 밝힙니다.

그리고, 방송 내용을 책으로 엮어내면서 가장 신경 썼던 부분은 불자들이 읽기 쉽고 이해하기 쉽도록 가급적 현대사회에서 통용되고 있는 평이하면서도 보편적인 이해에 부합되는 용어를 구사하려고 하였으나, 고래로 내려오는 불교 고유의 개념적 용어는 현대인들의 눈높이에 맞는 쉬운 용어로 쓰기에는 한계가 있었다는 점을 말씀드립니다.

그런가 하면, 불자님들께서 책을 펼쳐놓고 읽는 것이 시간상으로나 여건적인 측면에서 불편하다면 직접 시청이 가능한 채널이 있습니다. 요즘 한창 일반인들의 휴대전화에서 떼어놓을 수 없는 유튜브 채널이 그것입니다. 유튜브에 '대풍범각 TV' 혹은 '대풍범각스님의 진심법문'을 검색창에 입력하면 진심법문 각 회차 방송 내용을 들을 수 있습니다.

유튜브 주소 〈BTN 진심법문 바로가기: http://www.btn.co.kr/btntv/〉입니다.

불교의 실천덕목 중 하나는 나눔입니다. 방송 내용을 책으로 엮어내는 이유는 독자들이 무명의 미혹을 벗지 못하여 아직 무량광 법신부처님이나 보신의 부처님을 친견하는 기쁨이 어떤 것인지 모르기 때문에 그 법열을 조금이라도 불자들께 나누어 드리고 싶은 욕심도 있음을 부가적으로 언급하지 않을 수 없습니다.

아울러, 지난 48회분의 방송을 책 한 권에 모두 담을 수 없었기에 1권, 2권, 3권, 4권으로 나누어 책을 펴내게 되었습니다. 방송된 날짜와 순서대로 가지런하게 정리되어 편집되지 않았다는 점만 빼면 활자로 엮어낸 본 〈진심법문〉은 방송된 내용과 크게 달라진 것이 없다는 점을 다시 한 번 말씀드리면서 서문을 맺습니다.

끝으로 〈진심법문〉이 책으로 나오기까지 물심양면 도움이 되어주신 대각정사와 사천왕사 신도님들과 최금식 회장님 그리고 윤을암 신도회장님을 위시한 지중한 인연의 불자님께 깊은 감사의 인사를 전합니다.

그리고 진심법문을 통한 포교가 성공될 수 있도록 항상 곁에서 격려와 사랑을 아끼지 않으셨던 대한불교승가공동회 사형사제 스님들께도 깊은 감사의 인사를 드립니다.

특히 항상 곁에서 모든 포교와 불사를 도우며 궂은 일을 도맡아 애써준 묘주스님과 박경희 보살에게도 감사의 마음을 전합니다.

아울러 BTN불교TV 제작진 여러분과 출판에 심혈을 기울여 주신 도서출판 맑은소리맑은나라 임직원들께 깊은 감사의 마음을 전합니다. 두루한 인연들께 부처님의 마음을 드리고 싶습니다. 고맙습니다.

2020년 늦가을, 대각정사와 사천왕사를 오가며

대풍 범각 합장

축문

서해瑞海 흥교興教 큰스님

선찰대본산 범어사 전계대화상

불성佛性을 드러내는 「진심법문」이 되기를

"중생과 부처가 따로 존재하는 것이 아니건만, 지금 우리가 살아가고 있는 현주소는 아직도 미망 속을 헤매고 있는 것이 아닌가? 이 빛깔 저 소리에 끄달리고 이 사람 저 사람의 입맛에만 맞추려 한다면 그대 자신의 삶은 어느 세월에 구가할 것인가?"

오래전 〈가는 곳마다 主人이 되라〉는 책을 내면서 책 서문에 썼던 내용 중 일부가 몰록 떠올라 이 격려사의 앞머리에 놓아 보았습니다.
우리가 살아가고 있는 현주소가 아직도 미망을 헤매고 있는 사실은 누구도 부인할 수 없습니다. 이러한 때에 1년에 걸쳐 대풍 스님이 진행한 BTN불교TV의 〈진심법문〉은 그 내용 전체가 불자들의 미망에 대하여 경종이 되는 내용도 있을 뿐만 아니라, 마치 달을 가리키는 손가락처럼 불자들의 얽히고설킨 미망의 실타래를 푸는 해법을 일러주기도 합니다.

재가불자나 아직 수행이 원만 구족하지 못하신 출가자나 무명에 가려져 있는 마음과 몸의 깨침을 어떻게 하면 되는지에 대한 구체적인 단계와 실천 차제법들을 대풍

스님의 수행 경험을 보조 삼으며 그 내용을 이 〈진심법문〉에서 펼쳐 보이고 있습니다. 그런 연유로 이 책을 접하는 불자들은 '참나'를 찾아가게 될 것이며 무명의 어리석은 눈을 크게 뜨는 계기가 될 것으로 생각합니다.

무릇, 아침에 절 마당을 빗질하는 것은 청정한 도량을 위한 것입니다. 마찬가지로 어리석은 중생의 몸과 마음에 끼인 무명의 묵은 때를 씻어내려면 대풍스님이 1년에 걸쳐 진행한 BTN불교TV의 〈진심법문〉이 청정도량의 절 마당에 앉은 먼지와 티끌을 쓸어내는 빗자루와 같아서 불자들의 마음에 앉아 있는 묵은 때인 무명이라는 먼지를 쓸어내는 역할을 할 것이라고 기대합니다.

또한, 때를 맞춰 공양하는 것은 수행하는 사람의 기본이며 건강 유지의 큰 틀임은 두말할 나위가 없듯이, 눈 뜨면 빠르게 변화하는 4차 산업혁명 시대에 인공지능까지 등장한 시대를 우리들은 살아가고 있습니다. 그러나 생각을 달리 해보면 자신의 몸과 마음을 의지하는 신앙적 가피도 필요하고 쉼의 힐링도 필요한 시절이기도 합니다. 이러한 때에 이 〈진심법문〉이 몸과 마음의 건강을 유지하는 길잡이가 되고 진여세계를 열어가는 방편이 되어 진정한 등불이 될 것으로 생각합니다.

마음의 성품은 본래 가고 옴이 없으며 생기고 사라짐도 없습니다. 이 〈진심법문〉을 통해 중생이 가지고 있는 본래 마음의 불성을 닦아 '가고 옴도 없으며 생기고 사라짐도 없는' 천지간 우주법계의 당당한 주인공으로서 아뇩다라삼먁삼보리를 성취하시길 기원하며, 다시 한 번 대풍스님의 〈진심법문〉 발간을 축하드립니다.

무서리 내린 늦가을 어느 날 성주사에서
서해 홍교 합장

추천사

석성우 스님

BTN불교TV 회장

영상에서 종이 매체로 이어지는 법의 바다로

새해가 되었지만 코로나19로 움츠러든 불자들에게 봄은 아직 멀기만 합니다. 하지만 우리는 무상한 세간의 이치대로 이러한 시련도 언젠가 곧 끝이 있으리라는 것을 잘 알고 있습니다.

또한, 이전의 평온한 일상으로 돌아가긴 어렵겠지만 언제나 부처님의 정법을 갈망하는 사람들의 갈증은 쉽게 잦아들지 않을 것도 잘 알고 있습니다.

참된 법은 시대를 초월하여 찾고 보급되어집니다. 눈 밝은 이에게도, 지혜가 부족한 이에게도 바른 법은 근기를 따지지 않습니다. 그 정법을 토대로 불법을 홍포하는 저희들은 충분히 알고 있습니다. 그물망에 코가 걸리듯이 혹은 지극한 마음으로 임하는 이들에게 주어지는 법의 바다가 무량함을 말입니다.

시공을 초월하여 설해지는 법을 미래에까지 전할 수 있는 길이 보장된다면 그것은 영상이 되었든, 종이 매체가 되었든 크게 반길 일임이 분명합니다.

대풍 범각스님이 진심법문이라는 타이틀로 BTN불교TV를 통해 시청자를 만나온 지도 2년여가 지났습니다. 범각스님처럼 더 간절함을 일깨우는 심지 법문은 펄펄 끓는 가마솥에 찬물 한 바가지를 부어 넣는 시원함이 있습니다.

BTN불교TV는 다양한 근기의 시청자들이 자기 수준에 맞는 법문을 챙겨 볼 수 있도록 배려하고 있습니다. 방송에서는 초심자들을 위한 생활법문뿐만 아니라 불교를 좀 더 깊이 이해하고 공부하고자 하는 눈 밝은 이들에게도 딱 맞는 법문이 필요합니다. 그런 만큼 진심법문이 방송되는 동안 눈 밝은 불자들에게 쾌도난마와 같은 설법으로 큰 반향을 불러일으켜 준 범각스님께 감사하는 마음이 큽니다.

특히 이 봄에 안목 있는 사람들에게 꼭 필요한 내용으로 진리를 갈망하는 불자들에게 바른 지침서 역할을 할 진심법문이 책으로 엮여 나온다는 소식에 참으로 기뻤습니다.

지금은 다양한 미디어로 대중과 소통하고 일깨움을 주는 선지식들이 더 많이 필요한 때입니다. 범각스님은 이 시대 참된 포교의 방식을 아는 스님이라 생각합니다. 모쪼록 범각스님의 진심법문이 더 많은 이들에게 부처님의 진리를 전하고 지혜를 넓혀 참된 인생 행복의 길을 찾는 불자들의 필독서가 되기를 간절히 기대합니다.

불기 2565(2021)년 3월 5일
우면산에서 **무봉 성우** 합장

축사

성대 무공스님

신해사 · 반야용선사 회주

전문적이며 세심한 삶의 등불, 〈진심법문〉 시리즈

불교의 핵심은 무상을 알고 사성제를 알아 진정한 '나'를 알아가는 일입니다. 그 여정은 멀기만 하여 평소 지속적인 연마를 하지 않으면 가능하지 않습니다.

이치를 알고 그것을 자신의 것으로 만들어 몸소 실천하는 주인공의 삶은 역대 선사들로부터 오늘에 이르기까지 많은 선지식들에 의해 줄곧 전해지고 있는 덕목이기도 합니다.

그렇다면 이치를 아는 일은 이론을 바르게 익힌다는 얘기가 될 터인데, 이는 바른 가르침을 만난다는 얘기입니다. 바른 가르침과 바른 스승을 만나는 일은 불교 수행에 있어 탁마도반과 아울러 아주 중요한 부분인데 특히 바른 스승을 만나 법을 깨우치는 일 만큼 소중한 일은 없습니다.

대풍 범각스님의 〈진심법문〉은 일상생활 속에서 불교를 배우고 익혀 실천하는 가르침이 고스란히 담겨져 있습니다.

이미 BTN불교TV를 통해 여러 불자님들에게 두루 방송으로 학습이 되었던 〈진심법문〉은 안방에서 보고 듣는 '영상법회'에 다름 아니었습니다. 굳이 사찰을 찾지 않았다 할지라도 집 안에서 간편하게 공부를 할 수 있었던 기회는 실로 좋은 방송의 기능이었습니다.

그런데, 많은 시청자 분들과 불자님들이 더 면민하게 정리된 글을 받아 공부하고 싶다는 요청으로 범각스님이 마음을 내어 책으로 읽는 〈진심법문〉을 엮게 되었다고 들었습니다.

방송에서는 방송 나름의 말하기 쉬운 '구어체'로 방송을 내 보낸 바 있으나, 활자화된 책에서는 더 꼼꼼하고 세심하게 '문어체'로 수정되어 읽는 이로 하여금 한층 더 친절한 안내서가 되고 있다는 것입니다.

그러기에 이번 발간되는 〈진심법문〉에는 그간 수행과 포교의 일선에서 함께 하며 나누었던 법에 관한 내용들과 출가자는 물론 재가불자님들이 수지해야 할 내용들이 일목요연하게 정리돼 있음을 알게 되었습니다. 이는 평소 범각스님이 갖고 있는 수행덕목과 지침, 그리고 불교학을 전공한 불제자로서 전문성을 갖고 다가선 체계화 된 내용이기에 그 의미가 남다르다는 것입니다.

하여, 그만큼 스스로에게 철저했고 사회 공헌적 활동과 봉사행에도 탁월함을 보여온 수행자가 범각스님입니다.

이번 〈진심법문〉은 수행의 방법, 스스로를 찾아가는 길, 전생부터의 업식, 인과율의 등 통찰력을 갖고 꿰뚫어놓은 살아있는 내용임을 자신 있게 말씀드리고 싶습니다.

그것은 누구나 없이 어려운 시대를 살아가고 있는 현대인들에게 최고의 안내서가 분명할 것이며 미혹에서 눈 뜨지 못하는 이들에게 지혜의 눈을 뜨게 해 주는 등불이 될 것임을 확신합니다.

코로나의 역경을 이겨내는 가운데 좋은 법문집 한 권은 금상첨화의 영약이 돼 드릴 것입니다.

불자님들과 인연 되시는 분들이 받아 드는 참 좋은 양서가 될 것이기에 이 〈진심법문〉시리즈를 추천하는 바입니다.

불자님들 가정마다 불은이 가득하시기를 소원합니다.

불기 2565(2021)년 3월 5일

신해사 · 반야용선사 회주 **성대 무공** 합장

축사

월산 도연스님

진주 금천사 주지

이고득락離苦得樂의 삶에 인례의 길잡이

이 땅에서 불교혜명佛教惠明을 지켜 온 세월 후, 작금昨今의 시간 속에 지구촌의 환경은 코로나 19로 인한 불행과 절망이 교차되는 고통의 연속입니다. 이는 누구를 불문하고 예외가 없는 상황인지라 지구촌의 이 거대한 인드라망은 가히 놀라지 않을 수 없습니다.

굳이 혈연으로, 지연으로 연결되어 있지 않다 할지라도 지구촌 모두는 하나의 공동체로 이미 결속이 되어 있습니다.

이 시절, 모든 이들에게 들이닥친 병고는 무명의 병고가 분명합니다.
지혜는 혼탁하여 본분을 망각하고 의무를 상실하여 모든 생명生命들이 자신들의 살아가는 방법을 잃어버린 듯 마치 큰 파도위에 흔들리며 표류하는 조각배처럼 방향을 정하지 못한 채 휩쓸려가고 있는 모습입니다.

절망의 시작과 절망의 끝자락이 어디서부터 어디까지인지 알지 못한 채 일상에 지친 매일 매일이 견딜 수 없는 큰 무게로 우리 모두를 무기력하고 힘들게 하고 있습니다. 그러나 꺼지지 않는 불씨처럼 개개인의 마음에는 희망이라는 씨앗을 안고 피안의 언덕을 향해 나아가야 합니다. 그리하여 끊임없이 역동하는 삶의 본질이 스스로를 보호하고 지키려는 의지를 키우도록 만들어야 합니다.

생존본능이라 표현하기에는 너무도 처참한 몸부림이 어쩌면 우리 모두를 더욱 애닳고 시리게 하지만 설한풍雪寒風 끝에 매화 꽃 향을 만날 수 있듯이 우리는 다시 또 인내하면서 지혜를 키워야 할 것이다.
이러한 절체절명의 시기에 그 누군가가 명확한 지도력으로 모든 이들의 이고득락離苦得樂의 삶을 보장하며 인례할 수 있는 길잡이가 된다면 우리 모두가 소원하며 바랐던 참된 스승이 아닐까 라는 생각입니다.

어둡고 혼탁한 현실 속에서 우리 모두에게 감추어져 있던 진여의 불씨를 되살리어 스스로를 각성케 하고, 삶의 가치를 향상시켜 본분과 의무를 실존케 하는 부처님의 참된 가르침의 요체를 간결한 문장으로 알기 쉽게 만날 수 있는 기회가 우리들 모두에게 도래한 것입니다.

이는 승가를 위해서도, 재가를 위해서도 유익한 법문이며 불법의 요지를 정리한 대풍 범각스님의 〈진심법문〉입니다. 이토록 혼란한 시절, 금구와도 같은 〈진심법문〉을 요약해 주신 저자 대풍범각 스님께 진심으로 감사의 마음을 전합니다.

나 자신이 채워주지 못했던 아쉬움을 누군가가 대신해줌에 새로운 행복을 느끼면서 진심법문의 출간을 다시 한 번 축하드립니다.

불기 2565(2021)년 3월 5일

월산 도연 합장

에필로그

김윤희

맑은소리맑은나라 발행인

지혜장으로 나아가는 반야용선 『진심법문』을 출간하며

바른 법을 만나는 일도, 수승한 스승을 만나는 일도 복이 있어야 하고 지혜가 있어야 가능하다고 배웠습니다. 심지어 가까운 인연을 만나는 일에도 과거생으로 부터의 업력에 의해 연을 맺고 꽃을 피우게 됩니다.

『진심법문』이 BTN불교TV를 통해 방영되고 또한 활자화 된 『진심법문』을 보는 인연은 분명 지중하고도 막중한 연이었습니다.

범각스님은 법문을 통해 끊임없는 화두를 던지고 있습니다. '나는 누구인가?' '인연은 어디에서 기인했는가?' 라는 물음을 통해 '나' 라는 개체의 생성과 성장, 고집멸도 등 생로병사의 전 과정을 적나라하게 드러내며 공부의 길로 안내하고 있습니다.

스님은 일찍이 선찰대본산 범어사의 홍교 큰스님을 은사로 출가사문의 길에 들었습니다. 범각스님에게 출가는 뜻을 이루는 길을 제시함과 동시, 천하를 얻은 것과 같은 일이었다고 언젠가 사석에서 들려주신 말씀이 기억납니다.

그런 스님은 출가 이후, 10년 동안 무문관 수행을 통해 내면을 궁구하는 일에 집중했으며 이후 전법의 길에서는 불자들과 함께 탁마의 시간을 보냈습니다. 물론 불교학을 전공, 연찬하는 등 불교 학문에도 소홀하지 않았기에 이론과 실재를 겸비한 출가자로 주변의 칭송이 적지 않았던 점은 바로 범각스님의 '오늘'을 있게 한 기반이 었으며 이 『진심법문』을 세상에 내놓게 된 바탕이었다고 사료됩니다.

또한 스님은 동국대학교 불교문화대학원 재학 당시, 학생회장 소임을 맡아 학우들과 도반들에게도 신의가 두터운 책임자라는 평을 들었으며 대각정사와 사천왕사를 포교와 전법도량으로 일궈내는 데에도 불제자로서의 선봉장 역할을 거뜬히 해 낸 주지스님이자 불교대학의 학장이셨습니다.

그뿐 아니라 불교봉사와 자비실천에 있어서도 이론을 행으로 옮기는 일에 소홀함이 없는 승가라는 평가가 늘 뒤따랐으며 실천이 없는 이론을 펼치는 법이 없다는 전언이었습니다.

2020년, 전 세계를 덮친 코로나 바이러스는 지구촌의 모든 이들을 꼼짝하지 못하게 하는 세균전을 예고했습니다. 하여, 불교 역시 예외가 아니었고 대면 법회를 봉행할 수 없는 상황이 만 1년을 넘기고 있는 실정입니다. 이처럼 비대면 사회구조 속에서 BTN불교TV를 통해 전국으로, 혹은 세계로 송출된 『진심법문』은 예기치 않은 기회가 되고 말았습니다.

소셜네트워크 망으로 전해지는 방송과 홍보 영상 시대에 부응하는 안방 법문의 자리를 만들어준 셈입니다.

이에 불자님들과 불교에 관심 있는 분들에게 범각스님의 법문은 쉽게 만나, 심도 있게 알아가는 TV법회로 수위를 차지했으며 반향 또한 적지 않았습니다.

본 『진심법문』이 출간되기까지는 많은 공력을 필요로 했습니다. 스님이 몸소 법문 내용을 정리하는 과정을 거쳤으며 출판사에서는 교정과 교열 윤문, 편집의 과정을 통해 법문 내용의 오류를 최소화 하고 오도되는 일이 없도록 최선의 노력을 기울였습니다.
더욱이 활자화 되어 재탄생되는 불서이니만큼 조금도 소홀함 없는 법서로 출간하고자 범각스님과 스님의 사형사제 스님들, 그리고 출판사가 심혈을 기울여 정성을 모아야 했습니다.

4권 총 44장으로 구성된 진심법문이 독자들과 불자님들에게 지혜광명의 길로 나아가는 진정한 반야용선이 되기를 바라는 마음입니다.
바른 스승, 좋은 도반이 중요하듯 엄선된 법서 하나 소장하는 일은 불법의 기본을 갖추는 거룩한 출발이자 마침표가 될 것입니다.
2021년을 열어 갈 여러분들에게 최적의 불서로 인연지어지기를 소원합니다. 고맙습니다.

불기 2565(2021)년 봄을 앞두고
도서출판 맑은소리맑은나라 발행인 **김윤희**

차 례

첫 번째 진심법문

나는 누구인가,
어디서 왔으며 어디로 가는가?

도대체 내가 누굴까? 이 세상에 태어나서 현생의 삶을 살아가고 있는
'나' 라는 존재는 대체 무엇일까? 출가 승려인 저 자신도 10여 년 성상
동안 무문관 수행을 정진할 때 늘 궁금했던 것 중의 하나가 이 화두이
기도 하였습니다.

누구나 한 번쯤 인생을 살면서 '나는 누구인가' 라는 의문에 든다

부처님 말씀이 적힌 경전에 보면, 내 마음이 '나' 이고, 몸은 내가 아니라고 합니다. 그런데 내가 내 살을 꼬집으면 아프고 누군가 나를 간지럽히면 간지러움을 탑니다. 그러니 이 몸뚱이는 항상 나 자신이지 내가 아니라고 할 수가 없습니다. 바로 육체에 대한 집착 때문에 그런 생각을 하게 됩니다만, 그럼 그 몸뚱이는 누구일까? 참으로 혼란스러운 질문입니다.

그래서 오늘은 여러분들에게 지금 이 시간, 이 세상에 살고 있는 이 주인공은 도대체 누군가? 즉 '나' 라는 존재는 누군가? 내가 살다가 죽으면 과연 어디로 가는가? 또 나는 어디서 살다가 왔는가? 하는 우리 인간의 가장 본질적인 한 부분을 가지고 여러분과 함께 얘기를 나누어 볼까 합니다.

나는 누구이며 어디서 왔고 어디로 가는가?

우리가 이 세상에 왜 태어났는지 알고자 한다면 먼저 부처님께서 깨달으신 12연기법을 한번 살펴봐야 합니다. 12연기법은, 먼저 무명으로 인해 行이 있게 되고, 행으로 인해 식識이 생기고, 식을 인연으로 하여 명색名色이 생기고, 명색을 통해서 육입六入이 생기고, 육입을 통해 감수感受를 하게 됩니다. 즉, 감촉感觸을 통하여 느낌을 받아들이게 됨으로써 고통을 받거나 혹은 기쁨을 느끼고 살아가게 된다고 하는데, 결국 세상에 태어나게 된 가장 근본적인 원인은 무명無明이라고 합니다.

그런데 무명 다음에 일어나고 있는 행行이라고 하는 것은 무엇이냐? 이는 무명이 가진 업식業識으로 어떠한 의지적 작용을 일으키는 걸 얘기합니다. 그다음 식識이라고 하는 것은 무엇인가? 이는 쉽게 설명하자면, 우리가 말하는 중음신中陰身입니다. 또 다른 말로 영혼이라 할 수 있겠습니다. 이것을 불교 유식학唯識學에서는 7식이니 8식이니 등등 얘기하고 있습니다. 불교 유식학은 중관학中觀學과 더불어 대승불교 사상의 두 기둥이라 불릴 정도로 중요한 가르침입니다.

지금 제가 이야기 하고 있는 것은 무명 업식 때문에 윤회할 수밖에 없는 중음신에 대한 얘기를 하고 있습니다. 청정한 신통력의 눈을 가진 명안종사明眼宗師라면 이 중음신을 볼 수 있습니다. 이 부분은 〈진심법문〉이 진행되는 동안 굳이 말하지 않아도 그 사실을 알게 될 것입니다. 중음신은 실제로 어떻게 만들어지느냐를 먼저 이해해야만 그 중음신이 구천을 맴돌다 지금 이 생生에 내 몸을 갖게 된 사실을 알 수가 있습니다.

몸에 있는 다섯 가지 감각을 통해 알음알이가 생긴다.

여러분들의 몸을 한번 판단해 봅시다. 몸에는 눈 · 귀 · 코 · 혀 · 몸의 다섯 가지 감각들이 있습니다. 그래서 몸의 이 다섯 가지 감각을 통해 우리들은 직감적인 알음알이가 생깁니다. 그 다음에 그것과는 별개로 다섯 가지 감각기관이 받아들이는 느낌들, 접촉된 지각들을 통일적으로 결론짓고 인식하는 우리의 '의식'이라는 것이 있습니다. 이 의식을 불교 유식학에서 여섯 번째 의식이라는 뜻에서 제6의식이라고 합니다. 이 제6의식은 몸의 다섯 가지 감각을 통하지 않고서도 홀로이 저절로 인식할 수가 있습니다.

그런데 몸을 의지하지 않고 혼자서 인식하기 때문에 미리 인식한다고 해서 우리가 '예감豫感'이라고 합니다. 달리 말해 우리의 눈, 귀, 코, 혀, 몸! 이 다섯 가지 감각기관을 초월해 있는 여섯 번째 인식작용이라고 해서 육감六感이라고도 합니다. 그렇지만 이 제6의식은 우리가 잠이 들어 사지 몸뚱이가 전혀 움직이지 않는 상태에서도 즉 눈도 닫고, 귀도 닫고, 오감이 모두 닫힌 형태가 되어도 홀로 움직입니다.

이 여섯 번째 제6의식은 꿈을 꾸거나 상상을 하면서 또 여러 군데 여행을 할 수도 있습니다. 무의식 세계에 나갈 수도 있습니다. 이렇게 해서 우리들은 여섯 번째 의식을 갖고 있기 때문에, '아! 지금 이 순간 내가 살아있구나'라고 판단되는 것입니다. 결국 이 여섯 번째 의식이 있어야만 '살아있다'라고 할 수 있는 것입니다. 그리고 여섯 번째 제6의식은 욕계欲界, 색계色界, 무색계無色界의 삼계를 다 인식할 수 있다는 사실을 기억해 두어야 합니다.

제6의식이 작용해야 살아있다고 할 수 있다.

죽을 때 대체로 사람이 어떻게 명命을 달리하는지를 면 한 번 살펴봅시다. 처음에는 의식이 혼미해집니다. 이 여섯 번째 의식이 몹시 혼미해지는데, 이는 마치 방향감각을 잃은 듯 헛갈리고 헤매며 곤혹스러워진다는 것입니다. 그러다 의식이 불명이 됩니다. 그러고는 이 의식이 사라져 버립니다. 이때 의사는 뭐라고 합니까? 의식이 사라져버렸기 때문에 '죽었다' 라고 합니다.

그런데 이 몸뚱이와 다섯 가지 오근과 여섯 번째 의식이 사라진 상태를 '죽었다' 라고 했지만, 그러면 '죽음' 으로서 모든 것이 끝나버리느냐 하는 의문이 들 수 있습니다. 하지만 모든 것이 끝나버린다면 다음 세상으로 나아가는 어떤 영혼이나 중음신은 있을 수가 없습니다.

사람이 죽으면 전5식前五識과 제6의식의 작용은 단절된다.

그런데 사람의 의식에는 제6의식까지만 있는 것이 아닙니다. 이에 대해서는 이미 삼천 년 전에 석가모니 부처님을 비롯해 수많은 각자覺者들께서 그 사실을 알려 주셨습니다. 일곱 번째 자아의식인 제7말나식이 있다는 사실입니다. 그리고 우리가 일상생활 속에서 눈, 귀, 코 등의 다섯 가지 감각기관을 통해서 경험되고, 인식되었던 정보들과 예감·육감 등의 상상력으로 인식되어졌던 모든 삶의 정보들이 모두 저장되는 곳이 있습니다. 그걸 소위 불교 유식학唯識學에서는 제8아뢰야식이라고 합니다. 여덟 번째 무의식이 되는 셈입니다.

인간은 이와 같이 전오식前五識·제6의식·제7말나식·제8아뢰야식 등 여덟 가지 의식·무의식을 가지고 살아가고 있습니다. 이번 생을 살 때는 이 여덟 가지 의식·무의식이 모두 나와 함께 살고 있다가 죽음을 맞이하게 되면 여섯 번째까지의 현재 의식은 사라지고 일곱 번째 제7말나식과 여덟 번째 제8아뢰야식만 또 업력으로 다음 세상으로 나아가게 되는 것입니다.

사람이 죽으면 전6식까지는 없어지지만
제7말나식과 제8아뢰야식은 단멸하지 않고 계속 이어진다.

그러면 일곱 번째 제7말나식은 어떤 역할을 하게 될까요?
감각기관을 통한 다섯 가지 의식과 여섯 번째 의식을 함께 쓰고 있을 때는 이 일곱 번째 의식이 '아! 나다!' 라고 하는, 이른바 자아의식을 일으키며 주인공처럼 살고 있습니다.

그런데 일곱 번째 의식인 이 자아의식은 여덟 번째 의식인 제8아뢰야식을 자아_{自我}로 인식하고 여섯 번째 제6의식을 의지해서 나타나기 때문에 제6의식이 혼미하거나 의식이 불명되거나 의식이 사라져버리고 나면 일곱 번째 제7말나식은 전혀 작용을 못합니다.
그래서 이 일곱 번째 의식은 사람이 죽어 제6의식이 싹 사라져버리고 나면 일곱 번째 제7말나식은 어디로 가야 할지 몰라 망설이며 아무 데고 찾아가지를 못합니다.

그러므로 일곱 번째 제7말나식이 움직이려면 반드시 여섯 가지 감각기관을 의지한 알음알이가 있어야만 합니다.
그런데 사람이 죽으면 제6식이 사라져버리기 때문에 도저히 어떻게 할 수가 없어서 그때는 오도 가도 못 하는 그런 상황이 되어 버립니다. 이때 일곱 번째 의식은 머물러야 하고, 의지하고, 몸담고 있을 곳이 필요합니다. 그곳이 바로 여덟 번째 의식인 '아뢰야식' 이라는 겁니다.

제7 말나식은 제8아뢰야식을 항상 의지처로 삼는다.

이 아뢰야식은 제7말나식을 내치거나 꺼리지 않습니다. 또 제8아뢰야식은 옳다, 그르다, 이건 좋은 것이다, 그건 나쁜 것이다, 그렇게 사량 분별하지 않습니다. 왜냐면 제8아뢰야식은 저장 공간과 같은 것이기 때문입니다. 저장 공간은 창고와 같습니다. 창고 속에 물건을 가득 채워놓으면 누군가는 그 물건을 분별할 수 있어야 합니다. 즉, 물건을 분별할 수 있는 주체자가 있어야 합니다.

다시 말씀드리면 주체자인 의식이 없다면 저장 공간에 무엇 무엇이 있다는 것을 알수 없겠지요. 그러니 창고 자체는, 즉 저장 공간 자체는 내 공간 속에 무엇이 들어있는지 알 수가 없습니다. 그래서 여덟 번째 제8아뢰야식은 그 자체로는 전혀 분별할수 없는 저장 공간 그 자체라는 것입니다.
좋은 것도 못 느끼고, 나쁜 것도 못 느끼고, 옳다 그르다 하는 것도 전혀 못 느낍니다. 그래서 무기성無記性을 갖고 있다는 겁니다. 무기성에다 선성善性, 악성惡性을 보태 삼성三性이라 합니다. 이 무기성은 전혀 느낌이 없는 것입니다.

그런데 이 제7말나식이라고 하는 놈은 제6의식이 있는 동안에는 '나'라고 하는 자아의식이 생기면서 옳다, 그르다, 좋다, 나쁘다, 이런 생각을 계속 일으키는 사량분별思量分別을 하고 있습니다. 그래서 그렇게 일으켰던 생각들의 정보를 이 8식이라고하는 아뢰야식 속에 저장하는 것입니다. 결국 우리 일상생활 속에서 죄를 짓고 있는 놈은 누구인가, 누구이겠습니까?

제7 말나식은 제8아뢰야식을 의지하여 항상 사량분별思量分別하며 죄를 짓는다.

여섯 번째 의식은 죄를 짓지 않습니다. 일곱 번째 의식이 죄를 짓습니다. 만약 여러분들이 눈과 귀와 코가 이런 감각기관을 가지고 '아 저것은 산이네.' '저것은 바다네', '이것은 사람이고, 저것은 동물이고' 등으로 아무리 분별을 하더라도 '나'라고 하는 자아의식이 있지 않으면 이원화된 마음에서 남과 대립해서 업을 짓지 않게 되어 있습니다. 결코 남을 해코지하지도 않고 손실을 끼치지도 않는 겁니다.

그런데 이 제7말나식이라고 하는 놈은 자아의식을 가지고 있다고 했습니다. 그렇기 때문에 '나'라는 생각을 갖고 있는 이 제7말나식은 항상 '나' 중심적인 이기심이 생기게 되는 겁니다. 나와 남을 대립해서 이건 내가 우선이다, 내가 먼저 살고 봐야 돼! 남은 뒷전이야. 이렇게 해서 남하고 대립되는 마음과정 속에서 선악을 분별하고 옳고 그름을 분별하면서 자기중심적인 이기심으로 죄를 짓고 업을 짓게 된다는 겁니다.

제7식은 선·악업의 활동과 번뇌의 감정을 일으킨다.

자! 이렇게 죄를 짓게 되는 제7말나식과 제8아뢰야식이 제6의식과 함께 해오다 죽음을 맞이하게 되면, 즉 전오식과 제6식은 떠나버리고 결국 이 제7말나식과 제8아뢰야식만 남은 상태가 되는데 이를 일러서 '중음신'이라고 합니다. 우리말로는 혼백魂魄이라고 합니다. 또 영혼靈魂이라 합니다.

그런데 이 자아의식인 제7말나식이라는 놈은 아까 말씀드린 대로 눈도 없고, 귀도 없고, 코도 없고, 혀도 없고, 몸뚱이 감각기관도 없고, 분별하는 의식이 없기 때문에 어디로 가질 못합니다.

전후 사방을 볼 수 있는 눈이 있고 귀가 있어야만 전후좌우 어느 방향으로 가야 될지, 구천을 맴돌면서 어느 세상으로 나가야 될지 판단하지만, 이 중음신인 제7말나식과 제8아뢰야식은 6식이 없고 5근이 없기 때문에 어디로 가야 될지 앞뒤를 모르는 암흑천지가 되어버리는 것입니다.

암흑천지가 되면 이 제7말나식과 제8아뢰야식 덩어리는, 이 중음신의 덩어리가 되어 어디로 가야할지를 몰라 딱 그냥 그대로 있는 것입니다. 이때 이 제7말나식과 제8아뢰야식의 중음신은 제8아뢰야식 속에 들어있는 기억 정보에 의해 환청, 환각이 들립니다. 이때 어떤 빛깔과 형색을 보게 되는데, 특히 빛으로 많이 보게 되는데, 이것이 환각입니다. 그리고 또 어떤 소리가 들리는데 이것이 환청입니다.

만약 여러분들이 아무것도 보지 않고 듣지 않고 가만히 눈을 감고 그냥 방에 누워 있는데 자신도 모르게 어느 때 귀에서 어떤 소리가 들리고 어떤 모습이 문득 보일 때가 있으실 겁니다. 이때 '아! 이건 신의 계시인가 보다. 이건 조상님이 나에게 일러주는 소리인가 보다' 이렇게 생각을 하면서 어떤 소리를 듣고 믿게 되는 경우도 있는데 이러한 경계들은 모두 환청과 환각일 경우가 많습니다.

또는 어떤 무엇인가의 경계를, 평소에 보지 못하고 생전에 듣지 못했던 경계들을 체험할 수도 있는데 이때의 경계도 거의 환청·환각이 대부분입니다. 이러한 환청·환각이 나타나는 것은 영겁 이전부터 제8아뢰야식 속에 저장되어 있던 삶의 경험들과 제6의식의 상상력에 의해서 마음속에 나타나게 된 것이기 때문에 망상이고 환상에 지나지 않습니다. 그런데 사람들은 자기 마음속의 계시가 망상이고 환상인 줄 알지 못하고 과거의 기억에 끌려 다니고 환상에 휘둘리는 것입니다. 이것을 미망迷妄이라고 하고 미혹迷惑이라고 하는 것입니다.

중음신은 저장된 업(훈습된 기억정보)에 의해 환청, 환각을 인식한다.

예를 들자면, 여기 지금 제 옆에 담배가 있다고 가정합시다. 아주 질 좋은 담배 한 보루가 있고, 또 반대쪽엔 아주 맛있는 고급 양주가 한 병 있습니다. 여러분들을 하루 이틀쯤 굶기거나, 아니면 무료하게 만들어 놓은 뒤, 이 담배와 술을 여러분에게 보여드렸다면 담배와 술 이 두 가지 중 어디에 마음이 끌릴까요?
자신도 모르게 담배에 끌리는 사람도 있을 것이고, 술에 끌리는 사람도 있을 것이고, 또 담배와 술이 동시에 끌리는 사람도 있을 것이고 아니면 술과 담배에 관심 없이 오직 밥 생각만 일으키는 분들도 있을 것입니다.

만약 담배에 관심이 끌리는 것은 조상이 시켜서 끌리는 것일까요? 술에 마음에 쏠리는 것은 신의 계시가 있어서 쏠리는 것일까요? 아니면 어떤 영감에 의해 담배에 끌리고 술에 마음이 끌릴까요? 도대체 무엇 때문일까요?
그 해답은 신의 계시도 아니고 조상의 계시도 아니며 오직 훈습된 습관 때문입니다. 담배를 피웠던 과거 생활 속의 훈습된 습관들이 계속 담배를 피우고 싶은 욕망을 일으켜 담배에 자꾸 눈이 가게 만드는 겁니다. 또 술을 좋아하는 습관을 가진 사람은 배가 고플 때마다 술을 먹었던 습관 때문에 계속 좋은 술에 눈이 가는 것입니다.

이처럼 우리가 일상생활 속에서 경험하고 기억되어졌던 모든 삶의 정보들은 모두 아뢰야식 속에 저장되어 업식이 되고 내 마음을 일으키는 토대가 되는 것입니다. 그렇기 때문에 아뢰야식이 있는 한 우리는 계속 마음속에서 뭔가를 일으키려는 마음의 꿈틀거림이 생긴다는 거지요. 이것을 두고 부처님께서는 십이연기법을 설하실 때 무명 다음에 일어나는 행行이라고 표현한 겁니다. 자, 이렇게 해서 사람은 무명으로 쌓은 업식을 가진 채 살아서 본유本有로 살다가 죽어서 중유中有의 세계로 나아가게 됩니다.

중음신은 업력(훈습된 습기)에 의해 끌려다닌다.

불교에서는 생명체가 윤회하는 과정의 삶을 네 단계로 얘기합니다. 첫 번째, 우리가 이렇게 일상적인 몸을 갖고 살아가는 이 삶을 본유本有의 삶이라 합니다. 그리고 죽고 난 이후에 다음 세계로 넘어가게 되면 중유中有의 세계라고 합니다. 그리고 살다가 죽는 과정을 사유死有라고 합니다. 그리고 중음신의 상태에서 중유세계에서 구천을 맴돌다 다시 몸을 받고 태어나는 그 상태를 생유生有라고 합니다. 이렇게 중생은 생유生有, 본유本有, 사유死有, 중유中有 네 단계로 윤회를 하게 되는데, 이때 중음신이 되어 중유라고 하는 세계를 헤매고 있는 것은 바로 제7말나식과 제8아뢰야식만 갖고 가는 상태가 된다는 것입니다.

이 중음신의 상태는 정말 우리가 알지 못하는 과거전생의 수 없는 기억들로 가득해서 어떠한 환청과 환각이 일어날지 모릅니다. 이 모든 환청과 환각은 모두 허상이고 망상일 뿐입니다. 이 망상은 중생들이 육도윤회세계로 나아가게 하는 업력이고 원동력이 되는 것입니다. 이 업력 때문에 마음에 욕망의 작용이 일어나 윤회 세계로 나아가게 되는 것입니다. 그래서 사람으로 다시 태어나고 싶은 욕구가 생겨나면 그 욕망으로 인해 어머니의 몸속으로 들어가게 되는 것이다. 그래서 우리가 어머니 몸속으로 들어갈 때 그때는 아버지의 세포와 어머니의 세포가 수정이 된 상태죠. 정자와 난자가 만난 상태에 나의 식識이, 내 중음신이 거기에 결탁되지 않으면 절대 인간으로 탄생 될 수가 없습니다.

그런데 우리는 중유의 세계에서 구천을 맴돌면서 업식으로 인해 발버둥 치다 어머니 뱃속에서 수정이 됐을 때, 딱 들어가 결탁이 되고, 5주 동안 지나다 보니 몸의 감각기관이 생기고 그것이 자라나 열 달이 지나고 난 뒤에 세상 밖으로 나오게 되므로 그 감각기관을 통해 지각할 수밖에 없는 능력을 갖게 됩니다. 태어나서 감수할 수 있는 작용이 생긴다는 의미입니다.

이 말을 『중아함경中阿含經』에서 인용해 보면 "중음신이 있어야 부모의 교합에 의해 만들어진 수정란이 명색名色으로 자라날 수 있고, 거꾸로 부모의 정精과 혈血이 합쳐진 수정란이 있어야 죽은 귀신인 중음신이 새 생명을 받을 수 있다"라고 하는 내용과 같은 맥락으로 이해하면 되겠습니다.

명색은 12인연因緣 중의 하나로서 명名은 형체는 없고 단지 이름만 있는 것이고, 색

色은 형체는 있으나 아직 육근六根이 갖추어지지 않은 상태를 말하는데, 그 뜻은 정자와 난자가 합해진 수정체와 중음신이 결탁한 상태를 말하는 것입니다. 한 마디로 아직 사람으로서 완성이 안 된 상태입니다.

그러다가 5주~6주가 지나면 몸에 감각기관이 형성되는데 이때부터 감각작용을 일으켜 분별작용을 하는 것입니다.

현생에서의 좋아하고 싫어함은 전생에 지은 훈습된 정보 때문이다.

이렇게 감각기관이 생겨나게 되면, 지금 내가 느끼고 있는 '아! 이것은 좋은 느낌이야', '이것은 나쁜 느낌이야.' 이렇게 좋다 나쁘다는 느낌이 반드시 있게 됩니다. 암흑천지인 어머니 태중에서도 태아는 감각기능을 가졌기 때문에 접촉을 통한 느낌을 받아들여 희·노·애·락을 느끼면서 성장하는 것입니다. 어머니가 뜨겁고 찬 것을 먹게 되면 태아는 화탕지옥과 한빙지옥을 체험한다고 하는 것처럼 피부로 접촉하는 것도, 눈으로 본 것도 귀로 들은 것도 태아는 그렇게 '좋다 나쁘다'를 느끼게 되는 것입니다.

이렇게 감각기관을 통해 '좋다, 나쁘다'를 느끼는 것인데, 이 '좋다, 나쁘다'라고 하는 생각이 어디서 나타나느냐 하면 여러분들이 지금 일으키는 마음과 다르지 않은 것입니다. 그런데 아이러니 하게도 그것이 아니라는 얘기입니다. 이미 중음신인 상태에서 제7말나식과 제8아뢰야식 속에 저장되어 있던 그런 훈습된 기억정보가 있기 때문에 그 기억정보의 토대로 '이건 좋아해! 이건 싫어해!'라고 하는 마음이 생겨나는 겁니다.

그래서 어머니 뱃속에서 열 달을 지나고 태어나 감수 작용을 하고, 세 살이 지나고 다섯 살이 지나고 스스로 움직일 수 있는 나이가 되면 자기가 좋아하고 싫어하는 것에 대해서 명백하게 결정이 되어버립니다. 다섯 살, 일곱 살까지의 삶의 정보가 많아서 생기는 것이 아니고 전생에 이미 훈습된 정보가 있기 때문이에요.

중음신은 훈습된 기억정보로 인해 윤회의 길로 나아간다.

그럼 이 훈습된 정보는 대체 얼마나 누적되어 있을까요? 불교에서의 정의는 무시이래無始以來라고 할 수 있습니다. 시작도 없는 과거 이전, 이루 헤아릴 수 없는 정보가 누적되어 있습니다. 왜냐하면 생명체가 윤회하는 삶은 과거가 끝이 없습니다. 미래도 끝이 없이 그냥 영원히 이어집니다. 끝이 없이 말이지요.

지금 이 순간 우리들에게는 과거에 이미 경험했고 훈습되어졌던 그런 삶의 기억은 어느 정도 될까요? 비유하자면, 이 우주의 모든 삼라만상보다 더 많습니다. 그만큼 많은 정보가 우리 마음속에 저장되어 있습니다.

이렇게 헤아릴 수 없이 많이 저장되어 있는 마음의 기운덩어리를 가지고 있기 때문에 우리는 6식이 떨어지고 중유가 되고 중음신이 되어 죽음을, 구천을 맴도는 그런 상황이 돼 있다 하더라도 절대 멈춰있질 않게 된다는 얘기입니다. 반드시 어떤 윤회의 길로 나아가게 되는 것입니다.

이렇듯 우리는 과거의 끝없는 삶의 정보로 인해 현생을 살아갈 때 그것이 내 생활 속에 행복과 불행으로 다가오는 판단을 하게 되고, 현생을 마감하고 죽어서도 구천을 맴돌 수밖에 없는 그런 인凶이 되는데, 이런 윤회의 인이 왜 생겼느냐? 무엇 때문에 생겼느냐? 의문을 품는다 할지라도, 닭이 먼저냐? 계란이 먼저냐? 계란이 시작되어서 닭이 된 것인지, 닭이 시작되어서 계란이 나온 것인지, 도대체 뭐가 먼저냐? 답이 없습니다. 그렇지만 우리의 윤회는 답이 있습니다.

윤회하는 원인이 무엇인가?

이처럼 여러분들께서는 저와 함께 윤회의 원인을 찾아봤습니다. 우리의 아뢰야식속에 저장되어 있는 훈습된 기억정보, 이 기억정보가 있기 때문에 윤회를 합니다. 담배를 좋아해 담배에 자꾸 시선이 가던 사람, 술을 좋아해 자꾸 술로 마음이 가던사람. 이것은 저마다의 마음이 본래 그렇게 나빠서 그런 것이 아니라 훈습된 기억정보 때문에 담배를 찾게 되고 술을 찾게 되는 것입니다. 그렇듯 우리 마음속에는내 마음을 움직여 나가는 그런 인자가 있는데 그 인자를 '업業'이라고 합니다.

그렇다면 이 업은 왜 생기는가? 우리의 몸뚱이가 행동하려고 해도, 또 입을 통해 무슨 말을 하려고 해도, 뭔가가 없으면 행동도 안 되고 말도 안 됩니다. 그 뭔가가 무엇일까요? 무엇이 있어야 되겠습니까? 생각이 있어야 됩니다.

의도가 있어야 합니다. 의도가 있으면 말을 하게 되고, 말을 하게 되면 행동을 하게됩니다. 그러므로 우리가 몸으로 말을 하는 것도, 행동하는 것도 그 주범은 '의도'입니다. 결국 업의 원인은 우리의 지금 일으키고 있는 한 생각, 한 마음이라는 것입니다.

업은 의도(생각)를 가진 모든 행동 때문에 생긴다.

마음이 전혀 때가 묻지 않은 청정한 상태라면 어떤 작용을 일으키지 않게 됩니다. 깨끗한데 어떤 작용을 일으킬 이유가 없는 겁니다. 전혀 일으키지 않게 됩니다. 이에 대한 비유를 하나 들겠습니다.

지금 눈앞의 공간에, 허공에 소금 덩어리가 공중에 떠 있다고 생각해 보세요. 짭짤한 소금! 소금이 허공에 떠 있으면 어떤 작용이 일어날까요? 이 소금은 주위 습기를 빨아 먹고, 주위 공기를 짭짤하게 만듭니다. 또 허공에 불씨가 있다면 옆에 있는 습기를 말리고 공기를 말리고 태우는 작용을 하게 됩니다. 아무것도 없던 공간에 이 소금이라고 하는 결정체 하나가 생김으로써, 불이라고 하는 종자가 생김으로써, 그 주위에 영향이 초래되고 파급되는 효과가 생기듯, 깨끗한 마음에 한 생각이라고 하는 마음의 종자가 생기다 보니 작용이 일어나는 겁니다.

청정한 마음은 업을 만들지 않고 한 생각을 일으키면 업이 만들어진다.

우리 마음속에는 기쁜 마음도 있고, 슬픈 마음도 있고, 생각을 많이 하는 마음도 있고, 성질내는 마음도 있고, 짜증내는 마음도 있습니다. 이런 마음들이 모여 있으면 인간의 감정, 그 중에서도 탁한 감정들이 모여 있으면, 모여 있는 작용을 반드시 일으키기 때문에, 이 마음이 어느 방향으로 움직인다는 겁니다. 그래서 우리가 느낄 수 있는 수많은 생각과 감정 중에서 가장 대표적인 마음을 부처님께서는 탐貪, 진瞋, 치痴라고 하셨습니다.

탐은 탐욕입니다. 탐욕은 욕심내는 행위를 말합니다. 욕심내는데 뜻대로 안 되면 어떻습니까? 짜증이 나고 화가 나요. 진은 '성냄'입니다. 치는 우치愚痴입니다. 우리는 옳지 않은 것을 옳다고 하고, 바른 것을 알지 못해서 그릇된 것을 맞다 라고 하는 잘못된 사견邪見을 갖고 있습니다. 이것을 어리석음이라 합니다.

이와 같이 탐욕과 성냄과 어리석음은 우리 마음의 대표적인 독毒이 되는 것입니다. 이것 때문에 우리에겐 업력이 생기게 되고 그로 인해 윤회의 길로 나가야 되는 것입니다. 만약 그렇지 않고 중음신이 7식과 8식을 갖고 딱 목숨을 끝나는 순간에, 빠져나왔을 때, 만약에 7식과 8식인 아뢰야식에 전혀 오염된 마음이 없고 탐진치 3독의 마음이 없다면 어디로 가지 않습니다. 윤회하지 않습니다. 그 순간에 바로 해탈이 되어 버립니다. 하지만 중음신이 이 아뢰야식에 의지하고 있는 7식 속에 뭔가 기억정보가 있기 때문에 끌려갑니다.

중음신은 사람이 사람을 보고 분별하듯 똑같이 느낀다.

중음신은 실제로 《구사론俱舍論》이나 《비바사론毘婆娑論》을 통해 살펴보면, 작은 입자인 에너지체로 만들어져 있는 존재이기 때문에 지금 우리 눈으로 볼 순 없습니다.

하지만 특별한 눈을 가진 분들이라면 볼 수가 있습니다.

이 중유, 중음신들끼리는 서로가 압니다. 모습을 다 볼 수가 있어요. 그래서 여자인지 남자인지도 압니다. 중음신들끼리 결혼한다는 말 혹시 들어보셨습니까? 장가를 들지 못한 총각이 죽어서 몽달귀신이 되면 영혼을 찾아서 영혼 결혼을 시켜줍니다. 이렇게 중음신끼리 결혼하는데 서로 모습이 없다면 결혼할 이유가 없겠지요.

중음신은 오근五根을 모두 갖추고 있다.

어느 스님이 뒷산에 올라가 밤을 따기 시작했습니다. 그러다 손끝이 닿지 않자 나뭇가지 끝에 올라가서 그만 땅으로 떨어져 버렸습니다. 스님은 바로 돌아가셨어요. 함께 갔던 대중들은 스님의 주검을 모시고 절에 가서 3일 장을 치릅니다.

그런데 나무에서 떨어졌던 이 중음신은 자기가 죽은 줄 모릅니다. 이 중음신의 모습은 어떨 것 같습니까? 아무것도 안 보일 것 같은가요? 바로 내 모습이에요. 살아생전의 모습을 똑같이 가지고 있습니다. 오근을 그대로 가지고 있습니다. 눈도, 귀도, 코도, 입도, 감각도 그대로 가지고 있습니다. 키(신장)도 꼭 자기만 합니다.

밤나무에서 떨어져 죽은 스님은 중음신이 되었는데도 자기 모습을 가지고 있기 때문에 자기가 죽은 줄 모르고 절로 내려가는 겁니다. 조금 전까지 밤을 따던 도반들은 다 어딜 가고 없습니다. 그러니 이 죽은 스님은 '내가 늦었네! 내가 깜빡 졸았었나?' 이렇게 착각하고 절로 내려가는데, 산길에서 아름다운 한복 색동저고리를 입은 청춘남녀들이 흥겹게 노래 부르고 놀고 있는 겁니다.

중음신은 업력에 따른 망념으로 환각과 환청을 본다.

이 청춘남녀는 스님에게 같이 놀자고 합니다. 스님도 속으로는 '놀다 갈까?' 그런 생각을 했지만 수행하는 스님이 그러면 되겠느냐 생각하며 다시 마음을 다잡고 산 길을 계속 내려갑니다. 그런데 이번엔 너무나 아름답게 지어놓은 기와집 앞에 다다 랐는데 천녀같은 아름다운 여인이 대문 앞에 다소곳이 서서 스님에게 말합니다. "내가 당신을 위해서 이렇게 아름다운 기와집을 지어놓고 있습니다. 당신을 남편 으로 맞으려고 하니 대문 안으로 함께 들어갑시다."라고요.

여러분은 이 중음신이 어떤 선택을 할 것 같습니까? 정말 천녀같은 아름다운 여인 이 고대광실高大廣室 앞에 서서 당신을 남편으로 맞이하겠다. 했으니 유혹에 넘어가 게 될 소지가 많겠죠! 하지만 이 스님은 공부했던 세월이 있기 때문에 정신 차리려 고 '안 돼!' 하면서 다시 걸음을 옮겨 자신이 공부하던 절로 내려갑니다.

그런데 절에 당도하니 누군가의 장례를 치르고 난리가 나 있는 겁니다. 누가 죽었 나? 하고 병풍 너머를 보니 '아니!' 자기의 주검이 누워있는 겁니다. 그래서 이대로 가만히 있다간 안 되겠다 싶어 이 스님이 자기 몸을 흔들어 버립니다. 그 순간 다시 의식이 깨어나고 몸의 감각기관이 살아남으로써 제7, 제8식의 중음신이 들어가서 스님은 다시 살아나게 된 것입니다.

그런데, 이 스님이 살아나고 난 후 몇 날 며칠 동안 자기가 죽어서 중음신으로 산길 을 내려올 때 도대체 봤던 것은 무엇이었을까? 하고 깊은 생각에 잠기게 되었습니 다. 하지만 도무지 알 수 없는 겁니다. 그래서 그곳을 찾아 올라가 보았던 것입니 다.

중음신의 눈으로는 제8 아뢰야식의 업식을 볼 수 없다.

스님이 산길을 더듬어 올라가 보니 아름다운 색동치마저고리 한복을 입은 남녀가 노래 부르고 술 마시며 놀던 곳에는 큰 바윗돌이 있고, 개구리들이 거기에 모여 살고 있었습니다. 생명체의 모습은 개구리지만 개구리 속에 들어가 있는 제7식과 제8식의 모습은 똑같은 생명이기 때문에 모습을 찾을 수가 없는 겁니다.

이 스님의 살아생전 업의 종자는 개구리의 모습일 수도 있고, 다른 생명의 모습일 수도 있지만, 원래의 아뢰야식은 모습이 없습니다. 한마음이기 때문입니다. 그리하여 다시 발길을 고대광실이 있던 곳을 향합니다. 아름다운 여인이 스님을 남편으로 맞이하겠다고 했던 곳입니다. 하지만 그곳에서 스님이 본 것은 큰 바위 옆에 독사가 똬리를 튼 채 혀를 날름거리고 있었던 겁니다.

우리가 만약 오감을 가지고, 또 육근을 가지고 6식의 분별심을 가지고 세상을 살아간다면 내가 보고, 듣고, 느낄 수 있는 판단력이 있기 때문에 옳고 그름을 판단하여 갈 길을 찾아갈 수 있겠지만, 만약 6식이 사라져버리고 7식이라는 덩어리와 8식의 덩어리만 가지고 갔을 때, 이처럼 우리는 모습을 알 수가 없기 때문에 뱀의 굴인지 개구리의 굴인지 어디로 갈 수가 없습니다. 다만 모르고 들어갈 수 있다는 겁니다.

윤회를 벗어나려면 무엇을 훈습해야 하는가?

그렇다면 지금 뱀에서 빠져나오려고 하면 얼마나 윤회를 해야 빠져나올 수 있을까요? 여러분! 한번 생각해보세요. 여러분은 뱀을 보면 흠칫하죠! 두렵고 징그럽고 그냥 뱀이 싫죠? 이것은 우리 마음속에 뱀의 윤회 삶 속에서 내가 뱀이었던 적이 있다는 겁니다. 뱀으로 태어나 뱀을 가족 삼아 뱀과 결혼하고, 뱀 새끼를 낳으면서, 그렇게 살았던 세월이 얼마나 되냐 하면 이루 헤아릴 수 없는 많은 삶이었습니다. 뱀이 뱀의 세계를 벗어나려고 하면 뱀이 뱀인 줄 포기해야 되는 겁니다.

우리 인간이 인간으로 살다가 저 천상에 태어나거나 부처님 세계에 나아가거나 또는 좋은 모습으로 나가려고 하면 철저하게 인간의 모습을 거부해야 합니다. 그런데 우리는 인간의 모습이 좋은 겁니다. 집착하는 마음이 우리 마음속에 있는 한 우리는 결코 인간세계 굴레를 못 벗어납니다.

그러므로 우리는 불교 공부를 통해 내가 무엇을 훈습 시키고, 또 훈습된 내 마음은 어떠한 이유 때문에 윤회하게 되는지를 정확하게 알아야 합니다. 그렇지 않고 우리는 결코 윤회의 삶에서 벗어날 수가 없습니다. 그리하여 철저하게 자신의 업이 윤회의 원인이고 업을 만들었던 것은 계속 반복된 훈습이 되는 것임을 알게 됩니다. 인간의 삶을 살면서 인간의 감각기관으로, 인간의 판단으로 옳고 그름을 판단해 계속 집착하는 마음을 갖고 있을 때 우리는 인간세계의 윤회에서 벗어날 수가 없습니다.

사람은 번뇌煩惱의 장애와 무지無知의 장애를 가지고 있다.

이미 우리는 마음에 병이 들어버렸습니다. 정신적 장애를 갖고 있습니다. 이러한 장애를 일컬어 원효스님 뭐라고 말씀하셨나 하면, 번뇌장^{煩惱障} 또는 소지장^{所知障}이라고 하였습니다. 번뇌의 장애, 무지의 장애라고 말입니다. 인간이 가지고 있는 두 가지 장애를 말씀하신 것입니다.

이는 우리 인간들이 살면서 또는 중생의 생명체를 가지고 수 없는 윤회를 하면서, 미물일 때 혹은 동물일 때 계속 지금 이 순간 '나' 라는 생각을 집착하면서 축적되었던 훈습된 기억 정보들로 인해 지금 정신적 장애를 가지고 있다는 얘기입니다. 그렇다면 어떤 장애를 가지고 있는지 봅시다. 첫 번째 '나' 라는 생각을 합니다. 나는 나다. 자꾸 내가 있다는 생각이 듭니다. 이를 '아상^{我相}이라고 합니다. 『금강경^{金剛經}』에 "네 가지 상을 놓으면 깨달음의 세계로 나갈 수 있다"라고 부처님께서 말씀하셨습니다. 그 네 가지 상 중에 첫 번째가 아상입니다. '나' 라는 생각, 지금도 계속 '나' 라는 생각이 일어나는 겁니다. 이 '나' 라는 생각은 본래 마음에서 일으키는 것이 아니고 저장된 기억 정보들이 자꾸 '나' 라고 생각을 일으키는 것입니다. 마치 허공중에 소금알갱이가 '나' 라는 생각을 일으키는 것과 똑같다는 의미가 됩니다.

그다음 인상^{人相}이라는 것이 있습니다. 이는 사람이라는 생각, 더 깊이 들어가 보면, 내가 있으면 남이 있어야 되겠지요. 타^他. 즉 나 말고 남이 '남' 을 인상이라고 합니다. 인상은 사람만 있는 것이 아닙니다. 미물도 있고 동물도 있습니다. 나를 제외한 일체의 존재를 다 남이라고 생각하는 이를 일러 인상이라고 합니다.

그다음 세 번째는 중생상^{衆生相}입니다. 이 중생상이라는 것은 '아! 나는 인간이고, 저것은 개이고, 저것은 고기이고, 저것은 생선이며…' 이런 식으로 중생의 생명체로서의 삶을 살고 있는 중생계라고 하는 이런 상을 갖고 있는 것입니다. 이것이 중생상입니다. 다시 말해 몸과 영혼이 공존하면서 생명 활동을 하는 모든 존재를 중생이라고 생각하는 관념입니다.

그 다음 네 번째는, 수자상壽者相입니다. 나는 인간으로 태어났기 때문에 100년의 삶을 살다 죽을 것이고, 개는 20년의 세월을 살다 죽을 것이다. 이렇듯 모든 생명체는 수명이 있다고 생각하는 것처럼 나 자신에게 명줄, 수명이 있다고 생각하는 겁니다. 즉, 삶과 생명에 집착하여 오래 살아야겠다고 집착하는 마음, 이것을 수자상이라고 합니다.

그러나 이것은 아주 잘못된 생각입니다. '나'는 원래 태어남도 없고, 죽지도 않는 존재인데도 내 몸뚱이를 내 몸이라고 집착하는 잘못된 생각 때문에 그 몸뚱이가 살면서 경험되어졌고, 저장시켜 놓았던 그 기억들로 인해 내가 중음신이 되어 윤회를 계속하여 잘못된 아상, 인상, 중생상, 수자상이라고 하는 상을 만들어 내는 것입니다.

중생은 아집我執과 더불어 현상계를 집착하는 법집法執이 생긴다.

지금 내가 있듯이 나에 대해 집착을 하고, 또 내가 보고 있는 산과 하늘과 바다와 온 삼라만상은 다 존재하고 있는 것이라고 생각하는 이런 법에 대해 집착하는 이 법견

法見, 이에 법상法相이 만들어지고 법집法執이 생기는 것입니다.

이와 같이 우리 마음속에는 계속하여 잘못된 네 가지의 아상, 인상, 중생상, 수자상과 나에 대한 아집과 대상에 대한 법집을 일으키면서 지속적 착각을 일으키고 있다는 겁니다. 이런 현상을 두고 '정신병' 이라고 얘기할 수 있습니다.

그렇다면 지금 몸을 갖고 있는 내가 죽어서 이런 상을 가지고 윤회를 하는 것이 정말 올바른 길인 것이냐, 잘못된 것이냐를 지금 여러분들이 판단하셔야 합니다. 그러면 몸이 '나' 일까요? 아니면 몸 말고 내가 있을까요? 몸을 뭐라 그럽니까? '내 몸' 이라고 그러지요?. 내 몸, 내가 쓰는 몸 맞습니다.

컵이 하나 있습니다. 내가 쓰는 컵입니다. 내 컵입니다. 하지만 이 컵은 내가 아닙니다. 나는 따로 있어요. 이와 마찬가지로 내 몸이라고 할 때, 몸은 내가 아닐뿐더러, 이 몸을 움직이는 '나' 는 따로 있다는 거예요.

이 몸은 부처님께서 이 몸을 움직이는 '참 나' 를 깨쳐서 부처가 되셨고, 수많은 각자들께서도 이것을 깨쳐서 붓다가 되셨으며 생사윤회를 벗어난 것입니다. 여러분들도 이와 같이 구천을 맴도는 중유의 몸으로 계속 윤회의 삶을 살아가는 그런 존재가 되어서는 절대 안 됩니다.

윤회하지 않는 자기의 참모습을 찾아야 합니다. 이는 바로 앞서 말씀드렸던 내 몸이라고 했을 때 '나', 대체 내가 뭘까? 이 '내가 뭘까' 를 열심히 공부하면 이것이 화두선이고 이것이 참선입니다.

마음은 시공時空을 초월해 존재한다.

나는 무엇일까요? 이것을 부처님께서는 '마음'이라고 했습니다. 마음, 몸과 마음이 있으면 마음! 우리는 몸이 주인공이 되어 마음을 부리고 살고 있습니다. 지금 현재, 그리하여 귀신이 되고 구천을 맴돌게 되고 육도윤회를 해야 하는 것입니다.

그런데 마음이라고 하는 놈은 몸이 아니고 물질이 아니고 생사가 없기 때문에 절대 윤회를 하지 않습니다. 이 마음이라고 하는 놈은 공간이 없고, 시간이 없기 때문에 오고 감이 없습니다. 이 우주법계에 이 마음은 그대로 있을 뿐입니다. 한 번도 이 마음이 오고 간 적이 없어요. 이 마음은 여기저기라고 하는 그런 것이 없습니다. 또 이 마음은 시차가 없습니다. 그대로입니다.

마음은 그대로 오직 하나일 뿐이다.

마음속에서 공간이 생기고 시간이 생겼던 이유는 뭐냐 하면, 잘못된 무명, 어리석음 때문입니다. 그 어리석음은 어떤 것인가 하면 이렇습니다. 제가 비유를 들어보겠습니다.

바닷가 방파제에 물보라가 칩니다. 물보라가 치면 무수히 작은 물방울이 휘날립니다. 이 물방울은 여기 이 물방울, 저기 저 물방울, 그리고 저쪽에 떨어져 있는 물방울을 보며 서로 차이가 있으니까 그 모두를 '남'이라고 생각합니다. 그리고 이 물방울들이 날리는 그 자체로 공간이 생깁니다. 공간이 생기므로 시간이 생기는 겁니다.

그런데 이 물방울이 본래 물로 되돌아가 버리면 그대로 한바탕 물이기 때문에 물은 공간이 없고 시간이 없습니다. 그와 마찬가지로 우리 마음은 바다가 비교할 수 없는, 지구가 비교할 수 없는, 우주가 비교할 수 없는 그런 무한정의 마음을 갖고 있기 때문에 전혀 오고 감이 없고 시간이 없습니다. 그대로 하나입니다.

그런데 깨끗하고 하나밖에 없는 이 마음에 작은 무명심이 생기는데 그 어리석음이 생겼던 이유는 뭐냐 하면, 바로 여러분들이 과거 생에 살면서, 지금 생을 살면서, 마음속에 저장시켜 놓는 습기, 종자, 기억정보 이런 것들로 인해 마음이 일어나는 것입니다. 앞에서 비유를 들었듯, 허공 속의 작은 소금 한 덩어리가 있음으로써 작용이 일어났듯, 만약 허공 속에서 작용이 일어나지 않으려고 하면 소금 덩어리만 제거하면 되는 것입니다.

윤회하지 않으려면 무명업식을 일으키지 않아야 한다.

이 청정한 한마음, 시간과 공간이 뻥 뚫려있는 하나밖에 없는 마음속에 내가 윤회를 하지 않으려고 하면 그 마음속에 저장되어 있는 기억정보의 작용을 일으키지 않으면 됩니다. 그러면 우리 마음속에는 얼마나 많은 기억정보가 들어있을까요? 헤아릴 수가 없습니다.

더욱이 내가 이번 생에 우리 어머니 아버지를 만나 태어나다 보니 아버지의 DNA와 어머니의 DNA를 갖게 되고, 그래서 아버지 어머니의 DNA를 갖다 보니 이 DNA 속에는 아버지 어머니가 갖고 있던 조상님들의 DNA를 함께 가지고 있습니다. 그래서 이미 내 몸과 마음속에는 한량없는 수많은 조상님들의 무거운 기억정보들이 저장되어 있다는 것입니다.

내가 지은 것도 한량없는데 조상님들이 지어서 나한테 넘겨준 그런 종자들까지 너무너무 많다는 거지요. 이걸 어떻게 없앨 거예요? 이걸 없애야만 내 마음 작용이 일어나지 않는데 말입니다.

중요한 것은 기억정보가 들어있기 때문에 우리 마음은 죽는 순간에, 또 중유의 몸이 되어 구천을 맴돌면서 다음 생을 하기 위해 끝없이 윤회를 하게 되는 겁니다.

마음속의 훈습된 기억정보를 닦는 길은 무엇일까?

이 마음속에 들어있는 종자를 어떻게 없앨 수 있을까요?

절에 가면 '마음 닦는다.'고 그러지요? 마음을 내려놓아라. 마음을 비워라. 마음을 청소해야 행복한데 마음을 자꾸 비우라 하는데 뭘 어떻게 비우냐는 거예요. 우리 마음속에 들어있는 이 종자는, 이 습기는, 훈습된 정보들은 만질 수 없고 볼 수가 없고 느낄 수가 없습니다. 그러면 어떻게 없앨 겁니까?

제가 오늘 여러분들을 위해 명답을 하나 가르쳐 드리겠습니다. 이 마음속에 들어있는 훈습된 정보를 없애려고 하면 안 됩니다. 이것을 청소하려 하면 안 돼요. 이것을 내리려고 해서도 안 됩니다. 없애려고 하면 안 됩니다. 단지 분별만 하지 않는 거예요. 한 생각을 이렇게 잡는 겁니다.

우리들이 잠을 자고 일어나 눈을 떴습니다. 두 눈을 딱 뜨니까 '어! 나네. 내 몸이 네! 내가 방에 자고 있구나!' 이런 생각을 일으키면서 이제 막 분별이 일어납니다. 하지만 우리가 어떤 곳에 머물더라도 한 찰나에 분별심을 일으키지 않으면 너와 나라고 하는 이원화 된 마음이 일어나지 않고, 이원화 된 마음 일어나지 않으면 짜증도 행복도 일어나지 않습니다. 그러면 마음이 항상 평온합니다.

그래서 옛날 조사님들께서 말씀하시기를, "부처가 되기 위해서, 성불하기 위해서는 어떻게 해야 되느냐? 마음은 닦는 것이 아니다. 마음은 마음을 볼 수 없기 때문에 마음은 노력을 통해 얻을 수 있는 것이 아니다. 마음은 단지 생각하지 않을 뿐이다." 그렇게 말씀하셨습니다.

윤회를 벗어나려면 한 생각을 일으키지 않으면 된다.

여러분들이 이 생을 살면서 몸을 갖고 열심히 살아가시되, 마음속에는 그 어떤 것도 저장시키지 마세요. 여러분들 마음속에 좋은 것을 저장시키든, 나쁜 것을 저장시키든 저장시켜 놓는 것들은 여러분들이 윤회의 삶에서 벗어나려고 할 때 여러분의 발목을 잡는 그런 원인이 되어버립니다. 그래서 그것을 벗어나기 위해서는 내 마음속에 하나도 저장시키지 않는 것은 곧 집착하지 않는 겁니다.

집착하지 않는 것이 마음속에 저장시키지 않는 것이고, 또 수많은 종자가 마음속에 저장되어 그 업이 있다 하더라도 윤회의 삶으로 나아가지 않으려고 하면, 윤회의 삶을 완전히 해탈하려고 한다면 그냥 한 생각을 일으키지 않는 겁니다.

그래서 부처님께서 십이연기를 말씀하실 때, 인간의 모든 생명체의 생로병사 우비고뇌의 모든 고통의 시작점은 무명이다. 무명이 뭐냐 하면 바로 한 생각을 일으키는 겁니다. 그러니 한 생각만 일으키지 않는다면 여러분들은 이대로 바로 적멸寂滅의 세계로 나아가 부처와 똑같은 존재로 온 우주에 대해 자유인이 될 수 있는 것입니다.

생각하지 않는다는 것은 집착하지 않고 망념에 머물지 않는 것이다

그렇다면 아무것도 하지 않아야 되느냐? 이렇게 생각할 수가 있겠지요. 그건 아닙니다. 우리는 돌멩이와 나무같이 아무 생각을 하지 않는 것이 아닙니다. 집착하지 말라는 겁니다. 내 앞에 주어진 현실 속에서 이것이 낭떠러지인지 아닌지, 길인지 아닌지 분명히 알아야 바르게 갈 수 있듯이, 이것은 인도인지, 차도인지 알아야 내가 교통사고를 당하지 않을 수 있듯이 바로 그 아는 것과 집착하는 것과는 다르다는 것입니다.

집착은 나 자신이 좋아하니까 계속해야 되겠다는 생각이고 습관입니다. 이것은 내가 싫어하니까 버려야 되겠다는 생각으로 계속 훈습시키는 것입니다. 이렇게 행동이 반복되면 습관이 되고, 습관이 계속 반복되면 습기와 종자가 되어서 내 마음속에 저장되기 때문에 우리가 바르게 알고 바르게 살아가는 것은 그것은 집착된 삶이 아니고 지혜로운 삶이라고 합니다.

그래서 우리가 사는 삶 속에서 내가 가정을 갖고 아내와 자식을 두고 열심히 바르게 노력하며 살아가는 것은 지혜로운 삶입니다. 반대로 집착하고 살고, 되씹고, 곱씹고. 짜증내고, 습관대로 사는 이것은 다시 윤회의 삶을 만드는 것입니다.

윤회를 벗어나는 길은 집착하지 않고, 훈습하지 않고, 망념을 일으키지 않는 것이다.

첫 번째 진심법문을 마무리하면서 결론을 말씀드리면, 윤회를 하지 않는 방법은 이 세상을 열심히 멋지게 최선을 다해 지혜롭게 살되 집착하지 않고 훈습시키지 않음으로써 내 마음속에 저장시키지 않는 것입니다.

마치 누에가 번데기가 되고, 번데기가 나비가 되려고 할 때, 번데기였던 몸을 과감하게 버리듯이, 우리는 과거생의 인연으로 이번 생에 인간으로 태어났고, 인간의 모습을 가지고 생로병사를 겪고 있지만, 열심히 살되 이 생에서 또 다시 업을 만들지 않고 훈습을 만들지 않는다면 다음 세계는 반드시 윤회하지 않고 대자유의 몸이 될 수 있을 것입니다.

두 번째 진심법문

중생과 부처

중생이라는 의미가 어떤 의미를 가지고 있고, 왜 중생이 되었는지, 이런 부분을 정확하게 알아야 할 것 같습니다. 그렇지 않으면 중생의 모습에서 벗어나려고 하지 않을 것입니다.

중생이 무엇인지 바로 깨달아야만 중생에서 벗어난다.

〈중생과 부처〉에 대해 말씀드리겠습니다. 중생과 부처는 무엇이 다른가?

먼저 중생이 무엇인지 이해를 해야 하겠습니다. 우리는 흔히 '중생'이라는 말을 많이 씁니다. 어떤 때는 "아이고! 이 중생아"라고 하거나, "아이고! 이 미련한 중생아!"라고 하기도 합니다. 그러고 보면 이 '중생'의 쓰임이 결코 긍정적이지만은 않습니다.

그런데 이 '중생'이라는 말을 어릴 때부터 듣고 자란 사람이라면 그 말투가 그리 거북하게 들리기보다는 왠지 미운한 사람에 대한 익살스러운 표현같이 들리기도 할 것입니다. 그러나 이 점을 생각해 봅시다. 머슴을 보고 머슴이라 부르니까 이 머슴은 자기 운명은 머슴인 줄로만 알고 있습니다. 이렇듯 어릴 때부터 '중생' 소리에 익숙해져 있다 보니 누구나 중생의 모습을 벗어나지 않으려 합니다.

그래서 중생이라는 의미가 어떤 의미를 지니고 있고, 그리고 왜 중생이 되었는지, 이런 부분을 정확하게 알아야 할 것입니다. 그렇지 않으면 중생의 모습에서 벗어나려고 노력하지 않을 거라는 것입니다. 마치 머슴이 어릴 때부터 머슴이면 그냥 익숙해져서 머슴살이에 안주해 머슴살이를 벗어나지 않으려고 하는 것과 같습니다. 중생이라는 것이 무엇인지 바로 알면 중생의 모습을 벗어나려는 노력을 할 것입니다. 그러므로 중생이 무엇인지 그 의미를 되새겨야 합니다.

부처님에 대한 올바른 이해가 없으면 미신으로 가기 쉽다.

부처라고 하는 것은 우리 부모님들 이전부터, 부모님 이전의 할머니 때부터 '부처님!, 부처님!' 이런 얘기를 참 많이 듣고 자랐습니다. 그래서 우리가 삶을 살아가다 어려운 일에 봉착하면 "아이고! 부처님! 관세음보살님!" 하고 한숨 섞인 하소연을 하면서 부처님께 매달리는 걸 많이 봐 왔을 것입니다.

물론 "아이고! 부처님! 관세음보살님!" 하는 말 속에는 부처님에 대한 그리움도 있겠지만, 현실적으로 처한 어려운 상황을, 괴롭고 고통스러운 부분을 부처님께서 해결해 주시리라 믿는 기대감의 또 다른 표현이기도 합니다.

그렇다면 과연 부처님께서는 우리의 고통을 해결해 줄 수 있을까요?

'우리의 힘들고 어렵고 고통스러운 부분들을 부처님은 전지전능하게 해결해 줄 수 있을까?'

이 의문점마저도, 또한 이 부처님에 대해서도 정확한 자각이 필요합니다. 우리가 부처님을 믿고 있지만 자신이 믿는 그 부처님을 정확하게 이해하지 못한 채 맹목적으로만 믿으면, 혹은 남들이 하니까 따라 하는 식의 믿음이라면, 그 믿음은 쉽게 깨어질 수 있고, 그 믿음이 미신으로 가서 소위 허깨비 불자, 나일론 불자가 되기 쉽습니다.

다시 말해 내가 믿는 불교가 정말 불교인지 아니면 미신인지를 바로 알고 신앙하기 위해서는 부처님이 무엇인지 정확하게 이해해야 합니다. 그러므로 중생과 부처가 무엇이 다른지 이러한 주제를 가지고 설명을 해드리려 합니다.

중생이란 '윤회하는 생명'을 말한다.

'중생'이라는 의미는 본래 '윤회하는 생명'을 일러 중생이라 했습니다. 이 말은 옛날 인도의 구마라집鳩摩羅什이라는 최고의 역경가가 중국에 오기 이전부터 윤회하는 존재를 중생이라 표현했습니다.

하지만 이 '중생'이라는 말은 원래 불교 용어가 아닙니다. 유교적 학문에 나오는 용어입니다. 불교가 인도에서 중국으로 전래될 때 유교나 도교를 신앙하던 분들에 의해 경전이 한역되는 과정에서 윤회하는 생명을 중생이라 표기했던 것입니다.

그런데 구마라집에 버금가는 유명한 역경가가 중국에도 한역화되는 과정에서 존재했습니다. 바로 손오공에 등장하는 주요인물 중 주인공인 삼장법사三藏法師입니다. 이분은 윤회하는 생명을 일러 중생이라고 표현하는 것은 말이 맞지 않는다고 하면서 정확한 의미를 부여했습니다.

뭐라고 했느냐? 바로 '유정有情'이라 표현했습니다. 유정, 즉 '있을 유有'에 '뜻 정情'을 써서 중생을 유정이라 설명하였던 것입니다.

불교 유식학에 나오는 얘기인데, 윤회하는 주체로서 '보특가라補特伽羅'는 다시 태어나 죽어가는 윤회의 주체인데, 오늘날 유식학에 등장하는 '아뢰야식'이라 불리는 것을 상징해서 설명해 나가야 하기 때문에 '중생'이라는 말은 윤회의 주체로 설명하기에는 너무나 맞지 않는다고 하여 그래서 '유정'이라는 말로 번역했던 것입니다.

그렇지만 유정이라는 용어가 적합하게 적용되어 사용되느냐 하는 문제보다는 우리가 그 옛날부터 중생이라는 말을 익히 쓰다 보니 보편화되고 일반화되어서 유정이라는 말로 쓰는 것보다 중생이라는 말이 우리에게 많이 익숙해지게 된 것입니다.

우리나라는 고대 삼국시대에 불교가 전래 되었습니다. 이때에도 중생이라는 말이 먼저 귀에 와 닿았지 유정이라는 말은 많이 낯설었습니다.

'보살'이라는 말을 봅시다. 그 어원은 보디사트바(Bodhi-sattva)입니다. 보디(bodhi)는 '깨달음', 삿트바(sattva)는 '중생'을 뜻하므로 보살은 '깨달은 중생'을 가리킵니다. 이때의 '삿트바' 역시 중생입니다. 이것을 표현한 것이 '유정'인 것입니다.

불교에서는 중생을 '사람'으로 제한시킨다.

중생은 삼라만상 온 우주법계 속에 삼계사생三界四生으로 육도윤회六道輪廻 하는 중생 모두를 일컬어 중생이라고 합니다. 삼계라 함은 욕계, 색계, 무색계가 있습니다. 사생은 네 가지 출생방식을 일컫습니다. 어미의 배를 빌어서 태어나는 태생胎生, 알로 태어나는 난생卵生, 춥고 어둡고 물기 있는 땅에서 태어나는 습생濕生, 자연 변화되어 태어나는 화생化生 이 네 가지를 사생, 즉 '태란습화'라 하는데, 사람은 생명을 얻을 때 그 모습을 갖고 나오는 인연법이 '태'로 태어나는 것입니다, 우리는 태로 태어났습니다.

그 다음 육도는 지옥, 아귀, 축생, 수라, 인간, 천상 이렇게 여섯 가지 세계로 나아가는 것을 가리킵니다. 그래서 이 모두를 총칭하여 삼계, 사생, 육도의 일체중생이라고 얘기하는 것입니다. 그러니까 기어 다니는 미물부터 시작해 날아다니는 모든 곤충, 걸어 다니는 사람까지도 모든 생명이 있는 존재를 통틀어 중생이라고 합니다. 그런데 불교에서 '중생'이라고 할 때는 사람이라는 말로 많이 제한시킵니다. 그래서 우리가 유정, 무정을 얘기할 때 유정은 사람을 얘기하고 무정은 사람이 아닌 일체 생물뿐만 아니라 식물까지도 포함되는 얘기입니다. 그만큼 불교는 포괄적인 넓은 의미를 가지고 있습니다.

아무튼 중생이라고 하면 삼라만상 속에 여러 다양한 모습으로 윤회하고 있는 생명을 가진 존재를 가리킵니다. 단, 죽은 존재는 해당이 안 됩니다. 생명을 가져야 합니다. 그리고 그 존재는 모두 윤회를 한다는 것입니다.

중생이란 생명을 가진 존재로서 윤회한다는 전제를 한다.

중생이 윤회하기 위해서는 어딘가에 의지해 살아가야 합니다. 이 삼라만상 우주법계 중에서 우리 인간은 어디에 의지해서 살아갈까요? 바로 지구입니다. 지구는 태양을 중심으로 공전하는 여러 천체의 모임인 태양계의 하나입니다. 중생이 살아가기 위해서는 그 살아가는 세계가 있습니다. 이를 '기세간器世間'이라 합니다. 이 기세간은 삼라만상 우주법계를 말합니다. 즉 '기세간 = 삼라만상 = 우주법계' 입니다. 기세간, 삼라만상, 우주법계를 바탕으로 해서 생명을 가지고 계속 윤회의 삶을 살아가고 있는 일체 생물을 일러 중생으로, 그러니까 사람을 일러 중생이라 한다면 생명을 가진 존재로서 윤회를 한다는 전제를 하는 것입니다.

윤회하는 생명체는 생로병사를 한다.

윤회는 우리의 자율적 의지와는 관계없이 업력에 끌려 윤회를 합니다. 이런 것을 보고 중생이라고 합니다. 내 맘대로 내가 원해서 자유롭게, 내가 원하는 세상에 나아갈 수 있다면 중생이 아니라는 말입니다. 업력에 끌려가지 않기 때문입니다. 달리 말해 윤회하지 않는다면 중생이 아닌 겁니다.

중생은 생명을 가지고 있어야 합니다. 생명을 가지고 있지 않으면 중생이 아닌 것입니다. 그래서 우리는 지금 생명을 가졌습니다. 무엇으로? '사람'이라는 생명체로입니다. 그러니까 이미 중생 세계에 들어있다 할 수 있습니다.

하지만 생명을 가진 우리가 생명체로서 삶을 살아가기 때문에 자연 생로병사를 할 수밖에 없습니다. 생로병사를 하다 보니 또 다시 윤회의 굴레에 들어갈 수밖에 없는 것입니다. 이 굴레에는 반드시 원인에 의해 윤회를 하는 것입니다.

우리의 본성은 진여眞如의 참모습이다.

그러면 '윤회는 왜 하게 되는가?' 앞에서도 말했지만 바로 '아뢰야식' 때문입니다. 아뢰야식은 왜 있게 되는가 하면 '무명' 때문입니다. 여기서 잠깐, 하나를 더 이해하고 가야 할 것이 있습니다. 우리의 본성은 진여眞如의 참모습입니다. 여기서 진여란 우주 만유의 실체로서 진리 그 모습 그대로라는 뜻입니다.

진리 그 모습 그대로는 본래 생멸이 없습니다. 나고 멸함이 없고 변화가 없고 부동不動입니다. 일체 변화가 나타날 수가 없습니다. 이런 본성의 마음이, 어느 순간 바람이 불면 파도가 일 듯, 한 생각이 일어나는데 이 생각이 일어나는 것은 이 진여본성을 알려고 하는 생각이 일어나는 것입니다.

이것은 진여본성이 진여본성인 줄 모르니까 생각이 일어난다. 이것을 '불각(깨치지 못한 마음)' 이라고 합니다. 깨치지 못한 마음이라는 것입니다.

우리가 전혀 움직이지 않고 가만히 있으면 진여본성도 그대로 입니다. 아무런 마음이 동하지 않는데 갑자기 감각기관으로 밖을 보는 과정에, 밖의 소리를 듣는 과정에, 냄새 맡고 맛보고 감촉하는 등 '그걸 보는 놈' 은 누구인지 찾는 것입니다. 찾는 마음이 일어났다는 것은 이미 진여본성의 자리에서 벗어났다는 것입니다.

중생의 마음속에는 본래부터 여래의 청정한 성품이 갈무리되어 있다.

본성이 본성인 줄 안다면 찾을 리가 없는데 본성이 본성인 줄 모르기 때문에 찾으려고 합니다. 그래서 중생심으로 마음이 만들어지는 것입니다. 그러다보니 진여본성이 진여본성임을 모르고 찾으려는 마음이 일어나서 본성이 흐트러져버린 상태가 되어버립니다. 그래서 부처와 똑같은 진여본성의 마음이 변해버린 것입니다. 변해

버렸지만 그 속에는 진여본성이 함께 숨겨져 있는데 이를 '여래장如來藏'이라 합니다.

여래장은 '본래부터 중생의 마음속에 간직되어 있는 여래의 청정한 성품'을 말합니다. 그러면 '여래가 숨겨져 있다' 함은 진여본성이 진여본성을 찾으려는 그 하나의 마음 때문에 여래장이 되어버린 것을 의미 합니다.

이 여래장의 상태에서 마음이 자꾸 찾으려 하고 분별하려 하고 생멸하는 마음을 계속 일으켜 버리니까 거기에 따른 집착과 분별 망상의 습기가 쌓이게 됩니다. 그 습기들이 계속 쌓여 아뢰야식의 종자가 된다는 것입니다.

지금 이 순간 한 생각도 일으키지 않는 생멸生滅없는 부동의 마음이 되어버리면 윤회는 벗어납니다. 지금 이 순간에도 우리가 뭔가를 자꾸 찾으려고 하고 알려고 하는 생멸하는 마음을 일으켜 버리면 윤회는 따놓은 단상이라 할 수 있습니다.

반드시 윤회를 해야 한다는 것입니다. 진여본성의 마음이 뭔가를 찾으려고 하는 마음이 일어나는 이런 상태의 어리석음을 '무명無明'이라 합니다.

결국 우리의 청정한 진여본성은 계속 생멸하는 분별 망상이 일어나기 때문에 그래서 '업'이 쌓입니다. 그 업에 따른 작용력에 의해, 즉 업력에 의해 윤회를 하게 됩니다. 윤회를 하되 그 업력의 정도에 따라 삼계로, 사생의 모습으로, 육도세계로. 그렇게 다양하게 윤회를 하게 됩니다.

결론적으로 중생의 의미 속에는 이미 무명이라고 하는 어리석음의 장애 때문에 나의 청정한 진여본성이 윤회하는 실체인 아뢰야식으로 변화되었다는 것입니다.

부처님은 우리 중생의 마음 바탕마다 그대로 가지고 있다.

우리가 의지했던 부처님은 도대체 어떤 부처님일까요? 3천 년 전, 인도 땅에 오셨던 석가모니부처님도 화신불로서의 그 부처님이시고, 우리 어머니의 어머니의 어머니, 그리고 아래로 내려와 할머니, 할아버지들이 어려운 일이 있을 때마다 그 위기를 해결하기 위해 찾으려 했던 보신불로서의 그 부처님도 모두 부처님인데, 그런 부처님들은 대체 어떤 부처님이었을까요?

정말 그런 부처님이 우리들이 의지해서 뭔가를 이룰 수 있게 하면 다른 타자를 신봉하고 절대자를 추앙하며 믿는 다른 종교와 다를 바가 있을까요?

우리가 진심법문에서 얘기하고자 하는 부처님은 과거 인도 땅에 오셨던 석가모니부처님을 말합니다. 다른 종교에서처럼 전지전능한 절대적 존재로서의 부처님을 얘기하지 않습니다.

그러면 이 진심법문에서 얘기하는 부처님은 어떤 부처님을 말하려고 하는 것일까요?

원래부터 갖추고 있는 '자성自性', 자기의 청정 진여본성의 부처 자리, 지금 마음을 일으키는 당체當體인 부처님을 설명하는 것입니다. 이 부처님이 법신 자성불이고 영원한 부처님이며 불생불멸不生不滅 · 부증불감不增不減 · 불구부정不垢不淨의 부처님입니다. 이 때문에 부처님을 얘기하는 것이지, 석가모니부처님을 위시한 보신報身, 화신化身 등의 다른 부처님을 얘기하려는 것이 아닙니다.

이 부처님은 바로 무명의 업식 바람이 불기 이전의 당체, 뭔가 찾으려고 하는 마음이 일어나기 이전의 당체, 윤회를 전혀 하지 않는 당체, 이 생명체니 저 생명체니 하지만 그러나 생명의 모습을 갖지 않는 당체, 그 근본자리를 일컫는 부처님이라는 것입니다.

이로써 알 수 있듯이 그 부처님은 우리 중생의 마음 바탕에 그대로 가지고 있는 청정법신·진여본성·참나·광명의 부처님인 자성불自性佛이라 할 수 있습니다.

나의 본성인 여의주如意珠는 항상 여의주이다.

자성불을 비유해 설명하자면, 우리들의 무명 업식이 일어나고, 중생의 마음이 일어나고, 습기가 쌓여서, 윤회하는 실체가 되어서 윤회하는 중생이 되었다면 그 중생의 모습들은 마치 거름, 오염 덩어리라고 표현할 수 있을 것입니다.

이에 반해 우리가 가진 진여본성, 참나, 나의 본성인 자성自性은 본성·불성·여래장의 구슬인 '여의주如意珠'로 표현할 수 있을 것입니다.

만약 그 여의주에게 너무 오랫동안 오물 덩어리가 쌓이는 바람에 겉으로는 완전히 오물 덩어리로만 보였다면, 그 오물 덩어리 속을 파보면 무엇이 나올까요? 바로 여의주가 나오겠지요. 이 여의주는 천년만년, 수억 겁에 이르는 세월 동안 오물이 쌓여있다 하더라도 그 여의주 본성은 한 번도 바뀌지 않고 변하지 않습니다. 그 여의주를 둘러싸고 있는 오염 덩어리, 거름만 제거하면 항상 언제나 또 오염 덩어리를 가지고 있는 체體라고 하여도 여의주는 항상 여의주인 것입니다.

중생과 부처는 둘이 아닌 하나의 당체當體이다.

우리의 진여본성인 이 자성불은 우리가 아무리 욕을 하고 짜증을 내고 중생의 마음을 내고 있을지언정 전혀 때 묻지 않은 상태에서 그대로 여여如如하게 빛이 나고 있습니다. 이처럼 이 부처님은 그와 같은 모습으로, 그와 같은 작용 없는 작용 속에서 항상 떠나지 않고 나와 함께 온 누리에 가득하게 있습니다. 하지만 우리는 그 부처님을 보지 못하고 있기 때문에 그 부처님을 보려고 하는 마음이 일어나서 중생이 되어버리는 것입니다.

중생과 부처의 차이가 어떤 것인지 대충 이해되시겠지요? 중생과 부처는 결국은 한 몸입니다. 앞서 설명 드린 바와 같이 중생과 부처는 둘이 아닌 하나의 당체當體입니다. 한 모습에서 한 생각이 일어나 중생이 되고, 한 모습에서 한 생각이 일어나지 않은 그 상태가 부처이니, 결국 중생과 부처는 같은 몸입니다.

『화엄경華嚴經』에도 마음과 부처와 중생은 차별이 없다. 똑같다. 이렇게 설명하고 있습니다.

《대승기신론大乘起信論》에서, 본래 우리의 마음은 부처와 똑같은 진여의 본성과 중생성을 함께 가지고 있는 존재라고 밝히고 있습니다. 그러므로 '일심이문一心二門'이라고 표현하고 있습니다.

일심은 진여본성인데 이 일심에서 이문으로 나누어집니다. 하나는 여래장입니다. 청정본심이 무명심이 일어나기 때문에 여래장이 되었습니다. 그리고 무명을 계속 일으키는 아뢰야식이 있으므로 이 두 가지가 한마음이라는 것입니다. 그래서 한마음 즉, '일심一心' 이라고 합니다.

견성성불見性成佛 = 진여본성의 발현 = 앎[知] = 반야般若

일심은 우리 모든 중생의 마음 밑바닥에 있고 누구나 가지고 있습니다. 그렇다면 여러분의 일심과 나의 일심과 일체 생명이 있는 모든 존재의 일심은 똑같습니다. 똑같을 수밖에 없습니다. 그런 까닭에 일심은 평등하고 차별이 없습니다. 일심은 평등하여 차별이 없기에 '진여眞如' 라고 하는 겁니다. 그것이 바로 중생 모두가 가지고 있는 '자성불' 이라는 것입니다.

자성불은 본래 '자기부처' 입니다. 이 '자성불 = 법신불' 인 부처를 두고 어디서 부처를 찾아야 할까요? 지금까지 우리는 어리석게도 내가 쓰고 있는 마음 바탕에 이미 부처를 가지고 있음에도 불구하고 항상 눈을 통해서 볼 수 있는 바깥 형색의 모습으로만 존재하는 부처를 찾았습니다.

또한, 귀를 통해 소리로서의 부처를 찾았고 코를 통해 향기와, 입을 통해 맛으로 이렇게 감각기관을 통한, 바깥 대상의 경계 대상으로서만 부처를 찾다 보니 산으로 갔다가 바다로 갔다가, 돌에도 기도하고 나무에도 기도하고, 이 불상을 봤다가 저 불상을 봤다가, 이 이름을 불렀다가 저 이름을 불렀다가, 온 사방천지를 헤매고 다니는, 정말 천하의 재미있는 중생놀음이 되어 버린 것입니다. 이를 일컬어 '허깨비 불자다' 라고 일컫는 것입니다.

허깨비 불자가 되지 않으려면 어떻게 해야 할까요? 밖으로 찾을 것이 아니라 자기

내면에서 찾아야 합니다. 자기가 본래 가지고 있는 부처님을 믿어야 합니다. 그러려면 마음이 밖을 향해 나가서는 안 됩니다. 바깥이라 함은 문을 열고 밖으로 나가지 말라는 것이 아니라 눈 밖으로 나가면 안 되고, 귀·코·입 밖으로 나가면 안 됩니다. 감각의 밖으로 나가면 안 됩니다. 생각 밖으로 나가면 안 됩니다.

이러한 경계 즉 '육근六根'이라는 감각기관의 문을 닫아버리고 바깥으로 나가는 마음을 회광반조廻光返照시켜 안으로 되돌리고, 요동치는 마음을 오롯이 들여다보면 어느 때인가 요동치지 않는 자기의 진여본성이 그대로 드러나는 상태가 오는데 이때 견성見性을 할 수 있습니다.

견성은 성불입니다. 견성을 하고 '본성을 본다는 것'은 바로 부처님일 때, 즉 부처님이 발현된 때입니다. 왜냐하면 지금 여러분들이 '본다'는 것은 눈으로 보는 거겠지요? 그러나 본성은 눈으로 볼 수 있는 성품이 분명 아니기 때문입니다.

또한 마음으로 본다는 것은 마음도 의근意根입니다. 마음도 안眼·이耳·비鼻·설舌·신身·의意 중 의근에 해당하기 때문에 의식으로 볼 수 있는 것이 아니라는 것입니다.

본성은 마음으로 볼 수 없기 때문에 '본성을 보았다'는 것은 감각기관을 통해 보는 것이 아니라 이미 본성의 자리로 되돌아갔다는 말입니다. 본성의 자리로 되돌아가게 되면 스스로 그 본성의 자리라는 것을 알아차리게 됩니다. 이것을 '앎'이라 하고 한문으로는 '알 지知'라고 씁니다. 이 '지'를 지혜[慧]라고 합니다.

지금까지 내용을 도식화해 보면 '본성의 발현 = 앎(깨침) = 지知 = 반야지혜'라 할 수 있고, 이는 항상 작용하고 있음을 알아야 합니다.

유한적인 부처님과 영원한 부처님

우리가 감각기관을 통해 눈 등 오감이나 생각을 통해 나의 본성자리를 보려고 하는 것은 말이 안 됩니다.

『금강경金剛經』에 이르기를 "나를 모습(형상)으로 보고자 하는 자나, 나를 음성으로 듣고자 하는 자는 삿된 도道를 행하는 자다. 결코 여래를 볼 수 없을 것이다. [약이색견아若以色見我 이음성구아以音聲求我 시인행사도是人行邪道 불능견여래不能見如來]"라고 했습니다.

감각기관에 의지해 살고 있는 존재는 생명체입니다. 생명체는 항상 본능적으로 감각기관을 의지해 무엇인가 보려 하고, 알려 하고, 찾으려 하는 작용이 있습니다. 그렇다 보니 그에 따른 분별심이 이미 훈습되어 있습니다. 따라서 기도와 수행을 하는 과정 중에서 감각기관을 통해 부처님을 만나려고 하면 결코 부처님을 만날 수가 없는 것입니다.

부처는 구해서 얻어지는 것이 아니고 찾아서 만나지는 것이 아닙니다. 찾으면 찾을수록 더 천리만리 멀어져 버립니다. 구하려고 하는 마음이 있는 상태가 되면 구하는 마음이 있을수록 더욱 더 암흑 속으로 빠지게 됩니다.

구해서 얻어지고, 찾아서 얻어지고, 만들어서 만날 수 있는 부처라면 그 구함이 없으면 깨져버릴 것입니다. 찾는 바가 없어지면 사라져 버릴 것이며 만듦이 없으면 그 부처는 없어지는 유한적인 부처님입니다. 마치 우리가 형상으로 만들어 놓은 불상을 망치로 깨트려서 없애는 것과 같은 것이라고 비유할 수 있습니다.

만약 구하고 찾아서, 만들어서 만날 수 있는 부처라면 반드시 사라집니다. 그래서 구하고 찾아서, 만들어서 볼 수 있는 부처님이 아니라 구하는 바 없고, 찾는 바 없으며, 만드는 바 없이 저절로 만날 수 있는 그 부처라야만 진짜 영원한 부처님이 될 수 있습니다.

착각으로 아집我執, 아견我見, 아상我相이 생긴다.

우리가 부처님을 보지 못하는 이유는 근본적으로 무명의 어리석음에 의해 장애를 가지고 있기 때문입니다. 이 장애는 두 가지인데, 하나는 번뇌의 장애를 가지고 있어 〈번뇌장煩惱障〉이라 하고, 또 하나는 지적인 장애를 가지고 있으므로 〈소지장所知障〉이라고 합니다.

번뇌의 장애는 항상 마음을 요동치게 합니다. 마치 바닷물에 바람이 불어서 풍랑이 이는 것과 같고 풍랑이 세차면 달도 비치지 않고 하늘의 구름도 보이지 않습니다. 그와 마찬가지로 우리는 항상 이런저런 번뇌들이 너무 많이 일어나기 때문에 제법諸法에 대한 실상實相을 비출 수가 없는데 이것은 번뇌장애 때문이라고 합니다.

지적인 장애는 '소지장'이라고 하는데, 내 마음속에는 꼭 '나' 자신이 있는 것 같습니다. 즉 자아가 있는 것 같습니다.

보이는 대상은 남이라는 걸 알고 있습니다. 그런데 보이는 대상 말고 지금 보고 있는 요놈이 꼭 '나'인 것 같은 착각이 자꾸 생깁니다. 그래서 아집我執이 생기고, 아견我見이 생기고, 아상我相이 생깁니다.

무명은 중생이 가지고 있는 근본 장애이다.

보이는 바깥쪽에는 법에 대한 법집法執이 생기고 법견法見이 생깁니다. 이것은 마치 눈이 병든 자가 헛것을 보는 것과 같은 것입니다.

정신 장애가 있는 사람이 분열증과 착란증을 일으켜 환청과 환각을 체험하는 것과 같습니다. 그런 연유로 우리는 이처럼 지적인 장애가 있기 때문에 자꾸 '나' 라고 하는 아견을 내면서 '일체 존재가 있다' 라고 하는 아견과 법견의 정신적 질환 증세가 일어나는 겁니다. 그렇기 때문에 우리는 모든 존재에 대해서 있는 그대로 보지 못하는 것입니다. 중생이 가지고 있는 근본 장애인 것입니다.

이처럼 우리 마음은 이미 물들어 있습니다. 색깔에 물들어 있고, 좋은 소리에 물들어 있고, 내가 집착하는 것에 물들어 있습니다. 물든 마음으로 세상을 살고자 하다 보니 내가 좋아하는 것은 자꾸 하려하고, 싫어하는 것은 버리려 하고, 이렇듯 취사 선택 하도록 만들어 버립니다. 그런 까닭에 이 오염된 마음은 한시도 가만히 있지 않고 계속 요동치는 것입니다.

아집과 법집과 물든 마음이 가득 차서 계속 번뇌의 장애가 일어나고 지적인 장애가 일어나는데 이런 상태의 중생의 마음을 '근본 무명' 이라고 합니다. 이런 근본 무명을 가지고 우리가 세상을 살아가다 보니 고통을 벗어날 수가 없는 것입니다.

고통을 벗어나려면 어떻게 하면 되는지 답이 나옵니다. 바로 중생의 근본 무명을 제거하는 것입니다.

무명을 제거하려면 어떻게 해야 하느냐?

무명을 제거하기 위해서는 '알아야 할 것'과 '알지 말아야 할 것'들이 있습니다. 첫째, 알아야 할 것은 마음을 알아야 합니다. 그리고 왜 내가 중생이 되었는지 알아야 합니다. 또 부처의 실상이 무엇인지 알아야 합니다. 둘째, 알지 말아야 할 것은 내 마음이 무명에서 벗어나기 위해서는 분별하지 말아야 합니다. 알려고 하지 않아야 합니다. 일념을 없애야 합니다.

일찍이 마조도일馬祖導一 선사가 이르기를 "도는 구하는 것이 아니고, 도는 단지 닦는 것이 아니라 오염시키지 않는, 물들지 않게 만드는 것이다. 여러분은 보고 듣고 냄새 맡으며 계속 물들고 있으니, 집착하면 물드는 것이다. 집착하지 않으면 물들지 않는다."라고 하였습니다.

그래서 제자가 물었습니다. "어떻게 하면 물들지 않습니까?" 마조 스님이 이렇게 얘기합니다. "일념이 없기만 하면 생사의 근본을 벗어난다. 한 생각을 일으키지 말라."라고 하였던 것입니다.

한 생각, 즉 일념을 일으키지 말라는 것은 분별하려는 마음을 일으키지 말라는 것입니다. 그래서 우리는 과거의 끝없는 구원겁久遠劫 이전부터 윤회의 삶 속에서 중생의 삶으로 무명심을 계속 키워왔고, 그 무명심으로 인한 생명체의 활동에서 훈습이 되어 왔으며 그 훈습으로 인하여 또 마음을 오염시키면서 우리는 여기까지 온 것입니다.

우리 마음 바탕 깊숙이 감추어져 있는 나의 본성의 참 부처님, '참나'를 회복시키는 방법은 분별하지 않고 집착하지 않고 마음을 요동치지 않게 한 생각을 멈추는 것입니다.

찾으려고 하는 생각도 없이, 구하려고 하는 생각도 없이, 한 생각이 그대로 멈추었을 때 그 자리는 바로 억겁만년의 무명이 제거된 '진여본성의 청정한 자성의 반야지혜般若智慧'가 그대로 온 우주법궤宇宙法軌를 비추고 있습니다.

우리 모두는 이와 같은 가르침을 믿고 따라서 실천해야 합니다. 이제 분별하지 말아야 합니다.

중생이라는 생각도 들으면 들을수록, 알면 알수록 빨리 벗어날 수 있도록 노력해야 합니다. 왜 내가 오염 덩어리 속에 살아야 하는가? 우리는 오염 덩어리 속에 감추어져 있는 여의주로 살아야 됩니다. 중생으로 살지 말고 부처님으로 살아야 합니다.

부처님의 정견正見과 중생의 사견邪見은
무엇이 다른가?

부처님은 세상을 어떻게 바라보고 있고, 어떤 세계관을 가지고 있으며
어떤 인생관을 가지고 있는지, 우리 중생들의 인생관과 세계관을 비교
해 봐야 이번 생의 업을 녹일 수 있는 지혜를 얻게 됩니다.

현재의 괴로움은 전생에 쌓은 업력 때문이다.

중생은 인생의 삶 속에서 한량없는 괴로움을 겪고 있습니다. 물론 괴로움의 원인은 과거 수없이 많은 세월 동안 쌓아놓은 업력에 의해 현실의 힘든 괴로움을 겪고 있지만, 그렇다고 해서 이번 생에 넋 놓고 괴로움을 계속 받을 수는 없는 노릇입니다. 그러면 어떤 삶을 살아야 괴로움을 덜 받는 삶을 살 수 있을까요?

이번 생을 잘 살아야 다음 생에도 잘 살 수 있습니다. 이번 생을 못 살면 다음 생에 절대 잘 살 수가 없습니다. 그렇기 때문에 반드시 이번 생에 잘 살 수 있는 환경과 삶을 만들어야 다음 생에 나은 곳으로 윤회를 할 수 있습니다.
이번 생을 잘 살기 위해서는 대체 내가 과거 생에 무엇 때문에 업을 지었는지, 또 이번 생에 업을 지은 것들을 어떻게 하면 소멸할 수 있는지, 어떻게 하면 이번 생과 다음 생이 좋아질 수 있는 선한 업을 지을 수 있는지, 이러한 부분들을 우리는 알아야 합니다.
그러기 위해서는 '부처님의 지견智見, 정견正見이라 할 수 있는 부처님의 지혜의 가치관은 어떤 것인가? 부처님은 세상을 어떻게 바라보고 있고, 어떤 세계관을 가지고 있으며 어떤 인생관을 가지고 있는가?' 이런 것들을 우리들의 인생관, 세계관과 비교해 봐야 합니다.

먼저 가치관, 정견, 부처님의 지견을 알기 위해서는 부처님의 지견이 가장 잘 드러나고 있는, 부처님의 가르침 중에서 경전의 왕이라고 할 수 있는 모든 경전을 다 포

섭하고 있는 '실상묘법연화경實相妙法蓮華經'이라고 하는 『묘법연화경妙法蓮華經』의 경전을 토대로 부처님의 견해가 어떤지, 지견이 어떤지 공부를 해 보면 정확히 알 수 있습니다.

분별심은 오직 허망한 생각 때문에 일어난다.

과거 생, 지었던 업은 무명 때문입니다. 그런데 무명이라고 하면 글자 그대로 이해해 그저 '밝음이 없다'라고 받아들여 자꾸 캄캄한 것만 생각하는데, 캄캄한 것이 아니고 마음속에 자기 자신도 모르게 자꾸 분별심이 일어나는 것을 말합니다. 그걸 무명이라고 한다는 것은 앞에서 이미 설명한 바 있습니다.

무명, 즉 분별심이 왜 일어나게 되느냐 하면, 자기의 참모습을 알지 못하기 때문입니다. 이걸 '불각不覺'이라고 합니다. 풀이하면 '깨닫지 못했다'라는 뜻이지요. 일체 삼라만상 만유의 근원이라고 생각하고 그 일체가 모두 '나'라고 하는 깨침이 있다면 절대 분별심이 일어나지 않습니다. 일어날 것이 없습니다. 온 천지가 모두 '나'이기 때문에 일어날 것이 없습니다.

그런데 절대 이 우주 삼라만상 만유가 '나'라는 생각이 들지 않습니다. 그런 생각을 해 본 적도 없을 것입니다. 그러다 보니 자꾸 분별심이 일어나고 여기 있는 '나'는 누구이고, 저기에 있는 '저 사람'은 누구인가? 이렇게 분별심이 일어납니다.

업력으로 인해 무명의 바람은 팔만 사천 가지 분별심을 만든다.

무명이 업력으로 인해 분별이 일어나므로 이 마음이 자꾸 나누어져 대립 되고 팔만 사천 가지의 분별심을 내는 것입니다. 이런 분별심으로 인해 결국은 올바르지 못한 사견으로서 업을 짓고, 그 업이 쌓여서 또 다시 무명의 바람을 일으키는 원인이 되어버리는 것입니다. 이처럼 계속 다람쥐 쳇바퀴 돌 듯 돌았는데, 얼마나 돌았느냐 하면 끝이 없었습니다. 정말 끝이 없을 정도로 윤회를 해 왔던 것입니다.

우리의 무명이 일어나는, 우리의 업을 지었던 그 이유가 무명 때문에 일어난다면 대체 이 무명은 어떻게 만들어지는가?

이것은 정말 재미있는 얘기로, '닭이 먼저냐, 계란이 먼저냐?'에 비교할 수 있습니다. 물론 사물적인 입장에서는 계란이 먼저냐, 닭이 먼저냐 우열을 가릴 수 없겠지만, 불교에서는 반드시 원인이 있습니다. 이 법문을, 이 원인을 제대로 이해해 해결할 수 있는 방법을 우리들은 찾을 수 있을 것입니다.

과거의 업이 단절되지 않는 이유는 염염히 상속하는 힘 때문이다.

지금 이 순간이라도 우리는 과거 생에 지어놓은 업을 끊을 수가 있는데, 반대로 과거 생의 업을 끊지 못하는 이유는 상속하는 힘 때문에 그렇습니다. 앞의 생각이 지금 생각으로 이어지고 있고, 현재 찰나의 한 생각이 다음 생각으로 또 이어지기 때문입니다. 그것이 마음이 가지고 있는 하나의 능력인데, 이것을 '기억력(상속력)'

이라고 하는 겁니다.

업은 기억력만 뛰어난 것이 아니라 그 생각을 상속시키는 힘도 대단합니다. 그래서 이것을 염염焰焰이 생각으로, 마치 불길이 활활 세차게 타오르듯, 그런 생각으로 계속 이어져 가다 보니 끝없이 이어져 갑니다. 이게 얼마나 이어졌나 하면 시작도 끝도 없는 시종始終의 무시이래無始以來로, 그러니까 영겁永劫, 헤아릴 수 없는 과거 이전이었다는 것입니다.

오랫동안 쌓아온 훈습의 습기가 영혼을 만든다.

오랫동안 이어져 온 그 생각들의 습기가 모여져 있다 보니까 이 습기 덩어리가 하나의 '자아自我'라고 하는, 또는 다른 말로 '영혼'이라고 하는 주체자적 역할을 하게 됩니다.

요즘은 100세 시대라고들 합니다만, 이번 생에 태어나 한 생애 동안 과거의 습기와 함께 이번 생애 동안 훈습시켜 마음속에 저장시켰던 그런 정보들로 인하여 내 영혼, 내 자아의식을 일으킬 만한 그런 힘이 없습니다.

그래서 우리 마음속에는 이 삼라만상 만유의 생명체, 그러니까 기어 다니는 곤충부터 날아다니는 곤충을 비롯, 미물과 곤충들부터 수없이 많은 동물들의 모습과 지금 '나'인 사람의 모습까지, 우리는 다 윤회를 해 왔습니다.

하지만 내가 만약 뱀으로 태어났다고 한다면, 뱀의 세계에 들어가서 거기서 빠져나오려면 여러 수천만 생이 지나가야 됩니다. 거의 빠져나오지 못합니다.

그렇지만 우리 사람이라고 하는 존재는, 선근의 공덕과 지혜가 있기 때문에 수없이 많은 미물과 동물의 윤회 세계를 벗어나 최상근기인 인간의 모습으로 윤회를 해 온 것입니다. 그러니 인간으로서 또 다시 잘못된 업을 지어 버리면 이제는 미물로 흘러가게 됩니다.

삶의 정보가 어떻게 마음에 저장되는가?

내 마음을 이어가게 하되 이것을 나 자신도 모르는데, 도대체 어떻게 이어가고 있고, 내가 지금 살면서 경험되어지고 있는 삶의 이 정보들이 어떻게 내 마음에 저장되어 지는지를 정확히 알아야 합니다.

여러분들이 보고, 듣고, 냄새 맡고, 맛보고, 감촉하는 오감 작용은 자동으로 저장됩니다. 지금 카메라가 자동으로 돌아가고 있다면, 카메라가 작동되고 있으므로 그 오감 작용을 찍는 감독이 없어도 자동 녹화가 됩니다. 여러분들의 의도와는 아무 상관이 없습니다.

자기도 모르는 사이에 수많은 정보들은 무의식에 쌓인다.

오근이 지각知覺을 한 알음알이인 제6의식은 종합적으로 정보들을 인식·판단하는데, 그 인식·판단되는 것 또한 저장 녹화가 됩니다. 의식적으로 이것저것, 또는 망상, 번뇌, 회상, 추억 등 마음으로 조작하는 것까지 저장되어 버립니다.

그뿐만 아니라 카메라는 피사체의 대상을 저울질해 가면서 이건 찍고 저건 찍지 않는 것이 아닙니다. 이 부분은 많이 찍고 저 부분은 적게 찍는 것도 아닙니다. 때문에 우리의 오감과 육감으로 의식하고 있는 모든 의식들은 내 마음, 무의식 속에 무조건 저장이 됩니다.

무의식 속에 저장된 삶의 정보들은 인식의 잣대가 된다.

지금 내가 일으키고 있는 어떤 대상에 대한 판단 기준은 어떤 잣대에 기인하는 것일까요? 그것은 내 의식에 의한 생각들로만 잣대로 삼는 것이 아닌 나 자신도 모르게 무의식 속에 저장되어 있는 그 기억정보들이 내가 지금 판단하는 잣대가 됩니다. 그러다 어떤 때는 문득 놀랍니다. '어! 이걸 내가 알았던 건가? 한 번도 경험해 보지 못했는데 이걸 어떻게 내가 알지?'

강아지가 있습니다. 그 강아지가 자라서 성견이 되었습니다. 어느 날 교미를 해서 새끼를 낳게 되었습니다. 그런데 이 강아지가 성견이 되어 교미를 하고 임신해서 새끼를 낳고서는 어떻게 산후조리를 했으며, 그 이후 어떻게 갓 낳은 새끼강아지들을 잘 키울 수 있을까요?

주인이 가르쳐 주었을 리는 없는 것 아니겠습니까? 그렇습니다. 이미 무의식에 저장된 기억정보가 그 답인 것입니다.

그만큼 우리의 마음, 무의식 속에는 수많은 종자들이 계속하여 이 순간에도 쌓이고 있습니다. 그 중에서 굵직굵직하고 강한 것들은 계속 나의 현재 마음에 영향을 미치고 있기 때문입니다. 그래서 지금 이 순간, 내가 보고 듣고 느끼고 있는 오감과 육감에 대한 지각들은 무조건 마음속에, 무의식 속에 찍혀 들어간다는 사실을 알게 됩니다. 그러면 이 시간부터라도 카메라 속과 같은 기억정보 속에 나쁜 것을 함부로 찍어 넣어서는 안 된다는 것을 알아야 합니다.

수많은 정보들을 무작정 마음에 저장해서는 안 된다.

어떻게 해야 하는가? 골라서 봐야 되고, 골라서 들어야 되고, 골라서 냄새 맡아야 됩니다.

아무것이나 보고 들어놓으면 나중에 감당이 안 됩니다. 혹시 이런 경험이 있을 겁니다. 여름철 해수욕장을 갔다가 비키니 입은 여성을 보았거나 근육질 남자를 봤습니다. 물론 눈여겨 본 것이 아니고 무심결에 지나쳐 갔습니다.

그런데 어느 순간 자신도 모르게 그때 그 장면이 눈앞을 스쳐 갑니다. 그때 해수욕장에서 무심결에 지나친 장면들이 어느 순간 왜 눈앞을 스쳐 갈까요?

그것은 나도 모르게 그 장면들을 내 무의식인 카메라에 찍어서 저장해 버렸기 때문입니다. 해수욕장에서 본 그 모습들이 어느 순간 괴롭다면 이제 어떻게 하겠습니까?

또는 부부간에 그런 경험이 있을 겁니다. 남편이나 아내가 지나가듯 한마디 할 때는 별로 관심을 두지 않아서 무심결에 흘려버리고 말았습니다. 그런데 그 한 마디가 몇 시간 뒤, 혹은 며칠 뒤에 떠올라 그만 그때 그 말에 꽂혀 갑자기 화가 나는 경험도 있었을 것입니다.

자신이 그 말을 무의식에 저장해 놓지 않았다면 그런 일이 일어날 리 없겠지요. 그렇게 찍혀 있는 내용들이 얼마나 많은가 하면, 이 우주 공간을 다 채우고도 남을 만큼 많습니다.

무의식에 저장된 수많은 정보들은 탐진치가 붙어서 마음의 장애를 일으킨다.

무의식에 저장되어 있는 기억정보들로 인해 지금 우리 마음은 번뇌 없이 올바르냐 하면 결코 그렇지 못합니다. 잘 못 되었다는 것입니다. 그러므로 마음의 장애가 일어납니다.

이미 앞서 공부했듯이 무지의 장애, 번뇌의 장애가 일어나는 것입니다. 이 장애로 인하여 우리는 세상을 올바르게 보지 못하는 것입니다. 있는 그대로 보지 못합니다. 삼라만상 만유를 들여다볼 때, 하늘과 산과 바다를 들여다볼 때, 우리는 자꾸 자기 생각을 붙여 버립니다.

그냥 산을 산으로 보면 되고, 바다를 바다로 보면 되고, 구름은 구름으로 보고, 하늘은 하늘로 보면 되는데, 대상을 볼 때마다, 사진 찍을 때마다, 자기의 편견과 자기의 사량思量과 자신의 견해와 알음알이가 붙어 버립니다. 그러니 이것이 잘못 저장이 되니 다음에 끄집어내어 쓸 때 잘못 되어 올라오는 것입니다.

산은 산이어야 하고, 바다는 바다여야 합니다. 산이 좋다, 나쁘다. 산이 크다, 작다.

산이 아름답다, 추하다. 이런 자기만의 헤아림을, 왜 붙이느냐는 겁니다. 우리는 이처럼 매 순간 일거수일투족 대상을 마주할 때, 자신의 생각을 겉으로 말 하지 않을 뿐 생각으로 붙여서 저장시켜 버립니다.

자아의식은 수많은 세월 동안 끊임없이 이어져 온 나의 아견이다.

지속적인 사량분별思量分別하는 마음들로 인해 자꾸 번뇌가 일어나고, 그런 번뇌들로 인해 장애가 일어나서 무지하게 됩니다. 세상을 올바르게 알지 못하는 그런 어리석음 때문에 우리는 잘못된 사견을 갖게 됩니다.

대표적 사견으로 내가 있다는 생각을 하는 아상, 아집을 한다는 것입니다. 자꾸 내가 있는 것 같아요. 무슨 말인지 어려울 수 있으니 여러분들의 이해를 돕기 위한 방편으로 비유를 하나 들겠습니다.

오른손이 몸뚱이라고 생각하고, 이 몸뚱이에서는 제5근과 여섯 번째 의식인 6식이 있어요. 오감, 육감이 여기서 작용됩니다. 그리고 왼손은 지금 자아의식이라고 하는 제7말나식末那識이라는 잠재의식과 이 모든 기억정보가 저장되는 제8아뢰야식, 즉 함장식含藏識이라 생각하면, 오른손은 현재 의식이고 왼손은 무의식입니다. 이렇듯 둘은 붙어서 몸을 끌고 마음과 함께 사람이 되어 삽니다.

일거수일투족 우리가 생활하면서 접촉했던 모든 기억정보들이 계속 무의식으로 저장되고 있는 것입니다. 그러다 이제 이번 생의 인연이 다해 죽음이라는 것을 맞이했을 때 여섯 번째 의식인 요놈이 아주 혼미해지면서 의식 불명이 됩니다. 마침내

의식이 사라집니다. 이런 상태를 두고 의사들은 '죽음'을 선고합니다. 이제 시체가 되어 화장터로 가거나 땅에 묻히거나, 분명 어떤 처리가 될 것입니다.

하지만 요놈에게는 자의식이라고 하는 7식이 있는 겁니다. 이 7식은 이번 생에 만들어진 것이 아니라는 거예요. 과거에 끝없는 삶을 윤회해서 염염히 상속되어 왔기 때문에 이 자아의식이라는 마음은 수없는 세월동안 이어져 왔던 나의 에고(Ego, 自我), 나의 자아의식이라는 것입니다.

제8아뢰야식은 무기성無記性이다.

이 7식이라는 놈은 몸뚱이가 있을 때는 오감 또한 있었기 때문에 판단할 수 있고, 6식도 있어서 판단할 수 있는데, 오감과 6식이 떨어지고 나니 이 7식이란 놈은 도무지 앞뒤 분간을 못합니다. 게다가 7식보다 더 밑에 있는 8식이라는 아뢰야식은 눈도 코도 없습니다.

아뢰야식은 몸뚱이가 없습니다. 좋다, 나쁘다를 전혀 분별하지 못해요. 그래서 무기성無記性이라 합니다. 자아의식이라고 하는 7식은 이 8식을 의지해 '나'라는 생각만 갖고 번뇌만 일으킬 뿐이지 이놈은 눈도 없고 귀도 없으니 볼 수도 없고 듣지도 못합니다. 냄새를 맡으려면 코가 있어야 하는데 이 역시 없습니다. 몸뚱이와 함께 하던 5감과 6근이 떨어졌으니 오도 가도 못 하고, 그저 암흑천지가 되는 순간을 맞이합니다.

무의식에 저장된 훈습된 기억정보 때문에 환청·환각이 일어난다.

이 7식과 8식이라고 하는 무의식 속에 저장되어 있는 기억정보는 업력을 일으킵니다. 업력, 업의 작용이 일어난다는 것이지요. 업의 작용이 일어나면 그때 따라가 버립니다.

왜? 사람은 걸어가려 하면 달리는 속도나 걷는 속도가 있지만 이 무의식이라고 하는 놈은 그냥 따라갑니다. 왜 이런 작용이 일어나느냐 하면 저장되어 있던 기억정보들이 이 7식과 8식 속에서 식識의 작용을 하기 때문입니다.

이러한 작용을 비유하면, 내가 어떤 아름다운 것을 봤다고 합시다. 보던 그때는 내가 눈을 통해서 봤어요. 그리고는 그것이 좋다 나쁘다 분별하여 저장시켜놓은 기억들이 떠올라와 환청·환각이 들리는 것입니다. 환청 환각이 생기니까 업력에 끌려서, '아!' 하면 쫙 날아가 버리고, '어!' 하면 저리로 쏜살같이 가버리는 것입니다.

근기대로 윤회의 과보를 받는다.

그런데 요놈이 이제 윤회의 과보를 받아 중유 세계의, 중음신의 몸을 뛰어넘어 다시 생명세계로 가서 붙었는데, '아! 요놈이 뱀이야.' 그러니까 뱀의 몸을 가졌으니 뱀의 오감과 육근을 가진 상태다 보니 7식과 8식 속에 저장돼 있는 기억정보들은 너무나 찬란한 정보들이 많이 들어있지만 뱀의 근기대로 밖으로 나올 수밖에 없습니다.

후레쉬 배터리가 아무리 좋다 하더라도 후레쉬 불빛의 렌즈나 유리관이 좁으면 좁은 불빛이 나오고, 넓으면 넓은 불빛이 나오는 것과 똑같은 이치입니다. 그래서 뱀하고 붙어 버리니까 뱀 생으로 살아가는 것입니다.

만약 업이 있으면 오래된 업이 기억되기 쉬울까요, 아니면 가까운 업이 기억되기 쉬울까요? 당연히 가까운 업이 기억이 잘 될 것 아니겠습니까? 그 업력이 빨리 나타나는 것입니다. 그래서 사람으로 살다가 죽으면 사람의 업이 제일 빨리 기억납니다. 제일 기억이 많이 남아있고, 잔재 또한 많이 남아있으니까 사람으로 될 확률이 높아집니다.

끝없는 윤회 속에 몸을 받은 '나'는 무엇인가?

중생이 죽으면 개의 몸을 받을 수도 있고, 지네의 몸을 받을 수도 있고, 뱀의 몸을 받을 수도 있습니다. 생명체를 맞닥뜨려서 몸을 받을 때마다 달라지는데, 그러면 대체 '나'를 사람이라 해야 되나, 뱀이라 해야 되나, 개라 해야 되나, 지네라 해야 되나, 뭐라고 불러야 되나요?

끝없는 과거 시간을 거슬러 올라가 지금까지 한량없는 이 무량한 세월 동안 윤회를 해오면서 수없는 몸의 육신 껍데기를 받아온 내가 대체 무엇이냐? 이름을 붙일 수는 없지만 지금 이렇게 붙어 있으니까 내가 사람이라고 하는 것입니다. 그렇지만 한 100년만 지나면 다 떨어져 나가게 되어있는 이것을 뭐라 하겠어요? 이것을 '중음신'이라 부릅니다. 요것이 붙으면 또 사람이든 동물이든 뭐가 되겠지요.

이 몸뚱이라 하는 놈은 이렇게 붙어 있을 때 뭐가 문제냐 하면, 이 몸뚱이를 가지고 있을 때 얼마나 죄를 많이 짓느냐 안 짓느냐가 정말 중요합니다. 중생의 감각은 사람의 감각과 개의 감각과 뱀의 감각과 지네의 감각이 다릅니다. 다 동물의 모습, 생명체의 모습대로 감각을 집착하여 그 집착대로 업이 쌓입니다. 하지만 중음신은 원래 생명체가 아니죠? 몸뚱이를 안 가지면 생명체가 아닙니다.

마음이 몸과 함께 있을 때 업을 짓는 것은 매우 중요하다.

그래서 요놈이 몸뚱이를 가졌을 때 몸뚱이가 가지고 있는 감각기관, 즉 오근을 얘기합니다. 몸뚱이가 가지고 있는 오근과 몸뚱이가 가지고 있는 뇌에 의한 의식 분별, 이런 부분들이 무의식을 상당히 더럽히고 오염시키며 아주 나쁜 것으로 만들 수 있는 위험성이 너무 많습니다. 그러므로 몸을 갖고 있을 때 몸을 잘 관리해야 됩니다. 그런데, 7식이나 8아뢰야식 속에 저장되어 있는 기억정보들은 엄청난 지혜를 가지고 있지만, 이 지혜가 5근과 6식이라는 몸뚱이를 통해 발산되다 보니 무지할 수밖에 없습니다. 후레쉬가 배터리가 문제가 아니라 후레쉬 밝기가 문제입니다.

신령스러운 마음의 본성은 몸 때문에 업을 짓는다.

사람 속에 들어가 있는 우리의 '영靈'이라고 할 수 있는, 우리의 지혜라고 할 수 있는, 우리의 본성이라고 할 수 있는 이 마음은 아주 신령스럽고 소소영영昭昭靈靈한데, 어떤 몸속에 들어가 있느냐에 따라 다르게 표현하고 있습니다. 그래서 미꾸라지가 대나무 통속에 들어가면 대나무 통 구멍을 통해 세상을 바라보니 이 세상이 대나무 통 구멍처럼 생겼다고 하지만 미꾸라지가 밖으로 나오는 순간 '아! 세상은 넓구나!' 하고 놀랍니다. 이처럼 우리는 이러한 사실을 모르고 살았다는 것입니다.

우리는 이와 같은 내 몸, 내 생명체, 지금 이 고깃덩어리를 의지해 살고 있는 입장에서, 지금 여기서 일으키고 있는 이 생각이 과연 정견인지? 사견인지? 정말 지혜인지? 어리석음인지? 이걸 부처님 경전을 통해 비교 분석해 봐야 '아! 내가 잘못 되었구나' 하는 걸 알 수가 있습니다.

아견 · 법견으로 아치我癡 · 아집我執 · 아만我慢 · 아애我愛의 번뇌가 생긴다.

몸뚱이와 무의식의 덩어리가 붙어 하나가 되어 살 때는 자꾸만 아상 '나' 라는 생각이 들고, '너' 라는 생각이 들며 저 삼라만상 일체 생명체 세계 전부가 아我가 있다는 생각이 듭니다. 그러다 보니 나와 남이 대립되는 분별이 자꾸 생기고, 내가 최고라는 생각이 들며 나를 사랑하게 되고, 나에 대한 집착이 생기게 되며 계속 '나' 라는 중심주의가 되는 것입니다.

지금 어딘가로 부지런히 기어가는 개미에게 물어보면, 개미가 말을 한다면, 번역기를 통해 통역한다면, 개미도 자기중심주의예요. 절에서 키우는 강아지도 강아지의 안목으로 세상을 바라보고 있는 것이지 절대 스님을 중심으로 바라보지 않습니다.

자기가 주인입니다. 그것이 착각이라는 것입니다.

법당에 칸을 지어놓으니 강아지가 이쪽저쪽 공간을 넘나듭니다만, 이 칸을 무너뜨리고 나면 한 덩어리, 한 곳이라는 거지요. 우리가 달팽이 껍질 같은 이 몸뚱이 속에 들어와 있으니 사람이라고 하는데, 다음 생에 다른 껍데기 안에 들어가 있으면 뭐라 하겠습니까?

인간은 중생의 사견으로 살고 있다.

부처님께서 이 땅에 오신 이유를 『법화경法華經』에서는 무엇이라고 말씀하시냐면, 청정을 얻고 깨끗함을 얻어 "부처님의 지견을 열어서, 부처님의 지견을 보이고, 부처님의 지견을 깨치게 해서, 부처님의 지견대로 세상을 살아가도록 중생을 이끌어주기 위해 이 세상에 왔다"라고 했습니다.

그렇지만 우리는 부처님의 지견을 열지도 못했고, 보지도 못했고, 깨치지도 못했으며 다른 지견으로 살고 있는 겁니다. 무슨 얘기인가 하면, 사람의 세계를 보았고, 사람의 세계의 문을 열었고, 사람의 잣대대로 사람 생을 하고 산다는 말입니다.

우리가 사람을 거룩하게 높여서 그렇지, 냉정하게 분석해 보면 그냥 사회적 동물입니다. '나'라고 하는 존재는 사회적 동물로서의 모습을 보았고, 깨쳤고, 그대로 삽니다. 그 의미를 되새겨 본다면, '아! 나는 사람이라고도 할 수 없네.'라는 생각이 들 것이므로 결국 인간의, 중생의 사견으로 살고 있다 할 것입니다.

중생의 사견을 벗어나려면 네 가지 상(四相)을 버려야 한다.

『금강경』에서는 "아상, 인상, 중생상, 수자상 네 가지 상을 버려라. 내가 사람이라는 생각, 내가 있다는 생각, 네가 있다는 생각, 일체의 법계에 아我가 있다는 생각, 그 인상을 버려라. 그리고 내가 지금 중생이라는 생각, 생명체라는 생각을 버려라. 그리고 내가 목숨 줄이 있다, 내가 명이 있다는 생각을 버려라. 목숨에 애착을 하지 말아라."라고 가르칩니다.

이 껍데기는 목숨이 있을지 모르겠지만 원래 움직이고 있는 주인공은 생명체도 아니고 목숨이 없습니다. 그러니 '나다, 너다'도 분별할 것도 없고, 목숨이 있는 것도 아니고, 중생이 아니기 때문에 나는 사람이 아니라는 것입니다.

모든 형상이 실체가 없다는 지견을 갖는 것이 부처님의 정견이다.

중생이 아니라는 입장에서 세상을 바라보는 지견을 가져야 되는데, 우리는 몸뚱이 입장에서 세상을 바라보는 지견을 갖다 보니 '중생심'이 되는 겁니다. 중생의 지견이 되어버리는 거예요. 그렇다 보니 장애가 있고 문제가 있어서, 뭔가 고장이 나 있으니까 세상을 바라보는 안목이 자꾸 틀릴 수밖에 없고 그릇되게 볼 수밖에 없는 것입니다.

저것은 산이고, 바다고, 하늘이고, 사람이고, 좋은 것이고, 나쁜 것이고 하는 분별을 합니다, 금덩어리와 똥 덩어리를 갖다 놓고 어느 것이 좋으냐 물으면 우리는 당연히 금덩어리를 좋다고 대답할 것입니다. 사람의 몸을 갖고 있기 때문입니다.

그렇지만 금에 대해 전혀 필요치 않는 다른 세계의 생명체인 몸을 갖고 있다면, 혹은 개나 혹은 뱀, 혹은 지네와 같은 이런 다른 생명체의 몸을 갖고 있다면 금덩어리와 똥 덩어리 중 어느 것을 더 좋아할까요? 똥 덩어리를 더 좋아하게 되어 있습니다.

결국 내 마음이 금덩어리가 소중하고 똥이 더러운 것은 이 몸뚱이가 일으키는 식별이기 때문에 잘못 되었다는 것입니다. 이것을 사견이라 합니다.

부처님의 정견으로 세상을 바라보면 세계는 동근여화同根如花이다.

부처님의 지견, 부처님의 눈, 부처님의 정견으로 세상을 바라보니 어떤 세상이냐?

이 모든 세계는 '동근여화同根如花'한 몸으로 너, 나가 따로 있는 것이 아니고 한 몸이라는 것입니다. 한 몸뚱이에서 싹이 터서 꽃을 피운 것입니다. 꽃 잎사귀는 각각인 것처럼 보이지만 그 꽃은 한 송이입니다.

그 꽃을 보면 한 송이인데 왜 우리는 한 몸인 줄 모를까요? 그게 몸뚱이가 따로 떨어져 있기 때문에 따로 보이는 것입니다. 속아 살고 있는 것입니다. 하지만 부처님의 지혜로 보면 이 세상은 동근여화인 것입니다. 같은 뿌리에 한 꽃이라는 것입니다.

부처님의 정견으로 세상을 바라보면 세계일화世界一華이다.

'우주 삼라만상 만유의 세계는 물질계와 정신계를 통틀어 전부 일법계一法界, 세계일화世界一華더라. 하나의 법계더라.' 이 하나의 법계라는 말, 일법계라는 말은 일심을 얘기합니다.

일심을 우리는 법체法體라고 합니다. 이 법체를 우리는 비로자나毘盧遮那라고 하지요. 법체인 이 비로자나, 일심, 이렇게 불렀던 이 모든 것들은 누구 마음이냐 하면 우리 마음이고 한마음입니다. 이렇게 움직이고 있는 '요놈'이라는 것입니다.

이와 같이 삼라만상 우주법계는 전부 일심동체라는 겁니다. 한마음이에요. 하지만 우리는 한마음인 줄 모릅니다. 그래서 부처님께서 보신 이 세상, 지견은 모두 다 같이 신령스럽고, 거룩하며 삼라만상을 창조하는 창조주의 일심이 그 한마음을 가진 똑같은 존재입니다. 그런데도 불구하고, 저장되어 있는 기억정보들로 인해한 생각을 일으켜 내가 그런 생각을 가지고 육도윤회를 하고 산다는 것입니다.

마치 망망대해 거대한 바다의 바닷물이 바람에 의해 파도가 치고 물방울이 수없이 흩날릴 때, 그 물방울 한 방울 한 방울마다 전부 '나'라고 집착하고 있는데, 그 물방울이 자기가 바다인 줄 안다면 그 물방울 자신은 집착하지 않습니다.

한마음은 공간도 시간도 모두 초월되어 있는 우주법계의 하나밖에 없는 존재

우리는 지금 억울하게도 전생의 업력에 의해, 무명심에 의해서 생명체의 몸을 갖고

'나는 사람이네' 하고 살고 있지만, 내가 살고 있는 이 삶이 내가 아니라 이 몸뚱이에 들어와 있는 사실을 안다면, 그 마음은 공간도 시간도 모두 초월되어 있는, 오직 우주법계에 하나밖에 없는 존재이기 때문에 여러분들은 어느 조그마한 물방울의 속박도 고통 받을 이유가 없다는 것입니다.

그러니까 과거의 내가 어떤 기억을 갖고 있다 하더라도 그 기억은 고통을 주는 기억이라는 것입니다. 왜? 내가 잘못된 몸뚱이를 가져서 만들어 놓은 기억들이기 때문에 전부 다 버려야 될 것들입니다.

그러면 그 생각들을, 그 기억들을 뭐 하려고 자꾸 염염히 상속하느냐? 끊어버리라는 거지요. 일심으로 멈춰버리라는 것입니다.

관계 속에 있는 모든 존재는 연기법이 작용한다.

부처님 눈으로 세상을 바라보았을 때, 이 모든 세상은 이와 같이 일심동체이고, 세계일화이며 동근여화입니다. 모두 다 한 몸뚱이에서 나타나는 작용인데, 그 나타나는 작용은 파도에 의해 일어나는 물결의 물방울과 같습니다.

그러면 그 물방울이 어떻게 나타나느냐 하면 연기에 의해서 나타납니다.

이것과 저것이 만남으로써 이것이 있음으로 저것이 있고, 이것이 없으면 저것이 없고, 이것이 사라지면 저것이 사라지고, 이것이 생生하면 저것이 생합니다.

모든 것은 이것과 저것과의 관계 속에서 나타나는 현상이기 때문에 그 어느 것도 독립되어 하나로 나타나는 것은 없습니다. 그 관계 속을 들여다봤을 때 거기는 분명히 인과因果가 있습니다.

착한 종자를 심으면 행복의 과보를 받아야 되고, 나쁜 종자의 원인을 심으면 고통의 괴로움을 받아야 되는 그 인과율이 명백한 인과가 연기법입니다.

연기의 법칙성에는 인과율因果律, 인연화합因緣和合, 상의상관성相依相關性이 있다.

존재와 존재 간에, 존재와 개체와 개체 간의 관계 속에서는 그냥 그대로 있는 것이 아니고 질적인 변화, 화학적인 변화를 합니다. 마치 우유가 요구르트가 되기도 하고 치즈로도 바뀌듯이, 원인이 같지만 어떤 연緣을 갖느냐에 따라 결과가 달리 나타납니다. 이와 같이 인연의 법칙에 의해 질적인 변화를 갖는 것입니다.

또 '존재와 존재, 개체와 개체 간에, 개체와 전체 간에, 생명체와 자연과 지구와 우주와 모든 존재 간의 관계 속에는 상의상관相依相關, 서로가 서로에게 의존되어 있으면서 서로 관계하고, 서로에게 원인이 되면서 서로에게 결과에 관여하고 있다.' 이 세상 일체 만유는 이와 같은 인과율과 인연의 법칙과 상의상관의 법칙성을 벗어난 연기법은 그 어느 것도 있을 수 없습니다.

지금 내 몸을 이루고 있는 60조 개의 세포들도, 세포를 이루고 있는 작은 입자들도, 또 내 몸과 7식과 8식의 무의식의 마음과의 관계 속에서, 또 지금 내 마음과 여러분들의 분별되는 마음과의 관계 속에서 인과율과 인연의 법칙, 상의 상관의 법칙성이 그대로 작용되는 연기법이 계속 이어지고 있다는 것입니다.

"우주법계는 이와 같은 모습과, 성품과, 바탕과, 작용과, 이와 같은 지음과, 이원인과, 조건과, 결과와, 과보를 받는데, 이 세상 모든 것은 시작과 끝이 동일하더라."는 것입니다.

모두 '공空'이라는 이것이 『법화경』에 나와 있는 "10여시十如是"라고 하는 아주 위대한 진리입니다.

제법실상의 진리는 오직 부처님만이 알 수 있다.

부처님의 지견으로 세상을 바라봤을 때, 그 어느 것도 연기법에서 벗어나는 존재는 아무것도 없습니다. 그리고 모든 것은 그런 인과율대로, 인연의 법칙대로, 상의 상관의 법칙대로 연기가 이루어지고 있기 때문에 그 연기를 알 수 있는 자는 오직 부처님밖에 없다는 것입니다.

사리불 존자와 같은 지혜 제일의 수많은 지혜를 가진 분들이 마치 들녘에 갈대처럼 많이 모여 있다 하더라도, 이 제법실상의 연기의 세계는 확연히 들여다 볼 수 없습니다. 그래서 천안통天眼通을 했든, 누진통漏盡通을 했든, 또는 숙명통宿命通을 했든, 삼명三明(아라한이 지니고 있는 세 가지의 지혜)에 밝다 하더라도 그 삼명은 온전하게 밝아서 완전하게 볼 수 있는 것은 부처님밖에 없습니다.

불을 밝히는 전구에는 밝기의 단위인 와트(watt)가 단계별로 있습니다. 이를 흔히 '촉수'라 하는데 10촉, 100촉, 1000촉 짜리가 있습니다. 이렇듯 숙명과 천안과 누진을 해나가는 과정 속에서 수행자들에게는 등급이 있겠지만 부처님은 촉수를 뛰어

넘어 완전히 열리신 분이기 때문에, 마치 1000개의 태양이 동시에 뜬 것처럼 열리신 분이기 때문에, 이 진리의 연기의 세계는 오직 부처님만이 알 수 있습니다.

중생과 부처의 차이는 오직 한 생각 때문이다.

부처님만이 알 수 있기 때문에 우리는 몰라야 되느냐? 그건 아닙니다.

왜냐하면, 중생과 부처의 차이를 알면 우리도 알 수 있습니다. 우리는 촉수가 적고 밝기가 적어서, 그리고 지혜의 불빛이 어두워서, 연기법인 세상 이치를 알지 못해서 이 세상에 자꾸 업을 짓고 살아가야 되는 존재가 되는가?

'대체 부처님과 뭐가 다르기에 우리는 이렇게 고통을 받고 살아야 되는가?' 라고 의문을 품는다면, 거기에 대한 대답은 너무도 간단합니다.

부처님도 내 마음에서 나오시고, 중생도 내가 만들어내는 것입니다. 그러니까 중생과 부처의 근본자리는 똑같습니다. 어떻게 하니까 부처가 되었고, 어떻게 하니까 중생이 되었다는 것입니다. 그럼 중생과 부처의 차이는 뭐냐? 한 생각 일으키느냐, 한 생각 일으키지 않느냐 그 차이입니다.

한 생각이 일으키는 '이대로'가 불성이 발현된 때

여러분들이 지금 이 순간에도 한 생각을 일으키지 않으면, 이대로 바로 불성이 드러나고 지혜가 발현되어 지금 이 세상 우주법계의 연기의 세계를 확연하게 알 수 있는 숙명통과 천안통이 열리는 누진漏盡의 열반을 맛보게 될 것입니다.

그런데 우리는 한 생각이 아니라 한량없는 백팔 번뇌를 비롯한 팔만 사천 가지 분별 망상이 일어나기 때문에, 파도치는 물결처럼, 그래서 이 제법의 실상의 세계를 보지 못하는 것입니다.

분별 망상을 일으키는 이유는 앞생각[前念]을 집착하기 때문이다.

우리는 왜 팔만 사천 가지 분별 망상을 할 수밖에 없는 존재가 되었느냐? 이에 대해서는 크게 두 가지 원인을 들 수 있습니다.

하나는, 앞의 생각에 지금도 집착하고 있기 때문입니다. 왜 조금 전 생각을 집착하고 있을까요? 여러분들의 마음속은 돈, 명예, 권력에 집착합니다. 또 좋았고 기뻤던 것을 집착하고, 나빴던 것을 집착하고, 싫었던 것을 집착하고, 싸웠던 것을 집착하고 이런 집착 때문에 괴롭습니다.

두 번째는, 마치 달팽이가 껍데기에 집착하는 것처럼 이 몸뚱이에 집착하고, 이 몸뚱이가 '나다'하고 집착하고 있으니, 이놈이 일으키는 번뇌 망상을 갖고 요동치므로 마음이 쉬질 않는 것입니다.

그래서 내가 없다, 즉 '무아無我다. 요놈 너 가만히 있거라!' 하고 몸뚱이를 조복시키고 항복시키는 훈련을 시켜 몸의 영향을 받지 않는, 몸을 초월할 수 있는 그런 강한 정신력으로 내 마음을 다스려 나갈 수 있을 때 우리는 이 의식을 초월한 무의식의 세계로 들어갈 수가 있습니다.

만약 무의식 세계에 들어간 적이 없다면 도道 닦을 이유도 없습니다. 하지만 무의식 세계에 너무 많이 들어갔다는 것입니다.

몸과 마음이 하나 될 때 정신력은 증가한다.

여러분들이 몸을 움직이려고 하면 생각이 먼저 움직입니다. 몸이 움직이려면 생각을 일으켜야 합니다. 그렇게 마음이 움직여야 몸이 움직입니다. 몸이 먼저 움직이는 것은 정신이라고 합니다. 마음 생각 다음에 일어나 움직이는 것은 마음이 움직였다 합니다.

마음은 너무나 연약해서 유리와 같습니다. 쉽게 깨지고 부서져 버립니다. 마음은 변덕쟁이입니다. 그런데 정신은 강합니다. 하지만 몸이 움직이기 위해서 돋아나야 되는 정신은 안 돋아납니다. 이런 몸과 이런 마음 갖고는 정신의 힘이 돋아날 수 없습니다.

그럼 어떻게 해야 정신의 힘이 돋아나느냐. 몸과 마음이 하나가 되어 마음을 멈추면 정신이 살아납니다.

여러분들은 지금까지 몸과 마음을 하나로 합일시켜 정신의 힘을 키운 게 아닙니다. 몸 따로 마음 따로, 계속 마음 혼자서 돌아다니다 보니 마음만 발달 되었고 분별 망상심만 발달되었지, 정신력은 성장하지 못했음을 알아야 합니다.

우주 삼라만상이 모두 내 마음임을 믿으면 윤회를 벗어날 수 있다.

우리가 가지고 있는 중생의 사견은 생명체의 껍데기 속에 들어간 잘못된 무지의, 잘못된 번뇌의 그릇된 사견을 가지고 세상을 판단하고 있기 때문에 우리는 분별할 수밖에 없습니다. 그렇다 보니 업을 지어 윤회할 수밖에 없는 괴로움의 원인을 짓는 것입니다.

그러나 나 자신은 몸이 껍데기가 아니라 본래 이 우주법계의 오직 하나밖에 없는, 원래 우주의 창조주이고 우주의 근본인 당체로서 몸뚱이의 노예가 되지 말고 그 몸뚱이를 항복시켜서 정신을 돋아나게 만들고 정신의 힘을 키워 이 정신의 힘으로 마음을 받치고 가야 여러분들은 윤회를 벗어날 수 있습니다.

그런데 정신이 없는 상태에서 마음만 가니까 죽는 순간에 너무나 혼미해서 기절해 버리고 막상 태어나니까 암흑천지가 되는 것입니다. 뭔가 귓가에 들리니 여기가 내가 들 자리인가 싶어 가봤다가 아닌 것 같아 저기 가봤다가, 이렇게 구천을 맴도는 중음신 즉, 귀신이 되어버리는 것입니다.

그런데 정신이 있으면 어디 가지 않고 오라고 해도 안 갑니다. 무엇인가가 보여도 무엇인가가 들려도 가지 않습니다. '부처님!' 하고 딱 주저앉아 버리면, 그 자리가 바로 극락입니다.

이 세상에 반드시 해야 할
가장 소중한 일은 무엇일까?

재물도 얻고, 명예도 얻고, 권력도 얻으며 가정의 행복도 추구하는 그런 삶의 목적이 중요하겠지만, 그것은 상당히 유한적입니다. 찰나와 같은 그런 유한적 행복을 추구하고, 또 꿈과 같은 세계를 목표로 삼고 있다면 그건 정말 어리석은 삶을 사는 것과 같은 것입니다.

이 세상에서 어떤 목적이 가장 소중할까?

여러분들이 만약 꿈속에서 아무리 부귀영화를 누리고 있다 하더라도 그것이 조금 있으면 깨어날 수밖에 없는 꿈인 줄 안다면 그 꿈에 집착하지 않을 것입니다. 하지만 우리는 꿈속에서 꿈이 깨어날 거라는 생각을 하지 못하기 때문에 그 꿈에서 집착하고 살아갑니다.

사람이라고 하는 생명체는 무한하고 영원한 시간 속에서 찰나에 태어났다 사라지는 하나의 환幻과 같고 꿈과 같은 것입니다. 이것을 모르고 꿈속의 자기를 집착하고 꿈속의 애욕을 추구하며 살아간다는 것은 정말 환몽을 꾸고 있는 어리석은 존재와 똑같습니다.

그러므로 우리가 불교를 신앙하는 이유는, 부처님의 가르침을 닦아 실천하고 환과 같은 삶을 깨트리고 영원하며 참된 행복을 추구하고자 불교를 신앙하는 것입니다. 그런데 불교를 신앙하고 불교를 수행하면서도 자기의 참모습과 진리를 추구하려고 하지 않고, 꿈속에 젖어드는, 허망한 부귀영화를 누리고자 하는 그런 환상에 목표를 두고 불교를 신앙하는 사람들이 너무 많습니다.

영원한 행복을 위해 불교를 신앙하고 실천하는 것이다.

과거 3천 년 전에 석가모니부처님께서 왕의 자리가 보장되어 있는 태자의 신분을 버리고 출가하시어 설산으로 수행을 떠났습니다. 설산으로 간 목적은 생로병사의 고통을 벗어나고 인간이 가지고 있는 모든 괴로움을 벗어나서 영원한 행복을 얻고자 함에 있었습니다.

부처님은 힘든 고행을 통해 깨달음을 얻었을 때 우리가 살고 있는 삶이 환幻과 같고, 꿈과 같고, 거짓이라는 것을 알았습니다.

우리가 진정으로 깨달음을 통한 영원한 행복을 얻기 위해서 어떻게 해야 하는지, 무엇을 익히고, 무엇을 실천해야 하는지 여기에 주안점을 두고 '이 세상에서 반드시 해야 할 가장 소중한 일은 무엇일까?' 라는 주제로 법문을 하고자 합니다.

이 세상 모든 것은 찰나 생멸 변화하는 존재

석가모니부처님께서는 출가 후 6년간의 고행 끝에 천안통과 숙명통을 얻으셨습니다. 그로써 모든 번뇌가 사라질 때, 제법의 연기법을 깨우치고 무상정등정각無上正等正覺을 성취하셨던 것입니다. 간단하게 말씀드리면, 이 세상 모든 것은 모두 다 찰나적 존재라는 것입니다.

찰나라고 하면 여러 이설이 있지만 75분의 1초, 여러분들이 혜안을 가지고 실상을 들여다보면 순간순간 찰나 찰나에 생멸 변화를 하고 있습니다. 여러분들에게 보이지 않으니 모르고 있을 따름입니다. 모든 것은 찰나에 이루어집니다. 연기로 이루어져서 나타났다 사라질 뿐인데, 생生했으면 곧바로 멸滅해 버리는 것입니다.

찰나에 생하고 멸해버리고, 생하고 멸해버리는 것이 계속 반복되고 있는데, 우리의 마음 구조는 생각이 일어나서 머물고 변화되는 시간이 있습니다. 그래서 생주이멸

生住異滅이라고 했을 때, 생멸生滅밖에 없는데 삼라만상의 모든 존재는, 이 마음이라는 구조는 생주이멸을 하는 4단계의 과정을 거치다 보니 마음이 일어나고 머무는 시간이 있는 것입니다. 그리고 그 생각이 변화하고 있는 과정을 거칩니다.

예를 들자면 조금 전, 나의 감각기관을 통해 어떤 대상을 접촉했다면 그 접촉했던 대상이 내 마음에 찍히는 순간 사라져버리고 없는데도 우리는 그 생각을 붙잡고 있습니다. 이것을 '머문다.' 라고 합니다.

지금 이 순간에도 찰나 찰나에 생멸하고 사라지는 모든 어떤 현상들을 우리는 계속 붙잡고 있으면서, 또 많게는 한평생의 기억을 가지고 있기도 하고, 또 전생의 기억을 가지고 있기도 하면서 염염히 그 기억을 잡고 있기 때문에 우리는 윤회의 굴레에 빠지고 업보에 빠지고 인과응보에 빠지게 됩니다.

모든 존재는 인과율과 인연의 법칙과 상의 상관성의 법칙에 의존한 연기적 존재

심리적, 정신적 문제만 그런 것이 아니고 일체 만물의 모든 요소들 역시 찰나에 생멸합니다. 우리는 찰나에 생멸하고 있는 이 모든 현상세계, 물질세계와 정신세계를 생멸하고 없어졌는데도 불구하고 그것을 가지고 있습니다. 이걸 모른다는 것입니다. 이 삼라만상이 생멸하는 존재라는 사실을 모릅니다.

부처님께서 연기법을 깨치시고 보니 이 세상 일체 존재는 태초도 없지만 이 우주법계의 태초의 그 순간부터 지금까지, 또 끝없는 영원한 미래의 시간 속에 일체 존재가 생멸변화의 찰나적 존재라는 것을 깨친 것입니다.

그리고 그 찰나적 모든 존재는 인과율과 연기의 법칙과 서로의 상의 상관성의 세 가지 법칙에 의존한 연기적 관계 속에서 상대적으로 존재하고 있습니다.

어떤 물질이든 이것과 저것이 만나서 있게 되는 것이고, 이것이 없으면 저것이 없고, 이것이 있음으로 저것이 있고, 어떤 심리적인 생각들마저 이것이 사라지면 저것이 사라지는 연기적 관계가 찰나 찰나에 생멸하고 있습니다.

그러나 그럼에도 불구하고 우리는 어리석게도 지적인 장애, 번뇌의 장애를 갖고 있다 보니 ' 있는 것 '으로 착각합니다.

이 세상이 실재한다고 느껴지는 것은 착각을 일으키는 마음을 갖고 있기 때문

밤하늘을 보면 아주 아름다운 수많은 별빛들이 반짝이고 있는 것을 볼 수 있습니다. 그 별빛들은 벌써 수십 광년 전에 사라진 별인지도 모르는데 그 빛을 우리는 현재 우리의 눈을 통해 보고 있습니다.

여러분들 앞에서 법문을 하고 있는 이 대풍범각이라는 저의 모습을 볼 수 있으니 여기 '실재한다.' 라고 생각하는 겁니다. 왜냐하면 이미 실재한다고 착각에 빠트리는 마음을 갖고 있기 때문입니다.

만약 여러분에게 마음이 없다면 하늘도, 땅도, 일월성신日月星辰도 어떤 일체 존재도 여러분들은 지각할 수가 없습니다. 마음이 없다면 이 세상은 없습니다. 이 마음이 존재하기 때문에 모든 현상이 여기에 있는 것입니다.

마음은 실재하지 않기 때문에 아무것도 얻을 바가 없다.

우리의 마음이 어떤 감각기관을 통해서 바깥 경계를 대할 때, 보는 것이든, 듣는 것이든, 어떤 감촉 대상의 경계가 내 마음속에 들어온 내용을 내 마음이 그것을 분별하고 살고 있습니다.

눈이라는 시각 감각에 의한 접촉된 정보가 마음에 들어오면 마음에 들어온 상을 분별하면서 우리는 '보고 있다.' 라고 생각합니다.

귀로 듣는 것 또한 우리는 귀로 접촉된 그 정보가 마음속에 들어와 있을 때 마음속에 들어와 있는 그 정보의 상을 보면서 '있다.' 라고 하고 '좋다.' 라고 분별하고 있는 것입니다.

그러면 지금 내 마음속에 들어온 모든 접촉 정보의 보는 자도 내 마음이고, 보여 지는 대상도 내 마음을 보고 있다는 것입니다. 결론적으로 내 마음이 내 마음을 보고 있는데 내 마음은 실존하는 것이 아니기 때문에 하나도 얻을 바가 없는 허상이라는 것입니다.

거울이 영상을 나타내려면 대상이 있어야 하지만
마음은 대상이 없이도 형상을 나타낸다.

대상이 없이도 형상을 나타내는 것을 우리는 절대 믿지 않습니다. 그 허상이 꼭 있는 것처럼 느낌이 오기 때문입니다. 여기서 이해하고 넘어갈 부분이 하나 있는데 거울이 어떤 대상을 비추면 그 거울 앞에 실재하는 하나의 대상이 있어야 합니다. 그래야 거울 속에 그 영상이 비춰 들어옵니다. 이것은 거울과 사물과의 관계입니다.

그런데 마음이라고 하는 놈은 어떤 대상이 앞에 없어도 내 마음속에 형상이 일어나 식별하는 기능이 있습니다. 그것이 뭐냐 하면, 우리의 마음이라 하는 것은 의식으로 두 개를 나누어 봐야 하는데, 하나는 보는 놈이고, 또 하나는 보여 지는 경계상境界相입니다. 이 두 가지가 다 내 마음의 작용입니다.

경계상이란 마음의 작용으로, 제상諸相을 그대로 상相으로 보는 견상見相에 의하여 인지되는 대상을 말하는 것입니다.

그러므로 보는 놈을 '의意'라고 한다면, 보여 지는 그 대상 역시도 '의' 입니다. 내 마음이라는 것입니다.

그렇다면 보는 놈은 누구냐? 누가 보고 있느냐? 의식으로 보고 있고, 여러분의 에고(ego)라고 하는 제7말나식이 보고 있는 것이고, 보여 지는 것이 있고, 나타나고 있는 모든 실체는 그 '의' 이전의, 마음 이전의 깊은 무의식 속에 저장되어 있던 정보가 현상세계를 만들어 내고 있기 때문에 거울은 대상이 있어야 비추지만 마음은 대상이 없이도 비춥니다.

마음은 보는 기능뿐만 아니라 일체의 현상계를 만들어 낸다.

지금 여러분에게 지면상으로만 진심법문 중인 이 법사가 실재 여러분이 모인 자리에서 법문하고 있다고 생각해 보세요. 제가 여러분 앞에 앉아 있습니다. 앞에 앉아 있으니 분명 여러분 마음속에 비춰들었습니다. 하지만 제가 이 자리를 떠납니다. 그래도 여러분 마음속에 언제든지 마음이 맑아지면 내 모습을 떠올릴 수가 있습니다.

제가 여러분 앞에서 법문할 때 여러분은 이 법사의 코가 어디에 붙었는지 눈이 어떻게 생겼는지 보았습니다. 여러분 마음속에 비춰든 것입니다. 시력이 좋지 않아 스님의 코와 눈을 잘못 보았다 해도 여러분이 봤던 스님의 모습은 이미 여러분 마음속에 찍힌 영상물이 되어 잠재되어 있습니다.

아무리 시력이 나쁜 사람이라도 마음속의 영상물은 망원경보다 훨씬 더 밝게 볼 수 있습니다.

왜 그럴까요? 이미 마음이 나투고 있는 것이기 때문입니다. 그래서 마음이라고 하는 근본은 보는 기능뿐만 아니라 일체의 현상계를 만들어 내는 작용을 하고 있다는 겁니다. 마음은 두 가지를 하고 있는 것입니다.

본래 우주법계는 오직 하나밖에 없다.

지금 여러분 앞에 이 법사가 법문하고 있다고 생각합시다. 스님이라는 실체가 보이니까 여러분은 본인이고, 이 법사는 남이라고 생각이 들 것입니다. 그러기에 아我와 아소我所가 나누어집니다.

'아我'란 '나'를 의미하고 '아소我所'란 '나의 것'이란 뜻인데, 그로써 주主와 객客이 나누어집니다. 하지만 주와 객은 본래 하나입니다. 왜냐하면 마음의 실상, 제법의 실상, 참된 진리를 깨치지 못하는 무명에 미혹되어 있기 때문에 하나로 보이지 않는 것입니다.

본래 이 우주법계는 오직 하나밖에 없습니다. 그 하나라고 하는 것 다른 말로 ' 진여 '라고 합니다. 진여는 일심이고, 일심은 바로 우리의 한마음입니다. 오직 그 한마음에서 청정, 원만상圓滿像, 영원성, 불생불멸의 그대로인 진여의 마음에서 무명이라고 하는 무지한 어리석음의 종자가 있다 보니까 생각이 일어나 버립니다.

여러분들은 지금 끝없이 끝없이 생각이 일어나고 있습니다. 가만히 있으면 진여인데, 생각을 일으키기 때문에 의식이 만들어지고 식識으로 전변轉變이 되어버리는 것입니다. 우유가 버터나 치즈 등으로 변화되는 것처럼 변화하는 것, 변화하여 만들어진 것이 종전과는 다르게 바뀌는 것과 같습니다.

무명이 없다면 마음은 둘로 나누어지지 않는다.

무명 업식에 의해 마음의 작용이 일어나는데, 그 일어날 때 보는 자가 생겨버립니다. 이것을 능견상能見相이라고 합니다. 간단히 말하면 주관과 객관으로 이원화가 되어버립니다. 왜일까요? 그것은 '나'라는 존재가 있기에 보여 지는 대상이 있다고 생각하니까 이원화가 되어버리는 것입니다.

지금 보고 있는 놈은 '나'고, 이놈을 제외한 모든 것은 '남'이다. 이렇게 주관과 객관으로 나누어 버리는 병이 이미 만들어져 있다는 얘기입니다.

근본 번뇌 망상이 없다면 우리의 진여본성은 전혀 작동을 하지 않기 때문에 이원화가 되지 않습니다. 그냥 신령스러운 맑고 밝은 청정한 이 진여의 '보는' 청정심이 그냥 그대로 광명을 놓을 뿐인데, 우리에게는 무명이라고 하는 그러한 미혹된 마음의 종자가 남아있는 것입니다.

그로 인해 자신도 모르게 업식이 일어나는 것이고, 그 업식으로 인해 보는 자와 보여 지는 경계상이 나타납니다. 그 경계상이 마치 어디 외부에 비춰져 대상이라고 생각하는 착각이 듭니다. 이미 지적인 장애를 가졌다, 번뇌의 장애를 가졌다. 라고 얘기를 하는 이유입니다.

그런데 내 마음에 보여 지는 그 대상은 내 마음이 만들어 내는 하나의 작용입니다. 그러므로 보는 자도 '나' 고, 보여 지는 그 대상도 '나' 의 작용입니다.

보는 자의 작용은 지금의 표층의식表層意識이고, 보여 지는 대상을 만들어 내는 것은 우리 마음 깊은 곳에 들어있는 심층의식深層意識입니다.

심층의 마음이 현상계를 만들어 내고, 만들어 낸 경계상을 보면서 나와 남이라고 분별하는 이원화된 식을 일으켜 의식이 일어나게 되는 겁니다.

육신의 껍질을 벗게 되면 '나' 라고 하는 집착을 하지 않는다.

사람이 이 세상의 인연이 다해서 육신의 껍질을 벗게 되면 '나' 라고 생각하는 의식이 사라져 버립니다. 또 감각기관을 통해 접촉했던 모든 총체적 분별의 판단의식이 사라져버리고 나면 결국 남는 것은 제7자아의식이라는 말나식과 이 아뢰야식입니다.

모든 기억정보가 저장되어 있는 윤회의 주체, 인과응보의 실체라고 할 수 있는 제8 아뢰야식만 남는데 그 제8아뢰야식과 함께 있는 제7말나식은 몸이라고 하는 생명 체가 없기 때문에 '나'라고 하는 집착을 하지 않습니다.

그리하여 이것이 또 다음 생에 인연이 닿아 생명체를 받게 되면 그 생명체를 갖는 순간 감각기관을 가지면서 의식이 일어나게 됩니다.

그럼 그 의식과 원래 전생부터 이어왔던 윤회의 실체라고 할 수 있는 제8아뢰야식 과의 사이에 '나'라고 생각하는 자아의식이 또 일어나게 됩니다. 7식이 일어나게 된다는 것입니다. 이를 우리는 자아의식, 제7말나식이라고 합니다.

희로애락의 근원은 외부 조건에 의해서 나타난 것이 아니다.

마음의 구조는 표층의식과 무의식 속의 제7말나식과 제8아뢰야식이라는 식識들이 나타나 여러 가지 의식을 만들어내고 분별하는 마음을 일으키는데 그 최초의 모습 은 오직 하나의 마음입니다.

우리들이 어떤 것을 느끼고, 보면서 아무리 희로애락을 느낀다 하더라도 희로애락 의 그 근원은 밖의 외부 조건에 의해 나타난 것이 아니고 나의 내부의 마음속에 병 들어 있는 정도에 의해 희로애락이 나타나고 있는 것입니다. 마치 꿈을 꾸는 있는 사람이 실제로 꿈속에서의 어떠한 현실 생활이 있는 것이 아니라 꿈꾸는 사람의 망 상에 의해서 꿈의 질이 달라지는 것처럼 말입니다.

그러므로 우리들은 불교를 통해 부처님이 깨달으신 정각을 성취하고 부처의 삶으로 나아가기 위해서는 최소한 그 진리를 알아야 합니다. 그래야만 우리가 보고 듣고 지각하고 있는 감각 대상의 세계에 속지 않고 살아갈 수 있습니다.

깨침을 얻기 위해서는 무엇보다 자기의 마음을 알아야 한다.

현상계의 정신세계든 물질세계든 모든 것은 찰나와 같이 생멸하는 존재입니다. 우리의 마음 구조가 찰나로 생멸하는 그 실체를 알지 못하기 때문에 집착합니다. 이집착에 움켜잡히고 함부로 휘둘림을 당하기 때문에 괴로움을 받습니다. 윤회의 삶을 겪는 이유가 여기에 있습니다.

그러면, 깨침을 얻기 위해서 생멸의 찰나 속에 모든 현상이 나타나고 있다는 사실을 우리 역시도 부처님과 같은 눈으로 봐야 하는데 어떻게 해야 그렇게 할 수 있을까요?

'식심견성識心見性이면 자성불도自成佛道라.' 마음을 알고 자기의 본성을 보면 스스로 불도를 성취한다고 했습니다.

내 마음을 바로 아는 자심自心, 내 마음을 바로 아는 식심識心. 이 마음을 바로 알아야만 자기의 본성을 볼 줄 아는 것입니다.

여러분들은 이 세상의 그 어떤 것을 보고 듣는다 하더라도 자기 마음이 자기 마음을 보고 희로애락을 느끼고 있어요. 그 어떤 것도 내 마음 이외에는 볼 수 없고, 느낄 수 없고, 지각할 수가 없습니다.

여러분이 눈을 가지고 어떤 대상을 바라본다고 하더라도, 귀를 가지고 소리를 듣고, 코로 냄새를 맡는 등 어떤 감각기관을 통해 바깥 대상의 접촉을 한다 하더라도 접촉된 정보가 내 마음속으로 들어와야만 내 마음에서 분별이 가능해 집니다. 하여, 있다 없다, 좋다 나쁘다 등을 분별하는 것이기 때문에 한 생각을 아무리 잘 쓰고 산다 할지라도 그에 끄달리게 되면 내 마음이 내 마음을 보다가 허상만을 좇게 되는 것입니다. 그렇게 망치는 삶을 살아서는 안 되겠지요.

그러므로 이 세상에서 가장 소중한 것은 실상을 바로 알고 자기의 참나, 자기의 진여본성인 이 진리를 깨치는 것보다 더 중요한 일은 아무것도 없습니다.

모든 괴로움과 현실의 아픔 등의 고통은 내가 원인을 지었다.

어떤 사람은 '어떻게 하면 잘 삽니까?' 하고 묻습니다. 잘 살려면 공부도 많이 하고 기술도 익히고 열심히 노력해야 되겠지요. 어떻게 하면 건강하게 삽니까? 건강한 몸 관리를 하게 되면 건강하게 살 것입니다. 어떻게 하면 오래 삽니까? 자기 몸뚱이를 잘 관리하면 오래 살 수 있습니다.

이러한 집착은 한 생에만 있는 것이 아니라 과거생부터 현생을 거쳐 내생으로 삼생에까지 이어지는 연기법에 의해 과거에 원을 짓고 현생에 조건을 잘 만들어간다면 오래 살고 잘 살고 똑똑하게 살 수 있는 길이 열립니다. 그러나 이 역시 진리를 깨치는 것과는 거리가 있습니다.

그러면 그렇게라도 못사는 사람은 어떻게 살아가야 하는가?

만약, 태어날 때부터 어떤 장애를 가지고 태어났다고 합시다. 그러면 그 장애를 어떻게 하겠습니까?

부처님이 오신다고 해서 선천적 장애를 해결할 수 있을까요? 현대의학에서 해결하지 못하면 그 어떤 신들이 와도 그건 해결할 수 없습니다.

그런데 우리는 어떤 특별한 존재가 있어서 그 불가사의한 일을 해줄 것이라고 종종 착각하며 살아가고 있습니다. 그것은 잘못된 견해, 즉 사견입니다.

결혼을 못하는 사람, 이혼을 해야만 하는 처지, 사별해야 하는 사람 등등 여러 가지 삶에 의한 고통들이 나타나고 있지만, 그 고통들에는 분명한 원인이 있는 것이고, 그 원인을 제거해 해결하려고 하지 않고, 어떠한 종교에 의지하거나 어떤 신에게 이것을 의탁한다면 그것은 미신입니다.

그래서 우리는 지금 내가 겪고 있는 모든 괴로움과 현실의 아픔 등 고통은 내가 원인을 지어 내가 받는 인과응보이고 자업자득의 결과이기 때문에 이러한 고통과 괴로움을 앞으로 받지 않으려고 하면 그러한 원인을 제거해야만 합니다.

잘 살려고 하면 못사는 원인을 제거해야 되고, 잘 살 수 있는 원인을 지어야 합니다.

괴로움에서 벗어나고 건강한 몸과 오랜 수명을 가지고 행복한 삶을 영위하기 위해서는 그에 합당한 조건들을 만들고 원인들을 지으면서 그에 반대되는 원인들은 제거하는 노력이 필요합니다.

내가 지은 고통을 벗어나는 길은 무엇인가?

우리들은 한평생을 살아가면서 얼마나 많은 희망과 욕망과 바람과 소원을 갈구합니까? 하지만 그 많은 희망과 욕망과 바람과 소원은 모두 이루어지지 않습니다. 그러기에 괴롭습니다.

괴로움은 고통을 수반합니다. 이 고통은 비단 이루어지지 않는 욕망뿐만이 아닙니다. 생로병사를 벗어나지 못하는 고통, 사랑하는 사람과 헤어져야 하는 고통, 또 싫은 사람, 원수 같은 사람하고도 한 공간 안에 함께 있어야 하는 고통 등이 그것입니다.

또 내가 원하는 것을 얻지 못하는 고통, 이 몸뚱이를 가졌기에 계속 번뇌 망상과 괴로움이 불타오르는 고통, 이루 헤아릴 수 없는 고통 속에 빠져 살아갑니다.

이 고통은 태어났기 때문입니다. 태어나지 않았다면 생로병사의 고통은 없습니다. 하지만 태어나지 않으면 안 되는 이유가 있었습니다.

왜 태어났을까요? 어머니, 아버지가 나를 만들었기 때문일까요? 아닙니다. 그건 어머니, 아버지의 몫일 뿐 입니다. 나의 무명 때문에 태어난 것입니다.

그래서 부처님께서는 연기법을 깨우쳐 12가지의 연기법을 통해 이 삼라만상의 일체 모든 생명체가 윤회할 수밖에 없는 그 원인들을 12가지의 연기법의 고리로써 설명하고 있습니다. 그러므로 생로병사 우비고뇌의 모든 고통은 무명에 의해 비롯된 것이므로 이 모든 고통을 제거하는 방법은 무명을 제거하는 것입니다. 무명을 제거한다는 것은 나의 마음을 바로 알고 나의 본성을 깨치는 것입니다.

청정한 진여본성의 마음이 물들지 않게 하려고 하면 분별심을 내지 말아라.

지금 우리는 과거생, 끝없는 윤회의 삶속에서 이미 근본 무명에 의한 번뇌 망상과 업을 지었기 때문에 무명이 두터워지고 그 무명으로 또 죄업을 짓고 끝없이 윤회한 삶이 한량없기 때문에 그 무명의 두터움이라는 것은 이루 헤아릴 수가 없습니다. 두터운 무명의 굴레에서 내 청정한 진여본성의 마음이 물들지 않고 흔들리지 않게 하려고 하면 마음에 분별심을 내지 말아야 합니다. 하지만 분별심을 내지 않으려 해도 우리는 쉴 새 없이 분별이 일어납니다. 왜냐하면, 바로 진여본성에 무명업식이 있기 때문입니다.

그래서 경전과 부처님의 가르침을 통해 수행을 하기 위해 앉았지만 경을 읽어도 망상이 들고 참선을 해도 망상이 들며 별짓을 다 해봐도 망상을 그칠 수가 없습니다. 그 이유는 이미 과거생에 한량없는 무명업식을 쌓아놓은 상태이기 때문에 바람이 불 수 밖에 없다는 것입니다. 그러면 이것을 어떻게 해야 되느냐? 이런 관계를 안다면 어떻게 해야 되는지 그 의문에 답을 찾아나서야 합니다.

제법의 실상을 깨닫고자 한다면 자기 마음을 들여다봐야 한다.

예로부터 수많은 조사 큰스님들께서 부처를 알고자 한다면 중생심을 여의지 않아야 한다고 하셨습니다. 부처를 얻고자 한다면 우리 중생의 마음을 떠나서는 없습니다.

중생은 부처를 얻고자 하고, 깨달음을 얻고자 하고, 무엇인가 거대하고 거룩한 지혜와 복덕을 얻으려고 하면 분별과 알음알이로, 식별로 얻으려 합니다.

그런데 부처님이나 조사님들이나 수많은 각자들께서는 분별하면 도道는 천리만리 멀어진다고 하셨습니다. 내 마음을 떠나 따로 부처가 없습니다.

진리를 깨치고자 한다면, 제법의 실상을 깨닫고자 한다면, 자기 마음을 들여다봐야 랍니다. 자기 마음이 나뿐만 아니라 일체 삼라만상을 만든 근원이기 때문에 그렇습니다.

일체 만물의 근원인 본래의 자리를 봐야 깨달을 수 있다.

삼라만상 일체 만물의 근원에는 하나의 특성이 들어있습니다. 그 특성을 우리는 '불성佛性'이라고 합니다. 그것을 진여라 하고 일심이라 하고, 부처라고 합니다.

여름이면 귀찮다고 잡는 모기의 근원에도 진여본성의 불성이 그대로 들어있고, 미물에도 삼라만상 만유가 이 불성을 벗어나서는 이 우주법계에 실재할 수가 없고 존재할 수가 없습니다.

일체 삼라만상 그 모두는 진여본성이 만들어 낸 작품이며 불성이 만들어 낸 작품이고 일심이, 나의 진여가 만들어 낸 작품입니다. 때문에 그 각각은 이름을 달리하지만, 일 년 내내 그에 따른 수만 가지 이름을 설명하고 있다 하더라도 그 수만 가지 이름만으로는 깨달음에 이를 수가 없습니다.

그 수만 가지 이름 너머에 있는 본래의 자리를 봐야만 진여본성이니, 불성이니, 일심이니 하는 그 본체를 깨달을 수가 있습니다.

우주법계는 중생의 공업共業이 만들어 낸 것이다.

이 세상 만상은 연기법에 의해 찰나 생멸하며 상의 상관성의 법칙성과 연기의 법칙성과 인연의 법칙성, 인과율의 법칙성에 의해 어떤 것은 산이 되고, 바다가 되고, 하늘이 됩니다. 그리고 어떤 것은 미물이 되고, 어떤 것은 사람이 되며 잘난 사람, 못난 사람 이렇게 현상계가 만들어집니다.

현상계가 만들어졌다 하더라도 이 현상계가 만들어진 생명체의 표층의식은 각각 따로 있는 것처럼 보이지만 그 심층에 들어있는 무의식은 여러분의 무의식이나 나의 무의식이나 모두 같습니다.

또한 미물의 무의식이나 식물의 무의식도 그 무의식의 저변에 깔려 있는 자리는 다 똑같습니다. 그래서 초기 경전에 부처님께서는 "우주법계는 중생의 공업共業이 만들어 낸 것이다."라고 하셨던 것입니다. 이 공업이라는 말은 요즘 말로 한다면 집단 무의식을 얘기합니다. 우리 무의식을 이야기하는 것입니다.

물질세계의 근원이나 마음의 세계의 근원은 하나

여러분들이 생명체라고 하는 몸뚱이를 가진 상태에서 이 몸뚱이가 가지고 있는 감각기관에 의존한 분별심을 내면 여러분들의 삶은 괴롭고 힘들고 지치기 마련이며 거짓되고 잘못된 삶을 산다는 것입니다.

그러므로 분별심으로 살지 않고 무의식 속으로 내 마음이 깊이 침잠해 들어갈 때 그 속에서 우리는 행복하고 평안과 기쁨을 느끼며 가식이 아니고 환幻이 아닌 참된 삶을 찾을 수가 있습니다. 그 자리가 바로 근원이기 때문입니다.

우리의 '마음'이라는 것은 물질이 아니기 때문에 손으로 잡을 수도 없고, 눈으로 볼 수도 없습니다. 하지만 마음은 반드시 실존합니다.

만약 우리 눈으로 물질세계가 보이고 손으로 만져질 수가 있다고 한다면 우리의 심리세계도 반드시 있다고 할 수 있습니다. 때문에 물질세계의 근원이나 마음 세계의 근원은 하나라고 봅니다. 그 하나는 너무나 평등하기 때문에 '너, 나'가 없고 '크고, 작고'가 없이 모두가 똑 같습니다. 그냥 평등입니다.

평등하기 때문에 대자대비하다는 것입니다. 차별이 있으면 대자대비가 될 수 없습니다.

분별은 자비로운 마음을 낼 수 없다.

부처는 상징적으로 지혜를 가지고 있지만, 또 하나의 다른 특징은 대자대비합니다. 이 대자대비는 차별이 없기 때문에 평등성을 지니고 있습니다. 중생의 눈으로 세상을 바라보면 온 중생의 세계가 차별이 있습니다. 그러나 부처의 눈으로 보면 오직 하나의 세계밖에 없습니다. 그것이 '일심'입니다.

여러분들의 눈으로 이 세상을 바라볼 때 자꾸 차별이 생기고 나와 남을 구분지어 분별하는 마음이 일어나고, 내가 좋아하는 것에 대한 집착과 내가 싫어하는 것을 버리려고 하는 분별적 의식이 일어나면 일어날수록 '내가 병이 아주 깊이 들어서 병세가 깊어지고 있구나.'라고 바로 알아채야 합니다.

그런데 내 도반과 내 가족, 형제들과 내 이웃들이 내가 아닌 그 타인들이 둘이 아님을 알고 스스로 자비로운 마음이 밀어 함께 살아갈 수 있는 넉넉한 사랑이 뿜어져 나온다면, 그 마음은 병든 상태에서 치유의 상태로 나아가고 있는 호전 반응이라 할 수 있습니다.

여러분은 지금 어떤 상태입니까? 대자대비심이 나옵니까?

반야심경을 보게 되면 "색즉시공 공즉시색色卽是空 空卽是色"이라고 있습니다. '색과 공은 둘이 아니다. 색이 공이고 공이 색이다.' 무엇을 얘기하고 있는 것일까요?

이 우주만유를 만들었던 그 근원자리를 말합니다. 그 근원 자리는 물질이 아니고, 그 자리는 심리가 아닙니다. 그 자리는 바로 우리의 본성이라는 것입니다. 본성, 여러분의 본성이고 나의 본성이며 미물의 본성이고 삼라만상 우주만유의 본성입니다. 그 본성은 하나밖에 없으며 거기에서 차별을 붙인다는 것은 이미 병이 들어도 톡톡히 든 것이라 할 수 있습니다.

깨달음의 길은 차별망상 분별망상을 고치는 길이다.

본성의 자리에서 연기법에 의해 찰나 생멸하며 현상계가 만들어졌기 때문에 이 세상에 존재하는 것은 모두가 무상할 수밖에 없다, 다 변한다, 라고 하는 것입니다.

모든 존재는 원인과 조건에 의한 연기적 결과로써 나타나는 현상이기 때문에 이것이 있음으로 저것이 있고, 이것이 없음으로 저것이 없고, 이것이 생함으로 저것이 생하며 이것이 멸함으로 저것이 멸하는 이런 연기적 관계이기 때문에 자성이 없습니다. 그래서 무자성無自性, 공성空性인 것입니다. 무자성, 공성이기 때문에 무아無我라는 것입니다. 무아, '나'가 없다는 것입니다.

그런데 그 '나'가 지금 여러분들 마음속에 딱 도사리고 있지요.
모르긴 해도 지금 이 글을 접하는 많은 분들은 대풍범각 스님의 진성법문을 읽고 있습니다. 그러니 내가 있는 것이라고 생각합니다. 그렇듯 자기 자신도 모르게 자꾸 '나'라고 하는 생각을 일으킨다는 얘기는 바로 유아有我를 떠올리는 것으로, '유아'는 '이 제법의 참모습을 모르는 꿈속의 꿈을 꾸는 병자와 같다'라고 할 수 있는 것입니다.

깨달음의 길로 나아가기 위해서는 제법실상의 참모습, 내 마음의 참모습, 현상계에 대한 참모습이 어떻게 변화하고 어떻게 나타나고 있으며 왜 만들어졌는지를 들여다봐야 합니다.
내가 분별망상을 일으킬 수밖에 없고, 보는 자와 보여 지는 경계로 온갖 차별망상이 일어나게 되는지를 알았다면, 이 병든 마음을 다른 무엇보다 먼저 고쳐야만 합니다. 다른 무엇 보다 시급한 것이 그 일입니다.

온갖 고통의 원인들을 제거하는 것보다 더 소중한 것은 없다.

부처님께서 초기 경전에 이렇게 말씀하셨습니다. "어느 나그네가 독화살을 맞아 그 독화살이 심장에 꽂혔을 때 빨리 화살을 빼내고 독을 해독하는 치료가 급한 것인데, 이 화살이 어느 방향에서 날아왔느냐? 누가 쏘았느냐? 몇 미터 거리에서 쏘았느냐? 재질이 뭐냐?" 이런 쓸데없는 일들에 빠져있다면 그 얼마나 어리석은 짓을 하느냐고 하는 비유를 하셨습니다.

마찬가지로, 여러분 머리카락이 불타고 있다면, 손에 쥐고 있던 일을 계속해야 할까요, 불부터 꺼야 할까요?

이와 같이 지금 내 자신이 병든 상태에서 중생 윤회의 굴레에서 벗어나지 못하는 어리석은 삶을 살고 있는 미혹한 존재라고 한다면 미혹을 끊어야 하고, 병을 빨리 완치시켜야 하는 그런 노력을 먼저 서둘러야 합니다.

마음의 실상을 바로 알아서 참나를 깨치는 것보다 더 소중한 것은 없다.

「진심법문」을 읽고 이해하려는 이유가 무엇입니까? 미혹한 거짓 삶이 무엇이고 진실이 무엇이며 '참나'는 무엇인가를 알기 위함입니다.

이때 거짓된 나는 무엇이며, 영원한 행복을 위해서는 내가 어떠한 노력을 해야 하는지, 그리고 이번 생에 사람으로 태어나 부처님의 법을 받아 지녔음에도 불구하고, 지금 이 순간 내 인생에 있어 가장 소중한 것은 내 마음의 병을 치유하고, 무명을 없애 온갖 고통의 원인이 되는 것들을 제거하는 것보다 더 소중한 것을 알기 위해서입니다.

꿈속에서 꿈을 꾸면서, 꿈속에서 차를 사느니, 누굴 시집보내고, 혹은 집을 사는 등 그와 같이 쓸데없는 망상 속에 아무리 빠져있어 본들 꿈에서 깨고 나면 모든 것들은, '어! 어디로 갔지?' 이렇게 됩니다.

이와 마찬가지로 인생사에서 결혼해 아들딸 낳고 행복하게 잘 살고, 형제가 많은 가문을 일으켜도 꿈을 깨는 순간 그 역시 하나도 없습니다.

꿈을 깨는 순간 굳이 남아있는 것이 있다면 무명에 찌든 마음이며 또 다시 고통의 윤회 속으로 들어갈 수밖에 없는 그런 마음만 남아있는 상태가 됩니다. 그러므로 이 생에서 가장 중요한 것은 바로 자기의 마음의 실상을 바로 알아서 '참나'를 깨치는 것보다 더 소중한 것은 없습니다.

병든 마음과 괴로움을 일으키는 원인을 제거하려면?

어떻게 하면 나의 병든 마음을 고치고, 괴로움을 일으키는 원인들을 제거해 행복하고 지혜로운 부처의 삶으로 나아갈 수 있는가?

첫 번째는 '마음을 일으키지 마라.' 마음 즉 생각을 일으키지 않으면 또렷한 지혜 광명, 반야바라밀이 항상 빛나고 있습니다. 망상을 일으키면 꿈속을 헤매는, 마치 약에 중독된 사람과 똑같습니다.

두 번째는 어떻게 해야 되느냐? "이 마음 이외에는 따로 부처가 없다. 깨달음은 나의 마음이고, 부처는 나의 마음이며 지혜는 나의 마음이고, 이 세상 모든 창조주는 바로 '나'다."라는 생각을 해야 합니다.

이 몸뚱이의 나는 내가 아니고 이 우주만유를 만들었던 그 근원을 '나'라고 생각해야 됩니다. 이것이 바로 상락아정常樂我淨의 행복, 영원한 행복을 얻는 길입니다.

세 번째는 참는 것, 인욕忍辱입니다. 부처님께서 깨치신 도를 깨치려고 한다면 '인내하라.'라는 함축된 한 마디입니다. 수행하는 자가 좁쌀 같은 마음을 지니고 앉았다면 엉덩이 들썩거리지 말고, 절구통같이 천년만년을 그냥 앉아있겠다는 마음을 갖고 참아야 합니다.

사바세계의 '사바'라는 말이 무엇입니까? 바로 인토忍土입니다. 탐진치 삼독과 번뇌를 참고 받아들이는 세계라는 뜻이지요. 그러니 곧 이 세상을 이르는 말입니다. 사바라는 세계는 참지 않고 살아갈 수 없는 세계입니다.

참지 않으면 시방에서 온갖 죄를 저지르게 되고, 꿈속에서도 죄를 저질러 이승 떠날 때는 정말 병투성이에, 온갖 죄악만 가득 차 있는 그런 영혼을 가지고 가야 합니다. 그렇지 않으려면 참아야 됩니다.

누가 뭐라 해도, 오직 참고 또 참고 또 참으면 평온한 마음이 일어납니다. 참지 못하면 분별 망상이 일어납니다.

본성은 영원히 죽지 않는 존재

이 세상에 소중한 것은 자기의 참 본성입니다. 참 본성 이외에는 어느 것도 소중할 것이 없습니다. 이 소중한 본성은 영원히 죽지 않는 존재입니다. 영원히 죽지 않는 상태에서 온갖 만상을, 만물들을 다 만들어 내고 있는 주체입니다.

우리는 수많은 생명체의 윤회 굴레 속에서 끝없는 윤회의 모습을 바꿉니다. 그렇지만 그 윤회의 모습을 바꾸고 만들어 내는 실체는 바로 나 자신의 참된 자아, 참모습입니다. 그 점을 염두에 두시고 정말 자기 자신의 참모습을 찾을 수 있도록 노력을 기울여야 합니다.

다섯 번째 진심법문

이 힘든 세상
무엇을 의지하며 살아가야 하나요?

오늘이 행복하지 못하면 내일이 행복할 수 없습니다. 오늘이 행복해야
내일이 행복하고, 이번 생의 삶이 멋져야 다음 생의 삶도 멋질 것입니
다. 이번 생이 힘들면 다음 생도 똑같습니다.

욕망이 충족되어 가는 것을 행복이라고 생각하면서 살아가고 있다.

불교의 관점에서 보면 우리가 살아가고 있는 사바세계는 모두 다 괴로움 속에 놓여 있습니다. 그 때문에 불교의 목표는 괴로움을 극복하고 행복과 열반을 성취하는 것입니다.

석가모니부처님께서는 태자의 신분을 버리고 출가하시어 설산에서 연기법을 깨치시고 또 사성제四聖諦를 깨우쳐 행복과 열반을 성취하신 분입니다.

괴로움의 실상과 원인, 괴로움의 소멸과 괴로움을 벗어나는 방법을 알아야 한다.

우리들은 사바세계의 이 삶이 얼마나 괴로운 삶인지 모릅니다. 그러다 보니 괴로움의 원인도 모르고, 그 괴로움을 벗어나려는 노력도 하지 않고 살아가고 있습니다. 안타까운 일입니다.

이 사바세계는 욕망으로 가득한 세상인데, 그 욕망이 충족되어 가는 것들을 행복이라고 생각하면서 살아가고 있습니다.

우리가 살고 있는 이 삶이 괴로운 삶인지 아닌지 정확하게 이해해 봅시다. 괴로움의 실상에 대해, 괴로움의 원인과 괴로움이 일어나는 이유가 무엇인지에 대해 알아야 합니다.

또한 괴로움이 소멸되는 자리도 알아야 하고, 그 괴로움을 소멸하기 위한 방법들에는 무엇이 있는지 그에 대한 내용이 충분히 이해되어야 합니다. 그리고 정확하게 알아야 됩니다.

이에 대해서는 '사성제'를 중심으로 이 힘든 세상 무엇을 의지하며 어떻게 살아가야 하는가? 라는 주제로 설명하겠습니다.

이 세상에서 우리가 믿고 의지할 대상은 바로 내 마음뿐이다.

이 세상에서 의지하고 믿어야 될 대상은 무엇일까요? 사람마다 그에 대한 답은 각각 다를 수 있습니다. 어떤 분은 부처님이라고 하고, 어떤 분은 진리라고 합니다. 어떤 분은 자기 자신이라고도 할 것입니다.

여기서 '자신'에 대해서는 정확하게 이해해야 합니다. 자신이라고 하니까 이 몸뚱이, 오온五蘊을 자꾸 자신이라고 생각합니다. 육체와 마음이 있는데, 육체에서 마음이 떠나 버리면 어떤 상태일까요? 시체입니다. 나무토막이에요. 돌하고 똑같습니다.

육체가 없이 마음만 있으면 중음신, 혼백, 귀신이라 합니다. 육체와 마음이 함께 있을 때 사람이라고 하는데, 이걸 불교에서는 오온이라고 합니다.

그런데 오온이라고 하는 이 실체는 계속 나를 속입니다. 그래서 이 세상에 우리가 의지해야 될 주체와 대상은 이런 자신이 아니라는 것입니다. 그런 육체 빼고, 마음을 믿어야 한다는 것이지요. 하지만 이 마음도 마음의 근본 자리, 마음의 당체當體, 즉 마음의 체라고 하는데 이 마음의 체를 우리는 믿고 의지해야 합니다.

그렇지만 여러분은 이 '마음의 체'를 모릅니다. 이유인즉, 마음이 마음을 볼 수 없기 때문입니다. 마음을 통해서 마음을 보지 못하기 때문에 오는 어리석음으로, 또 그 마음의 실상을 우리가 직접 체득하지 못하는 원인들로 인해 우리는 이미 마음이 병들었고, 오염되어 장애가 일어난 상태가 되었습니다. 이 상태에서 우리의 삶이 어떤지를 들여다보면, 이제 우리의 삶이 괴로움인 줄 알 수가 있습니다.

괴로움과 열반의 세계, 우리는 두 가지 진리 속에 살고 있다.

부처님께서는 『상윳따니까야(Samyutta-Nikaya)』에서, "비구들이여! 그대들은 괴로움의 성스러운 진리를 철저하게 알아야 된다."라고 말씀하셨습니다.

괴로움이라고 하는 진리를, "괴로움이 일어남의 성스러운 진리는 버려야 한다."라고 말씀하셨습니다. 괴로움을 우리는 철저히 버려야 한다는 것입니다.

또 '괴로움의 소멸의 성스러운 진리, 괴로움이 없는 상태', 이것은 열반과 행복을 얘기하는데, 이것은 반드시 실현해야 한다. 그리고 "괴로움의 소멸로 인도하는 도 닦음의 성스러운 진리를 반드시 닦아야 한다."라고 초기경전에서 말씀하고 계십니다.

왜 괴로움을 진리라고 할까요? 지금, 우리가 보고 있고, 겪고 있는 괴로운 고통의 세계는 우리에게 너무나 현실적으로 체험하고 있는 삶입니다. 이 괴로운 삶은 진리라는 것입니다.

괴로운 삶이 거짓이 아니고 진리라는 것일까요? 괴로울 수밖에 없는 원인들을 지었으니 괴로운 삶이 펼쳐지는 것은 당연합니다. 그러므로 괴로움이라고 하는 것은 진리라는 것입니다.

또 괴로움이 소멸된 완전한 열반, 궁극적 열반도 진리라는 것입니다. 왜냐하면 그 괴로움의 원인들이 완전히 소멸되었기 때문에 드러나는 실상의 자리, 진리의 자리,

열반의 자리 그 자리도 역시 진리라는 것입니다.

그러고 보면 우리는 두 가지의 진리 속에 있는 것입니다. 괴로움이라는 진리와 열반이라는 진리. 하지만 우리는 열반의 진리를 체험하지 못하고, 겪지 못하고, 느끼지 못하며 괴로운 진리를 겪고 있는 현실에 놓여 있는 것입니다. 그런 자각도 없이 말입니다.

부처님께서는 『청정도론淸淨道論』에서 "나는 완전히 알아야 할 바를 알았고, 닦아야 할 바를 닦았고, 버려야 할 것을 버렸기 때문에 '나는 붓다! 깨달은 사람' 이라고 한다."라고 하셨습니다.

역으로 우리는 알아야 할 바를 모르고, 버려야 할 것을 버리지 않고, 닦아야 할 바를 닦지 않았기 때문에 중생이라고 합니다.

괴로움이란 무엇인가?

석존은 『청정도론淸淨道論』에서 깨달음을 이룬 과정에 대해 "나는 완전히 알아야 할 바[고성제苦聖諦]를 알았고, 닦아야 할 바[도성제道聖諦]를 닦았고, 버려야 할 것[집성제集聖諦]을 버렸기 때문에, 바라문이여, 나는 붓다, 깨달은 사람이다"라고 말씀하셨습니다.

그러면 괴로움을 한번 살펴봅시다. 생로병사는 우리가 너무나 많은 시간을 통해 들은 것입니다. 태어남의 고통, 늙음의 고통, 병듦의 고통, 죽음의 고통이 그것입니다. 지금 당장 늙고, 병듦에 대한 고통은 여러분들이 아직까지 늙지 않았거나 병들지 않았다면 그 고통이 와 닿지 않을 것입니다. 자신이 늙고 병들어 봐야 알 수 있습니다. 그렇다면 태어남의 고통은 알 수 있을까요? 한번 상상해 봅시다. 어머니 뱃속에서 탯줄을 통해 영양분과 산소를 공급받던 태아가 어머니 몸 밖으로 빠져나올 때도 고통이 있다는 사실은 현대 과학에 의해 밝혀진 일이지만 유감스럽게도 우리는 그 고통을 모릅니다.

하지만 태아가 어머니 몸 밖으로 나온 뒤 고통이 있을 것이라는 상상은 충분히 가능하지 않을까요? 태아가 세상 밖으로 나오면 의사는 탯줄을 잘라버립니다. 이로써 태아는 그동안 탯줄을 통해서 공급받던 어머니의 영양소와 산소가 단절되어 버립니다. 이때 60조 개가 넘는 세포가 받게 되는 고통을 여러분은 상상할 수 있을까요?

탄생[生]은 기쁨보다 괴로움이 더 크다.

어머니의 태반 속은 부드럽기 한량없습니다. 하지만 세상 밖으로 나왔을 때 이 아기는 의사와 간호사가 덮어주는 담요에 싸입니다. 이때 아기의 피부에 접촉되는 그 느낌은 칼날이 몸을 에는 것과 같다고 경전에 나와 있습니다.

세상에 나오자마자 탯줄이 잘린 신생아는 산소가 없어서 오는 고통, 영양분을 공급받지 못해 오는 고통, 이처럼 태어남의 고통은 이루 형용할 수 없기 때문에 겨우 '살았다.'라고 고통을 벗어나는 순간 그 아기는 '응애!' 하고 울음을 터트립니다.

여러분은 지금 이 나이가 될 때까지 태어날 때의 고통으로 인해 지금까지 경직되어 있고 낯선 사람을 보면 두려워하는 마음을 갖게 되었습니다.

우리의 무의식 속에는 탄생의 기쁨이 아니라 탄생의 고통과 괴로움이 이미 몸과 마음에 저장되어 있는 것입니다. 그것을 기억하고 있기 때문에 우리는 항상 몸이 긴장되어 있고 경직되어 있는 것입니다.

죽음[死]의 고통이 너무 심해 중음신은 자신이 죽은 줄 모른다.

죽을 때의 고통 또한 말할 것 없습니다. 조금만 의식이 있으면 어떻게든 살려고 하는 그런 의지가 일어나는데, 죽음으로 간다는 사실은 상상조차 해본 적 없습니다. 하지만 죽음을 맞이해서 중음신이 된 당사자는 자기가 죽은 것을 인정하지 않습니다. 그만큼 고통이 너무 커서 말로 표현을 못 할 정도니 자신이 죽은 것을 인정하지 못할 것입니다.

사실 이 문제는 우리가 겪어보지 않았기에 표현이 안 됩니다. 물론 전생에도 죽어 봤지만 도저히 기억나지 않습니다. 그러니 죽음의 고통을 알 순 없습니다만, 이번 생에 죽어봐야 그 고통의 맛을 알게 되겠지요.

인생은 팔만 사천 가지 괴로움 속에 있지만
찰나의 기쁨 때문에 삶이 괴로운 줄 모른다.

또 어떤 고통이 있습니까? 애별리고愛別離苦가 있습니다. 즉, 사랑하는 사람과 헤어지는 고통을 말합니다. 또 어떤 고통이 있습니까? 원증회고怨憎會苦, 싫어하는 원수 같은 사람과 함께 한 공간에 살아야 하는 고통이 있습니다.

그 다음 나의 몸뚱이가 항상 끊임없이 욕망을 불러일으키고 번뇌를 불러일으키기 때문에 오온의 고통이 있습니다. 오온성고五蘊盛苦, 또 구부득고求不得苦 즉, 원하는 것을 구해도 얻지 못해서 겪는 고통입니다,

인간은 생로병사 외에도 애별리고, 원증회고, 구부득고, 오온성고라고 하는 고통들을 지니고 있습니다. 이러한 고통을 일컬어 인간의 '근본 고통'이라 합니다. 하지만 인간의 고통이 어찌 이 고통만 있겠습니까? 우리의 윤회하는 삶은 팔만 사천 가지 괴로움 속에 있습니다.

너 나 없이 인생은 고통과 괴로움 속에 살고 있습니다. 여러분은 팔만 사천 가지나 되는 괴로움을 느낍니까? 와 닿지 않을 것입니다.

왜 그럴까요? 찰나의 기쁨 때문에 삶이 괴로운 줄 모르기 때문입니다. 한 달 내내 괴롭다가 하루 행복하면 한 달 30일 동안의 괴로움이 다 사라져 버립니다. 찰나의 기쁨은 한 방울의 달콤한 꿀물과 같을 뿐인데 말입니다.

짧은 순간의 기쁨에 집착하여 생사의 괴로움을 잊고 있다.

찰나의 기쁨을 비유한 부처님 말씀이 있습니다.

나그네가 사방이 갈대숲인 곳을 지나가는데 갈대숲에 불이 나서 사방에서 불길이 타들어 오고 있습니다. 놀란 코끼리 떼가 나그네 쪽을 향해 달려옵니다. 나그네는

코끼리 떼와 불을 피해서 도망가기 시작했습니다. 정신없이 도망가다 보니 마침 불타고 있는 갈대숲 가운데에 우물이 있었습니다.

나그네는 우물 속으로 내려갈 수밖에 없는 처지였습니다. 밖에 있으면 타 죽든지 아니면 코끼리 떼에 밟혀 죽으니까요. 그래서 우물 속으로 내려가려고 하니까 우물이 끝이 보이지 않았습니다. 마침 우물 밑으로 뻗어있는 칡넝쿨이 보여 나그네는 얼른 칡넝쿨을 거머쥐고 우물 아래로 내려갔습니다. 얼마나 내려갔는지 바닥이 보였습니다. 하지만 바닥에는 독사 떼가 입을 벌리며 설치고 있었습니다.

나그네는 고민에 빠집니다. 다시 위로 올라가려고 하니 불길이 맹렬하고 발아래에는 독사 떼가 입을 벌리고 있고, 진퇴양난進退兩難이었습니다. 그래서 나그네는 오도가도 못 하고 칡넝쿨을 거머쥐고 있는데 그 순간에도 흰쥐와 검은 쥐가 칡넝쿨을 갉아 먹고 있는 것입니다. 독사 떼가 우글거리는 바닥으로 떨어지는 것은 시간문제입니다.

그런데 그렇게 긴박하고 아주 극적인 생사가 달려있는 절체절명의 순간에 마침 그 우물가 위쪽에 있던 조그만 벌집에서 꿀물이 똑똑 떨어지고 있어 나그네는 그걸 혓바닥으로 받아먹기 시작했습니다. 너무나 달콤했습니다. 나그네는 꿀물을 받아먹는 그 맛에 취해 자기가 지금 생사기로에 놓여 있다는 사실을 망각하고 있었습니다.

우리 인생사도 그와 다르지 않습니다. 부처님께서는 우리 인생을 그렇게 표현하셨습니다.

괴로움의 원인은 갈애渴愛이다.

우리들은 아무리 힘든 고통 속에 빠져있어도 갑자기 돈이 좀 생기면 언제 그랬냐는 식으로 괴로움을 잊어버립니다. 어리석음 때문입니다. 현실의 괴로움을, 그 괴로움의 실상을 제대로 인식하지 못하기 때문입니다.

괴로움의 원인은 무엇 때문에 생기느냐? 결론부터 말하면 '갈애渴愛' 때문입니다. 욕계에 살고 있는 중생은 욕망이 주원인입니다. 중생심을 가진 인간이 갖고 있는 다섯 가지 기본적인 욕망, 즉 재물욕, 색욕, 명예욕, 음식욕, 수면욕, 이 오욕부터 시작해 우리 인간이 가지고 있는 온갖 욕망을 통틀어 '갈애'라고 합니다.

지금도 여러분 마음속에는 끝없이 무언가를 추구하고 있을 것입니다. 재물에 대한 욕망, 권력과 명예에 대한 욕망, 수면에 대한 욕망, 배설에 대한 욕망, 식욕에 대한 욕망 등이 그것입니다. 그러나 이는 근본적인 오욕이고 그 외에도 여러분은 자꾸 크고 많은 욕망 속에서 끝없이 그 욕망을 이루고자 애를 쓰고 있습니다. 그 본능적 마음을 가리켜 '갈애'라고 합니다.

갈애의 원인은 사견邪見이고, 사견의 원인은 무지無知이며
무지의 원인은 마음의 장애障碍 때문이다.

갈애적 욕망은 왜 일어나느냐? 사견 때문에 일어납니다. 그릇된 견해 때문에 일어납니다. 이 그릇된 견해라고 하는 것이 무엇이냐?

첫 번째는 자기 자신이 '있다' 라고 생각하는 견해입니다. 이것을 '아견' 이라고 합니다. 이 몸이 '있다' 라고 생각하는 것입니다.

그 다음 우리가 보고 듣는 바깥 대상 세계가 실제로 '있다' 라고 생각하는 것 '법견法見' 입니다. 이런 견해를 우리는 가지고 있는데 이건 잘못된 견해입니다.

실질적으로 자기의 몸과 마음, 몸과 정신, 육체와 영혼이라고 할 수 있는 이 마음의 정신세계를 우리는 제대로 알지 못하고 잘못된 견해를 가지고 있다는 것입니다. 이를 사견邪見이라고 하며 사견의 반대말은 정견正見입니다.

사견이 왜 생기냐 하면 무지에서 생깁니다. 무지가 무엇입니까? '모른다.' 는 것입니다. 왜 모르냐 하면 마음의 장애 때문입니다. 마음의 장애가 왜 일어나느냐 하면 무명 때문입니다. 이 무명으로 인하여 마음의 장애가 일어나고, 마음의 장애 때문에 무지가 생겨나고, 무지로 인해 사견이 생기며 사견으로 인해 온갖 욕망의 갈애가 일어나고, 그 갈애가 충족되지 않기 때문에 괴로움을 겪게 됩니다.

우리는 내 마음 속에 나타나는 표상表象에 속고 있다.

지금 우리가 어떤 무지 속에 있는지, 어떤 사견 속에 있는지 알아보겠습니다. 우리는 일체를, 모든 대상을 내 마음속에 나타나고 있는 표상을 보고 살고 있습니다. 표상이라고 하는 것은 마음에 떠올려진 것이라 할 수 있습니다.

마치 카메라가 어떤 대상을 찍었을 때 필름 속에 찍힌 그것을 표상이라 하는데, 우리는 그것을 보고 살아갑니다.

눈이 바깥을 찍고, 귀가 소리를 찍고, 코가 향기를 찍고, 혀가 맛을 찍고, 피부가 바깥 경계에 촉감을 찍었을 때, 뇌에 인식되어 있는 그 표상을 보는 우리는 그것을 '있다 없다.', '좋다 나쁘다' 하고 살고 있는 것입니다. 이걸 표상이라고 합니다.

우리는 가립적假立的 존재인 가상假象에 속고 있다.

실제로 우리가 '있다' 라고 인정하고 있는, 믿고 있는 바깥의 산과 들. 하늘, 우주법계, 일체 삼라만상은 모두 다 가립적假立的 존재입니다. 실체가 없는 것을 마치 실체가 있는 것처럼 착각하여 아는 존재라는 것입니다.

물질은 작은 소립자들이 모여서 원자를 이루고, 그 원자는 분자를 이루고, 분자가 모여서 형상을 띠고 있지만, 그 형상은 지금 이 순간에도 계속 생멸 변화하고 있는 무상한 존재이고 실재하는 존재가 아닙니다.

소립자 물리학素粒子 物理學에서는 일체 물질세계를 제로(zero), 영(0)으로 봅니다. 이에 대해 이미 신라시대 원효 스님께서는《대승기신론소大乘起信論疏》를 통해 "바깥의 색계의 모든 존재는 얻을 것이 하나도 없다"라고 했습니다. 이미 공으로 얘기했습니다.

3천여 년 전, 부처님을 비롯한 많은 각자들께서도 과학이 발달되지 않았던 그 시대에 이미 지혜의 눈으로 들여다보시고, 이 삼라만상 만유가 가립적 존재라는 것을 알았습니다. 그래서 '가상假象' 이라고 하셨습니다.

우리는 망상妄想·허상虛想에 속고 있다.

우리 마음속에 느끼고 있는 여러 가지 생각들과 개념들은 전부 다 '망상'이고 허상입니다. 실재하지 않는 허상을 보고, 가상을 보고, 표상을 보면서 '있다 없다', '좋다 나쁘다' 등으로 온갖 분별을 내면서 희로애락을 느끼고 있으니, 이걸 두고 "꿈속에서 꿈을 꾸고 있다"라고 하는 것입니다.

꿈속에 있으니 현실이 괴로움인지도 모르고 살 수 있는 것입니다.

아상我相은 몸과 마음에 '나'라는 자아가 있다는 집착이다.

우리는 잘못된 무지를 가지고 있습니다. 어떤 무지냐 하면 네 가지 상, 즉 자아를 집착하는 사상四相을 가지고 있습니다. 아상我相, 인상人相, 중생상衆生相, 수자상壽者相이 그것입니다. 첫 번째 '아상'은 '나'라고 하는 상입니다. 즉 '내가 있다'라고 하는 생각입니다. 이건 정말 없애기 어렵습니다. 그러니 깨쳐야 합니다.

내가 '없다'라고 하는 생각은 지금 내 몸뚱이를 오온으로 쪼개보면, 분해해 보면, 오온인 나는 공空하다.

때문에 영구적인 '나'라는 것은 실체가 없다는 아공我空을 이해할 수는 있겠지만, 정말로 와 닿으려고 하면 몸으로 체득해야 합니다. 마음으로 깨쳐야만 합니다. 이것이 '아상'입니다.

인상人相은 일체 대상에 아我가 있다는 집착이다.

'인상' 이라고 하는 것은, 내 눈에 보이는 일체 대상에 있습니다. 오온이 화합하여 생긴 '나' 는 사람이니 지옥취地獄趣나 축생취畜生趣와 다릅니다. 이 다름에 집착하는 견해를 이릅니다. '나' 라는 개체에는 내가 '있는' 것이 보입니다. 마치 어떤 물체에는 항상 그림자가 따라오는 것과 같은 이치이니 진심법문하는 대풍 범각스님이 '있다' 라고 한다면, 여러분도 '있다' 는 것처럼 느껴지는 것을 인상이라고 합니다.

중생상衆生相은 현생에 생명체로서 살아있다는 집착이다.

중생상이라고 하는 것은 생명이라고 하는 바탕 속에 수많은 생명체의 세계가 나투게 되는데, 그 생명체 속에 살고 있는 일체 존재를, 육도윤회 하는 소위 미물들로부터 시작해 수많은 천신들까지 몽땅 아울러서 윤회하는 대상의 일체 생명체를 중생이라고 생각합니다. 그래서 그런 중생 세계가 '있다' 라고 하는 착각하는 것을 중생상이라고 합니다.

수자상壽者相은 생명체의 목숨에 집착하는 것이다.

수자상이라고 하는 것은 마치 '나' 라는 존재가 수명이 있어서 백 년 살고 죽고, 오십 년 살고 죽고 하는 식으로 내 수명에 애착하는 것, 오래 살려고 하는 것, 안 죽으려고 하는 것, 이렇게 내 목숨 줄에 집착하는 이 상을 수자상이라고 합니다.

진리의 세계는 나도 없고, 너도 없고, 중생도 없고, 수명도 없다.

사상을 정리해 보면, 아상은 나를 집착하는 것이고, 인상은 대상을 집착하는 것이고, 중생상은 중생이라고 하는 일체 생명체의 세계를 집착하는 것이고, 수자상이라고 하는 것은 목숨줄, 즉 수명을 집착하는 것입니다. 하지만 진리의 세계는 수명이 없습니다. 영원합니다. 또 진리의 세계는 중생 세계가 없고, 오직 모두가 진여일 뿐이고 부처입니다. 또 진리의 세계는 나와 너가 없습니다.

그런데 우리가 깨치지 못하고 있다 보니 아상이 생기고, 인상이 생기고, 중생상이 생기고, 수자상이 생겨서 이미 그 잘못된 착각으로 인한 무지로 세상을 자꾸 그릇되게 보고 있습니다. 네 가지 관념에 집착하여 모든 번뇌 망상의 쇠사슬 속에 얽매이게 되는 어리석음으로 인하여 진리의 세계를 볼 수 없게 됩니다.

사상四相과 표상, 가상, 허상이 내 마음을 전도몽상顚倒夢想시킨다.

사상과 표상이, 즉 가상과 허상이 내 마음을 지배해 마치 꿈속의 꿈을 꾸는 것처럼 나를 자꾸 전도몽상顚倒夢想에 빠지게 하여 세상을 보게 합니다.

가장 근본적인 원인은 이미 우리 마음은 두 가지 장애를 가지고 있기 때문입니다. 번뇌와 무지가 그것입니다.

한량없이 많은 번뇌, 객진번뇌客塵煩惱

우리들은 이 생각 저 생각 끝없는 생각들로 제대로 세상을 바라볼 수 있는 눈이 없습니다. 비유하자면, 우리의 몸통 속에는 온갖 음식물 찌꺼기가 들어있습니다. 우리가 입을 통해 먹은 모든 음식물 찌꺼기들이 모여 있는 통이 우리 몸입니다. 우리 몸통은 음식물 찌꺼기들을 휘저어 놓고 있습니다. 소화 시키느라 한시도 가만히 있지 않지요. 지금 이 순간에도 60조 개의 세포가 움직이고 있고, 활동을 거듭하며 생멸을 반복하는 변화를 하고 있습니다.

우리 마음은 그 마음을 볼 수는 없지만 계속 뭔가의 생각이 끊임없이 일어나고 있습니다. 마치 흙탕물 찌꺼기처럼 일어나고 있습니다. 우리는 그것을 느낄 수가 있습니다. 우리 마음속에 일어난 흙탕물 찌꺼기 같은 생각들은 바로 망념인데, 이 망념은 한량없이 많아 팔만 사천 번뇌라고 합니다.

다른 표현으로는 티끌처럼 많다, 일시적으로 부착되어 있는 먼지와도 같다 하여 이를 '객진번뇌客塵煩惱'라고 합니다.

번뇌의 장애는 마음을 물들게 하고 제법을 있는 그대로 보지 못하게 한다.

흙탕물이 뒤섞여 있는 물은 그 속을 들여다볼 수 없습니다. 마찬가지로 우리 마음이 번뇌 덩어리들로, 번뇌의 찌꺼기들로 계속 움직이고 요동치고 있기 때문에 우리는 세상을 바르게 보지를 못합니다.

비유하자면, 세상을 옳게 보고자 돋보기로 보려고 합니다만, 그 돋보기가 깨지고, 표면이 찌그러지고, 안이 새카맣게 물들어 버린 상태가 바로 우리 마음입니다. 이러한 돋보기로 세상을 본다면 세상이 잘 보이고 옳게 보이는 것이 아니라 마냥 삐뚤어지게 보이거나 흐릿하게 보일 것입니다, 이처럼 우리 마음은 병든 번뇌로 인해 세상을 있는 그대로 보지 못하게 합니다.

부처님께서는 누누이 '여실지견如實之見 하라' 하셨습니다. 여실지견이란 '있는 그대로 알고, 있는 그대로 본다.'는 뜻인데, 우리 마음은 번뇌의 장애 때문에 '있는 그대로' 보지 못하고 있습니다. 그래서 '나'가 있다는 생각은 아상, 인상, 중생상, 수자상이 일어나고 또 표상과 가상과 허상을 집착하며 살고 있습니다. 꿈속의 꿈을 꾸는 어리석은 중생이 되어있는 것입니다.

무지의 장애는 완전한 앎을 이루지 못하게 하는 장애이다.

다른 하나의 장애는 무지의 장애가 있습니다. 알지 못해서 일어나는 장애, 지혜가 없는 컴컴한 무지로 인한 장애가 있습니다. 무지의 장애와 번뇌의 장애로 인해 잘못된 사견이 나오고, 잘못된 아견과 법견이 나오며, 아상, 인상, 중생상, 수자상이 나오므로 그릇된 견해가 나타나는 것입니다. 그래서 우리는 이런 그릇된 견해로 인해 세상을 거꾸로 보다 보니 거꾸로 된 것에 대한 집착을 하게 됩니다. 집착을 통해 마치 얻을 바가 있는 것처럼 말입니다.

마음의 장애인 무명은 염念을 일으킨다.

마음의 근본적 장애로 인해 꿈속에서 꿈을 꾸는 잘못된 눈으로 세상을 바라볼 수밖에 없었던 가장 큰 이유가 뭐냐 하면, 바로 '무명' 때문입니다. 여러분은 이 무명과 내 마음의 변화 과정을 잘 이해하면 큰 소득을 얻게 될 것입니다.

무명이 뭐냐 하면, 마음속에 한량없는 무시겁無始劫 이전부터 생명체로서의 윤회 과정 속에서 쌓아놓았던 선천적 훈습된 종자들과 업의 종자들이, 그 업의 종자의 힘에 의해 그리고 업력에 의해, 이유 없이 생각을 일으키고 한 '염念'을 일으킵니다.

한 생각이 일어나는 원인은 무명 업력 때문이다.

우리 마음은 본래 그냥 있는데 거기에 선천적 훈습 정보라고 하는 종자의 업력에 의해 한 생각이 일어나지만 한 생각이 일어난다고 해서 마음이 일어난 건 아닙니다. 진여의 마음이 일어나지 않았습니다. 진여의 마음에서 한 생각이 일어난 것입니다.

비유하자면, 바다가 있다면 바다가 일어난 것이 아니라 바다의 표면에 있는 물결이 일어났다는 것입니다. 이 점을 잘 이해해야 됩니다. 이것을 이해하지 못하면 '염이 생멸한다.'라고 하니 '마음이 생멸한다.'라고 생각하는 수가 있습니다. 착각입니다. 한 생각이 문득 일어났던 것입니다.

한 생각이 마음을 오염시켜 장애를 일으킨다.

한 생각이 문득 일어나므로 이것을 '일념一念'이라고 합니다.
일념이 일어나니까 보는 자가 생기고 보는 자가 생기므로 보여 지는 경계상이 일어나며 그 보여 지는 경계상이 일어나니 보는 자를 '나'라고 하는, 집착하는 자아의식이 일어나는 것입니다.
이렇게 해서 여러 가지 마음의 식識이, 알음알이가 자꾸 일어나 버립니다. 알음알이가 일어나다 보니 마음의 참모습이 한 생각에 의해 지혜가 식으로 전변돼 오염심을 만들어 무지와 여러 가지 장애를 만들어 버리는 것입니다.

한 생각 일으키면 육도세계 윤회하고, 한 생각 멈추면 그대로가 열반이다.

만약 내 마음에서 일념이 일어나지 않으면 무지와 같은 장애도 있을 리 없겠지요.
그래서 내 마음이라고 하는 놈이 일념을 일으켜서 여러 가지 식들로 인한 지혜가 식으로 전변돼 이로 인한 오염된 마음으로 세상을 살아가게 됩니다. 그렇게 되면, 생사윤회가 있는 괴로움의 삶으로 나가게 되고, 한 생각을 일으키지 않는 상태가 되어버리면 부처와 똑같은 일체 우주만유의 근본 창조주가 되는 진여본성의 자리로 그대로 있다는 것입니다.

그러므로 내 마음이라고 하는 놈은 정말 위대하고 거룩하고 절대적 존재인데, 이놈이 한 염을 일으키느냐, 일으키지 않느냐에 따라 일으킨 자들은 생명세계의, 삼라만상 만유의 모습으로 나타나 온 법계의 윤회를 하는 것이고, 한 생각 일어나지 않는 존재는 지금도 부처의 자리에서 온 우주만유를 만드는 창조주의 자리에 근원하고 있다는 얘기입니다.

불생불멸의 마음과 생멸심을 함께 갖춘 염정식染淨識의 마음을 아뢰야식이라 한다.

이와 같이 우리 마음은 하나인데도 그 하나의 마음을 한 생각이 일으킬 수 있는 그런 작용이 있다 보니 중생세계가 펼쳐지고, 펼쳐진 중생세계의 중생들은 그 마음이 무지와 오염과 장애가 일어나서 자꾸 착각을 하고 윤회세계를 나돌게 됩니다.

우리 마음이 일념을 일으킬 수도 있으면서 일념을 일으키지 않는, 그와 같은 진여본성의 근본자리를 같이 가지고 있는 존재를 일러 아뢰야식이라 하고 여래장如來藏이라고 합니다. 부처와 똑같은 무량한 공덕을 가지고 있다는 것입니다.

마음의 참모습은 진여 = 여래 = 진리 = 한마음

내 마음이라고 하는 이 중생심은 번뇌 망상을 일으키고, 오염되어서 착각을 일으키고 집착하며 갈애를 일으키고, 괴로움을 일으킵니다. 이 중생의 마음이 그 근본체根本體인 근본 바탕은 진리라는 것이고, 진여라는 것이며 여래 부처입니다.

진여라고 이름을 붙이는 것은 일체 언설言說을 떠난 것입니다. 말을 떠나고 차별을 떠난 것입니다. 표현되어지는 것이 아니고 우리 의식으로 파악되는 것이 아닌 것입니다.
그래서 우리 마음이 마음을 보지 못한다는 얘기는 우리의 현재 의식으로는 절대 볼 수 없다는 말이 됩니다. 진여라고 이름 붙인 것은 오감 육감의 마음으로 인식될 수 없기 때문입니다.

진여의 당체當體는 한마음이다.

진여는 우리 마음의 체體이고 근본바탕입니다. 그리고 이 마음은 우주 삼라만상을 다 만들어 놓은 모습을 가지고 있고, 무량한 공덕과 지혜를 갖추고 있는 모습을 가지고 있습니다. 그 상이, 우리의 마음이 대단한 것이지요. 거기에 이 마음은 천변만화千變萬化하는 삼라만상 만유를 만들고 일체중생을 다 만들어 내는 작용을 하고 있기 때문에 그 용도 또한 대단합니다.

마음의 근본은 법신여래, 무량 공덕을 갖춘 여래장, 삼라만상의 창조주, 한 생각을 일으키지 않으면 대자유인

마음의 근본 바탕은 여래부처님이요, 마음의 모습은 무량한 공덕장이요, 마음의 작용은 삼라만상을 만들어 내는 창조주입니다. 우리는 이와 같은 마음을 가지고 있음에도 그 무한한 능력과 모습을 보지 못하기 때문에 속고 살고 있는 것입니다. 그러기에 만약 내가 아뢰야식이 되지 않으려고 하면 내 마음이 한 생각을 일으키지 않으면 되는 것입니다.

일념을 일으켜 버리는 순간 우리는 아뢰야식이 됩니다. 아뢰야식이 됨으로써 마음의 장애를 일으켜 오염을 만들어 냅니다. 그 오염은 또 다른 무의식을 지배하고 의식도 지배해서 계속된 오염과 장애를 만들어 냅니다. 그것은 결국 한 생각이라는 것입니다. 그 한 생각에 의해 우리는 사생육도의 윤회를 하는 것이고, 한 생각을 일으키지 않으면 그대로 부처의 세계에서 그대로 대자유인이 된다는 것입니다.

마음은 닦는 것이 아니라 식識을 지혜로 전환시키는 것

부처의 세계에서 그대로 대자유인이 되기 위해서는 먼저 무엇부터 해야 할까요? 무엇보다 업력을 녹여야 합니다. 업력을 녹인다 함은 마음의 때를 닦아야 하는 것을 말함인데, 그러면 이 마음을 어떻게 닦아야 할까요?

보여야 닦고, 만져져야 닦을 텐데 마음은 보이지도 만져지지도 않으니 닦을 방법이 없습니다.

그렇다면 마음을 닦을 수 있는 다른 무언가를 생각해 봅시다. 어떤 것이 있을까요? 바로 식의 전환입니다. 짜증내고, 번뇌 망상을 일으키며 무지하고, 욕심내는 이 마음을 요동치지 않는 마음으로 변화시키는 것입니다.

앞서 몇 차례 얘기했지만 마음은 둘이 아닌 하나라고 했습니다. 그러니 요동치는 마음이나 요동치지 않는 마음이나, 생멸하는 마음이나 생멸하지 않는 마음이나 같은 마음입니다. 때 묻고, 오염되고, 장애를 일으키는 마음이나 진여본성의 마음이나 같은 마음입니다.

그런데 우리는 그 하나라는 마음을 왜 볼 수 없을까요? 그것은 지혜가 식으로 전변되어 온갖 차별상을 내면서 스스로 마음에 속아서, 스스로 무명심에 속아 깨닫지 못하는 불각不覺으로 인해 무지와 장애를 일으켜 계속 꿈속의 꿈을 꾸며 윤회하고 있었기 때문입니다.

그런데 분별을 일으킨 이 식을 어떻게 전환시킬까요? 알음알이를 일으키는 분별하는 마음을 지혜의 본래 마음으로 되돌려 버리면 식이 전환됩니다. 식이 지혜로 전환하는 것! 중생은 지혜가 식으로 전환된 것! 부처는 식이 지혜로 전환된 것! 이 식의 전환을 통해 버리면 닦아야 한다던 그 마음은 닦을 바 없이 바로 부처 자리에 도달하는 것입니다.

마음을 닦는다 함은 변화일 뿐, 식을 지혜로 오직 변화시킬 뿐

진심법문 중인 법당 내부에 불이 켜져 있습니다. 당연히 밝습니다. 밝음이라는 것이 있는데 불을 꺼 버리면 법당은 어둠이라는 게 있습니다. 이제 어둠이 법당 공간에 가득 차 있으니 이때 불을 켜면 어떻게 되나요. 밝아지겠지요. 밝음이라는 것이 생깁니다.

그렇다면 조금 전 법당에 가득 찼던 어둠이 어디로 가고 그 자리에 밝음이 들어왔나요? 반대로 법당 안이 밝았을 때 불을 꺼버리면 그 밝음은 어디로 가고 그 자리에 어둠이 들어왔을까요?

아닙니다. 이 밝음과 어둠은 어디를 가고 오고 하는 것이 아니라 바로 변화입니다. 이와 마찬가지로 무명 무지의 중생심, 오염된 마음, 장애가 있는 이 식의 마음, 이 알음알이의 마음을 지혜의 마음으로, 분별하지 않는 부처의 마음으로, 식의 전변을 통해, 식의 전환을 통해서 지혜로 바꿔 버립니다. 이것이 마음을 닦는 것입니다.

무명이란 참나를 알지 못하는 불각不覺의 마음

정리해 보면, 지금 괴로움을 일으키는 주된 원인이 갈애라 했고, 갈애를 일으키는 원인이 사견이라 했으며 사견을 일으키는 원인이 무지라 했고, 그 무지의 원인이 장애라고 했는데, 장애가 일어나는 그 이유는 무명 때문이라 했습니다. 자기의 진여 본성인 일심, 자기의 참나, 자기의 본 모습을 보지 못하는 것을 무명이라고 합니다.

내 마음이 창조주임을 알면 중생 노릇 하지 않는다.

여러분들이 이 삼라만상을 만들고 있는 창조주이면서, 여러분의 마음이 우주법계를 다 만들고 있는 주체라는 것을 봐 버리면 여러분들은 절대 중생 짓을 하지 않습니다. 그걸 못 보니까 자꾸 엉뚱한 곳을 지금 쫓아가는 것입니다.

바닷물이 바람에 의해 파도가 일고, 파도에 의해서 물방울이 생겼을 때, 그 물방울의 거품 하나가 바다인 줄 알면, 그 거품의 물방울은 아상이니 인상이니 중생상이니 수자상이니 낼 것도 없이 본래 물로 되돌아 갈 것인데, 그 물방울 자신이 바닷물인 줄 모르니까 자꾸 바람에 의해 어디로 날아가려고 합니다. 바로 무명이라는 그 이유 때문에 그런 일이 벌어집니다.

무명을 제거하는 것은 스스로 부처임을 깨닫는 것이다.

무명을 제거한다, 지혜를 드러낸다, 밝은 마음을 만든다 하는 것은 우주만유를 만들고 있는 그 근본이 바로 내 마음이라고 하는 사실을 봐야 되는 일입니다. 하지만 우리는 그걸 못 보는 것이고 안 보이는 것입니다. 그래서 깨쳐야 합니다.
깨치면 육도윤회 중생 세계로 안 나아가겠지요. 절대 안 나갑니다. 진여본성의 마음이 바로 이 우주법계를 만든 자기 자신인 줄 아는데 어디로 가겠어요? 오고 감이 없는데 어찌 윤회하겠습니까!

불교가 종교인 것은 믿음이 있기 때문이다.

아는 것보다 더욱더 힘 있는 것은 믿음이라는 겁니다. 불교가 종교가 될 수 있는 이유는 믿음이 있기 때문입니다. 만약 불교가 단지 아는 것으로만 끝나 버린다면 이건 지식의 철학이고 학문일 뿐이지 종교가 될 수 없어요. 종교가 될 수 있는 것은 믿음이 있기 때문입니다.

우주만유의 근본이 내 마음임을 믿어라.

지금 여러분은 이 우주만유를 만드는 그 근본 주체가 바로 내 마음인 줄 알 수가 없고 볼 수가 없기 때문에 그걸 깨치기 위해서는 오랜 수행을 통해서만 가능해진다는 것을 알 수가 있습니다.
그럼 어떻게 하나요? 믿어야 됩니다. 그래서 이 괴로운 삶에서 해결할 수 있는 길, 수행을 하는 방법을 제시할 수 있습니다.

수행은 초기불교에서는 팔정도를 통해 번뇌의 원인을 제거하고, 괴로움을 일으키는 원인들을 제거해 열반의 세계로 나가기를 원했고, 또 부처님이 열반 직전에는 37조도助道 수행을 통해서 열반의 세계로 나가기를 원했습니다.
대승불교에서는 육바라밀과 많은 여러 가지 참선과 간화看話, 묵조默照 등의 수행을 통해 나아가기를 원하고 있습니다.

진심법문에서의 해결방법은 자신의 마음이 곧 부처임을 믿고 실천하는 것

저는 이 자리에서 여러분들에게 "믿음을 통해서 가라"는 말을 해주고 싶습니다. 이 말은 저만의 얘기가 아니고 이미 《대승기신론》에서도 말씀하셨고, 특히 원효 스님께서도 강조하셨던 부분이 바로 이와 같은 믿음입니다.

갓난아이는 엄마가 주는 젖이 어떤 영양분이 들어가 있는지 알 수 없습니다. 하지만 엄마 젖을 믿고 먹다 보니 충분한 영양을 섭취할 수 있습니다. 그래서 건강한 몸으로 성장하고 지혜가 만들어지는 두뇌를 갖게 되었습니다. 그와 마찬가지로 우리는 미망에 빠지고, 미혹과 무명에 빠지고, 중생의 늪에 빠져있는 안타까운 모습이기 때문에 오직 부처님을 향해 믿음을 일으켜야 합니다.

부처와 진리는 바로 나의 한마음

그 부처님은 무엇인가? 팔만대장경을 통해 수많은 부처님과 조사님들을 통해 들어보니, 그 부처는 바로 '나'라는 것입니다.

종교학 쪽으로 얘기하면 부처라고 하지만, 그 부처는 법이라고 합니다. 진리라고 합니다. 그래서 그 부처는 바로 나의 일심이고, 여러분의 일심이며 우리의 한마음입니다.

또한 번뇌를 일으키고, 괴로움을 느끼는, 짜증내는 중생심이 바로 부처라고 하고, 이 중생심이 진리인 것입니다. 이것은 확실하게 믿어야 합니다.

자기 마음을 믿고 닦아나가는 것이 힘든 고통에서 벗어나는 길이다.

천지가 암흑 속에 가려져 한 치 앞도 내다볼 수 없는 무명의 삶 속에서, 온갖 괴로움을 겪고 있는 꿈속 중생의 삶 속에서 우리는 무엇을 의지하고 이 힘든 고통의 세계를 벗어나야 하는가?
'돈을 더 벌어야 하고 권력과 명예를 얻어야 되고 좀 더 학문을 익혀야 된다.' 이것으로써 괴로운 세계를 벗어나는 것이 아니고 자기 자신을 믿고 의지하고 그 믿음으로써 자기 마음을 닦아나갈 때 진정한 괴로움으로부터 벗어날 수 있는 주인공이 될 수 있습니다.

지혜로운 자는 스스로의 마음이 부처임을 믿는다.

지혜로운 자, 올바른 불자는 오직 자신의 마음이 바로 부처요, 자신의 마음이 바로 진리요, 자신의 마음이 무량한 공덕을 갖추고 있는 주체임을 알아야 합니다. 그리하여 지금은 분별 망상을 일으키는 마음이지만, 이 마음을 가라앉히고 닦아서 정화시키고 마음을 숙성시켜 본래의 마음자리를 발현시키면 이대로가 곧 부처라는 사실을 믿어야 합니다.
설령 아직까지 내 마음이 발현되지 않아서 불성이 드러나지 않고 있다 하더라도, 지금 이 순간 여러분이 알지 못하지만 그대로 불성이 발현되고 지혜가 발현되고 있는 상태입니다.

번뇌 망상을 일으키는 마음 그대로가 부처이다.

단지 구름에 의해서 가려졌다 하더라도 태양이 빛을 발하고 있는 것처럼, 여의주가 온갖 오물에 덮여있다 하더라도 여의주는 여의주로서 빛을 발하듯이, 우리는 번뇌 망상을 일으키는 이대로 부처라는 걸 믿어야 됩니다. 그걸 믿고 자신을 향해서 계속 다듬어나가고 만들어간다면 여러분은 바로 다음 생의 부처가 아니라 그냥 이대로 부처의 삶을 살 수가 있는 것입니다.

이 힘든 세상 무엇을 의지하며 살아갈까요? 자신의 마음을 의지하고 믿고 닦아가면서 살아가십시오. 그러면 여러분 앞에 진정한 행복의 삶이 펼쳐질 것입니다. 진심법문 들은 인연공덕으로 여러분의 진여자성이 그대로 발현되기를 부처님께 축원합니다.

여섯 번째 진심법문

괴로움을 벗어나 행복을 얻는 양약

성불이라고 하면 너무 막연하게 와 닿을 수 있지만, 성불의 어떤 궁극
적 의미가 행복을 완성하는 것이라고 볼 수 있기 때문에 불교의 궁극
적 목적은 괴로움을 벗어나 행복을 성취하는 것이다. 라고 얘기할 수
있습니다.

부처님은 대의왕大醫王이다.

3천 년 전 석가모니부처님께서는 왕자라는 권력과 온갖 부귀영화를 다 버리고 수행을 위해 설산으로 떠나셨습니다. 그 수행을 통해 완전한 깨달음을 얻으시고 대의왕大醫王이 되셔서 우리 곁에 오셨습니다. 우리 중생들을 위해서 좋은 처방전에 의한 영약을 만드셨으며 그 영약을 우리에게 주셨습니다.

그래서 『법화경』「여래수량품 제16」에 보면 "내가 향기롭고 맛있는 좋은 양약을 만들어 여기에 놓아 둘 테니 너희들이 와서 가져가 먹어라. 그리고 병이 낫지 않을까 절대 의심하지 말아라. 먹기만 하면 모든 병이 다 나을 것이다"라고 말씀하셨습니다. 부처님은 대의왕입니다. 의사들 중에서도 최고의 의사를 의왕이라고 한다면 그 의왕 중에서도 최고의 의왕을 대의왕이라고 합니다.

부처님이 주신 영약을 먹어야만 중생의 병이 치유된다.

불교는 의학이고 과학입니다. 왜냐하면 우리 중생들은 마음이 아프고 몸도 아픕니다. 아픈 몸과 아픈 마음을 치유해주시는 분이 부처님입니다. 그러므로 우리들은 부처님을 '대의왕'이라고 합니다.

부처님께서 몸에 좋고 온갖 중생들의 고통과 괴로움을 해독할 수 있는 좋은 영약을 만들어서 우리 곁에 놓아두셨는데 그 약을 먹어야만 우리는 병이 치유되고 괴로움을 벗어나 행복을 얻을 수가 있습니다.

괴로움을 벗어나 행복을 얻는 다섯 가지 영약

부처님께서 놓아두신 그 영약은 대체 뭘까요? 팔만대장경을 통해 부처님께서는 온갖 중생의 근기에 맞는 대기설법^{對機說法}으로 갖가지의 처방을 내려주시지만 가장 좋은 영약은 무엇이었을까요? 그것을 알기 위해서 우선 다섯 가지를 이해해야 합니다.

첫 번째 몸과 마음에 대해서 올바른 이해를 해야 된다. 즉, 몸과 마음에 대한 올바른 견해를 가진다. 정견을 가진다.

두 번째 부처님께서 말씀하신 그 연기법에 입각한 인과를 반드시 믿어야 됩니다.

세 번째 자기 스스로의 마음이 부처임을 확실히 믿어야 됩니다.

네 번째 자기의 진여본성에 의지해 오염된 마음인 아뢰야식을 훈습을 통해 바꿔줘야 됩니다.

다섯 번째 앞의 네 가지를 이루기 위해서는 선정과 지혜를 함께 닦아야 됩니다.

이 다섯 가지를 여러분들이 이해하고 실천할 때만이 부처님께서 만들어 주셨던 그 영약을 먹는 것이라 할 수 있습니다.

불교의 통일적 인간관은 오온가화합五蘊假和合이다.

불교적 인간관은 오온가화합^{五蘊假和合}입니다. 우리의 심신은 오온이 인연으로 거짓 화합해서 성립된 것에 불과합니다. 색수상행식^{色受想行識}이라고 하는 이 오온이 임시로 이루어져 있는 존재라고 이해하는 것이 불교의 통일적 인간관입니다.

여러분은 이 불교적 통일관에서 더 달리 생각해서도 안 됩니다. 내 몸이라고 하는 존재는 지수화풍地水火風 4대 요소인 색色에 정신작용이라 할 수 있는 수상행식受想行識이라는 사온四蘊이 합해져 오온의 다섯 가지가 임시로 화합이 되어서 이 몸이 있습니다.

이렇게 하여 육체가 만들어지고 다섯 가지 감각기능도 생겨났습니다. 눈과 귀와 코와 혀, 그리고 몸의 피부, 감각할 수 있는 것 이 다섯 가지의 감각적 기능이 나타나고 그 다음에 정신작용이라 할 수 있는 새로운 의식이 또 나타납니다. 이른바 육근六根, 육식六識이 그것입니다.

이원화된 의식은 나와 남을 대립시켜 경쟁하며 괴로움을 만들어낸다.

그런데 우리가 아침에 잠을 자고 일어나서 눈을 뜨면 공간을 인식하게 되고, 그 공간 속의 내 몸을 자각하게 됩니다. 그 몸을 '나'라고 생각해 버립니다. 어떻게 자각하느냐? '아! 나는 방에 있구나!' 하는 생각을 해버리는 겁니다. 방에는 다른 사물들이 많이 있어 내 몸과 방에 있는 사물들을 이원화시켜 버린 것입니다.

그리고 내 몸만 '나'라고 하고 내 몸을 제외한 모든 존재는 '남', 타他라고 생각합니다. 그래서 가족들을 보면 내가 아닌 남이라고 생각합니다. 집 밖에 나가서 사람들을 만나면 또 남이라고 생각하지요. 이렇다 보니 나와 남의 대립적 마음이 무조건 생기게 되는 것이고 이게 몸을 중심으로 한 우리의 삶입니다. 안타깝게도 나와 남으로 이원화되고, 대립이 되고, 그래서 거기에 따른 갈등과 경쟁이 일어나므로 괴로움을 유발하는 것입니다.

마음을 '나'라고 생각하면 나와 세상은 모두 하나이다.

몸과는 달리 마음으로 세상을 바라보면, 방도 내 마음이요, 방 안에 있는 사물들도 내 마음이고, 가족들을 보면 가족들과 내가 함께 다 내 마음입니다. 세상을 바라보면 세상이 전부 다 내 마음이고, 산천을 바라보면 산하대지가 다 내 마음속에 들어오니 나와 산하대지가 둘이 될 수가 없습니다. 전부 다 내 마음속에 들어와 버립니다. 그래서 거기는 나와 남이 하나이기 때문에 대립이 생기지 않습니다.

윤회 속으로 몸은 버리고 가지만 마음은 항상 가지고 간다.

지수화풍 4대로 만들어져 있는 이 몸뚱이는 백 년을 채 못 살고 본래 왔던 곳으로 되돌아갑니다. 이때 우리는 이 몸을 버리고 가야 합니다. 우리가 삼라만상 만유 속에 윤회하며 어떠한 생명체의 모습을 가지고 오더라도 갈 때는 몸뚱이를 버리고 갑니다.
하지만 항상 가지고 가는 것도 있습니다. 바로 마음입니다. 마음은 끝없는 과거부터 끝없는 미래까지 한 번도 놓지 않고 항상 나와 함께 계속 이어져 갑니다.

몸을 '나[我]'로 집착하면 마음의 장애가 생긴다.

그럼에도 마음이 소중한 줄 모릅니다. 그렇게 소중한 마음을 주인공으로 삼지 아니하고 백 년도 채 못사는 물질로 만들어진 몸뚱이를 '나'로 집착합니다. 이미 정신병에 걸린 것입니다.

언제부터 그랬을까요? 잠에서 일어날 때마다, 깨어날 때마다, 창밖의 나뭇가지에 앉은 새소리가 '짹짹' 하고 우는 소리를 들으며 눈을 뜨니 내 몸과 다른, 그렇지만 눈에 익숙한, 구별된 환경으로 치부해 버립니다. 이때부터 우리들의 괴로움은 시작됩니다.

37억 년 동안의 삶의 정보가 누적되어 있는 세포는 의식을 지배한다.

이 몸뚱이라고 하는 것은 이미 앞에서 언급했지만 무려 60조 개나 되는 세포들로 이루어져 있는 다세포 생명체입니다. 천억 개의 뇌세포와 60조 개의 감각 운동 세포로 이루어져 있는 이런 몸을 가지고 있는 우리들로서는 이 세포들의 운동 반응에 의한 의식 활동이 일어나지 않을 수가 없습니다.

만약 세포의 탄생이 지금으로부터 37억 년 전이라고 보았을 때, 그때부터 지금까지 누적돼 있는 기억정보, 경험정보, 운동정보들이 지금 내 몸을 지배하고 있습니다. 때문에 우리는 매 순간 보고, 듣고, 냄새 맡고, 맛보고 감촉할 때마다 이 누적된 정보들에 의해 판단하는 것입니다. 하지만 그 때문에 틀린 판단을 할 위험성이 상당히 높습니다.

몸이 사라질 때 제8아뢰야식은 사라지지 않는다.

몸이라고 하는 이놈은 감각기능을 가지고 있으면서도 정신적 활동을 일으키면서 의식을 만들어 냅니다. 이 의식이 '현재의식'이라고 하는 제6의식인데, 이 6의식은 육체가 인연을 다 해서 멈추는 순간, 물질로 돌아가는 순간 멈춰버립니다. 이 의식은 윤회세계로 가지고 가지 못합니다. 어떤 분은 마음과 의식은 '같다'라고 생각하는 분이 계시는데 다릅니다.

심의식心意識은 색수상행식이라고 하는 오온이 임시로 가화합 되어서 만들어 냅니다. 심은 마음이고, 의는 소위 무의식이라고 할 수 있는 제8아뢰야식과 자아의식이라고 할 수 있는 제7말나식입니다. 식이라고 하는 것은 다섯 가지 감각기관에 일어나는 안식眼識, 이식耳識, 비식鼻識, 설식舌識, 신식身識, 의근意根을 바탕으로 하여 일으키는 의식意識인 제6의식까지 포함하고 있습니다.

전5식과 제6의식, 이 여섯 가지 식을 '의식'이라 하고, 제7말나식과 제8아뢰야식은 '의'라고 하며, 그 밑바닥 기저에 '마음'이라고 하는 놈이 있습니다. 그래서 사람의 육신이 인연을 다하고 나면 제6의식과 전5식은 사라지고 몸뚱이도 사라지지만 제7말나식과 제8아뢰야식이라고 하는 이 무의식의 심층 바탕은 나와 함께 영원히 이어져 갑니다.

죽으면 몸의 세포 조각 하나 들고 갈 수 없다.

이제 몸과 마음의 관계에 대한 이해가 되십니까? 우리가 몸과 마음에 대한 정확한 부분을 올바르게 이해하지 못하면 이 몸이 '나'인지, 몸이 죽고 나면 영혼이 '나'인지, 다음 생에 이 몸 비슷하게 영혼으로 환생이 되어 나타날 것인지 그런 착각들이 있다 보니 자꾸 이 모습에, 이 몸뚱이에 집착하는 것입니다.

그 집착이 어느 정도냐 하면, 여러분에게 각자 이름이 있습니다. 그 이름대로 한평생 살다 죽으면 다음 생에 태어날 때는 그 이름대로 태어날 거라고 생각합니다. 하지만 그런 일은 없습니다. 죽고 나면 물질인 이 몸뚱이는 지수화풍 4대로 다 흩어져 버리는데 결코 세포 찌꺼기 하나조차 들고 갈 수 없습니다. 화장하면 다 태워버리는데 의식 역시 가져갈 수가 없습니다.

몸과 마음과 입으로 짓는 삼업三業은 제8아뢰야식 속의 종자를 훈습시킨다.

여기서 중요한 것은, 몸으로써 비롯되는 다섯 가지 감각의식과 제6의식의 작동을 통해서 그 의식 밑바닥에 있는 무의식 속에 제7말나식과 제8아뢰야식을 계속 훈습시키고 있다는 것입니다. 끊임없이 종자를 심게 하고 지속적으로 습기를 만들면서 계속 아뢰야식을 훈습시켜 나갑니다.

비유한다면 청천 하늘, 아주 깨끗하고 맑은 하늘이 펼쳐져 있는데 바다에서는 물의 습기가 올라가고, 땅에서는 흙먼지가 올라가며 공장에서는 오존 같은 나쁜 공기들이 올라가 깨끗하기 이를 데 없는 맑은 하늘에 찌꺼기들이 모여지고 쌓입니다. 이런 상태를 일러 구름이라고 합니다. 이 구름은 맑디맑은 하늘을 의지하고 있지만 본래 하늘에 있던 것이 아니라 땅에서 올라간 것입니다.

아뢰야식은 무명 업식을 일으킨다.

맑은 하늘과 구름이 함께 있는 이 상태를 우리는 '여래장이다', '아뢰야식이다'라고 합니다. 하지만 밝고 맑은 성품의 청정한 하늘이 구름에 의해 가려져 있습니다. 정확히 말해 숨겨져 있다고 할 수 있습니다. 그러므로 여래장이라고 합니다.

그리고 땅에서 올라간 찌꺼기(물질)들이 엉켜있는 구름의 덩어리를 일러서 아뢰야식이라고 합니다. 하지만 하늘에 형성된 구름은 그 자체로서 어떤 작용을 합니다. 번개를 만들어 내고 벼락을 내리고, 비를 내리고, 우박을 내리고 또 햇빛을 가려 그늘을 만드는 등의 여러 가지 작용을 합니다.

오염된 무명 업식의 마음이 진여본성 지혜를 막는다.

우리의 마음속에 '의'라고 하는 제7말나식과 제8아뢰야식, 이들 때 묻은 마음, 오염된 마음이 내 청정한 진여본성을 막고 있기 때문에 그에 따른 무명 업식이 일어나는 것입니다. 그렇다 보니 우리 마음속에는 계속 탐진치貪瞋癡라고 하는 삼독심三毒心

이 끝없이 일어나고 있습니다. 마음에서만 일어나고 있는 것이 아니라 몸뚱이도 탐진치를 벗어날 수가 없습니다.

왜 몸뚱이도 탐진치를 벗어날 수 없을까요?

37억 년 전에 이 지구상에 태어난 세포가 37억 년 동안 계속 진화해 왔는데, 그 과정 속에는 생존에 대한 욕망과 식욕에 대한 욕망, 색욕에 대한 욕망들이 얼마나 많았겠습니까? 이런 욕구, 욕망들이 쌓여져 있는 상태의 오염 덩어리를 우리는 탐진치라고 하는 것입니다.

사대四大가 부조화 되면 괴로움이 발생한다.

우리의 몸뚱이도 끝없이 삼독심을 만들어 내고, 구름처럼 오염되고 때 묻은 아뢰야식이라고 하는 마음은 탐진치를 함께 만들어 냅니다. 그래서 의식은 몸을 더욱 더 탐진치로 무장시키고 혹사시키는 형태로 만들어 갈 것이고, 탐진치 삼독으로 만들어져 있는 몸뚱이는 그에 따른 의식작용을 또 다시 만들어서 삼독심으로 가득 찬 마음을 만들 것입니다.

이와 같이 몸과 마음은 서로에게 계속 관여하면서 삼독심에 의한 몸과 마음을 만들어가고 있는 관계입니다. 이 상태에서 우리는 마음이 만들어지고 의식이 만들어지다 보니 한시도 불안하지 않을 수가 없고 고통을 떠나래야 떠날 수가 없는 것입니다. 그래서 경經에서는 지수화풍 4대가 임시로 화합되어 있기 때문에 괴롭고 병이라는 원인을 이미 갖고 있습니다. 4대가 부조화가 되면 고통이고 그것을 병이라 이름합니다.

몸과 마음에 대해 올바른 견해는 괴로움을 벗어나게 한다.

우리의 몸과 우리의 의식이라고 하는 놈은 항상 내 마음을 편안하게 만들지 못하고 행복하게 만들지 못하며 나에게 괴로움을 줍니다. 하지만 우리는 이 몸과 마음을 계속 의지하고 있습니다. 그런 까닭에 무엇보다 먼저 몸과 마음에 대한 올바른 견해를 가져야 합니다.

물질은 성주괴공成住壞空 마음은 생주이멸生住異滅

부처님께서 말씀하신 연기법에 의한 인과법을 믿어야 됩니다. 지수화풍 4대로 모여져 있는 몸뚱이는 연기의 법칙에서 벗어날 수가 없습니다. 모든 물질은 연기법에 의해 결합과 파괴가 이루어지는 것입니다. 생성 소멸하고 있습니다.

뿐만 아니라 우리의 정신작용이라 할 수 있는 생각이나 상상, 공상이나 이런 마음들도 또 생성 소멸하고 있다는 것입니다. 변하지 않고 있는 것이 아니라 어떠한 조건에 따라서, 이것과 저것에 의한 조건에 의해 마음이 계속 변화하고, 계속 머물러 있을 것 같지만 이내 흩어지고 사라져버립니다. 이것을 '생주이멸生住異滅'이라고 합니다.

마음이 생주이멸 한다면 물질은 연기법에 따라 계속 성주개공成住壞空 합니다. 이루어지고, 머무르고, 붕괴되고, 사라져버립니다. 이처럼 몸은 성주개공을 하고 마음은 생주이멸 하면서 연기법의 법칙을 벗어날 수가 없습니다. 그렇다 보니 원인을 지으면 반드시 과보가 따르게 됩니다.

몸과 의식을 갖고 있는 한 그에 따른 인과가 명백하기 때문에 인과응보가 반드시 나타나는 것입니다. 그러면 어떻게 하면 과보를 벗어날 수 있을까요?

모든 것은 다 원인이 되고 결과가 된다.

『법화경』의 「방편품」에 이런 말씀이 있습니다.

"이 우주에 존재하고 있는 일체의 존재들, 일체법은 여시성如是性, 여시상如是相, 여시체如是體, 여시력如是力, 여시인如是因. 여시연如是緣. 여시과如是果, 여시보如是報, 여시본말구경등如是本末究竟等이다"

"이 가르침은, 이 세상에 존재하는 모든 존재는 이와 같은 성품과, 이와 같은 모습과, 이와 같은 바탕과, 이와 같은 작용과, 이와 같은 원인과, 이와 같은 결과와, 이와 같은 과보가 이와 같이 구경에는 본말이 똑같다, 등等이다."라고 합니다.

그러므로 모든 것이 다 원인이 되고 결과가 되어서 계속 연기법에 따라 생성 소멸한다는 것입니다.

삶 속에서 행복과 불행은 인과에 의해 나타난 현상

자동차는 이런저런 부품들이 모아져서 만들어집니다. 컴퓨터도 이런저런 부품들이 모아져서 만들어집니다. 원래부터 자동차가 있었던 것이 아니고 원래부터 컴퓨터가 있었던 것이 아니었습니다. 자동차든 컴퓨터든 이것저것이 모여서 만들어졌지만 거기에 따르는 성품과 그에 따른 작용과 거기에 따르는 모습들이 깃들어 있다는 것입니다.

인과법을 믿지 아니하고 창조신을 믿는 것은 미신이다.

우리의 삶 속에서 행복과 불행도 인과에 의해 나타나는 현상입니다. 지금 내 마음이 계속 불안하고, 갈등이 생기고, 짜증이 난다면 그와 같은 몸과 그와 같은 정신세계가 만들어지고 있기 때문에 그런 경우가 나타납니다. 인과를 벗어날 수가 없습니다. 내가 '이런 생각을 하며 요런 행동을 해도 괜찮겠지' 하는 것은 절대 없습니다. 예컨대 물 컵에 들어있는 물을 부으면 쏟아져서 물이 흘러 바닥에 떨어지는 것이 원칙이지, 물을 바닥으로 쏟아 부으면서 떨어지지 않기를 바란다면 얼마나 어리석은 일이겠습니까?

만약 내가 물 컵을 바닥으로 기울이면서 어떤 특별한 존재, 어떤 창조신이나 절대자에게 물이 아래로 떨어지지 않기를 바라는 이상적인 기원을 하는 신앙인이 있다면 그 신앙인은 사이비似而非겠지요. 미신에 빠져 있는 사람입니다! 물이 담긴 컵을 기울이면 그 물은 바닥으로 쏟아집니다. 인과가 분명하기 때문입니다. 그런 까닭에 인과는 반드시 믿어야 합니다.

자기 스스로의 마음이 부처임을 확실히 믿어야 한다.

지수화풍 4대 요소가 화합되고 그에 따른 안근, 이근, 비근, 설근, 신근이 만들어져서 의식이 일어나고 있는 정신, 수상행식의 작용, 즉 오온의 작용들은 인연이 닿으면 사라지고 없어지는 것이지만 육근, 육식에 의해서 작용했던 마음의 색깔과 감정과 기억과 정보들은 제7식을 통해 제8아뢰야식에 저장되어 윤회하는 주체가 되어 나를 끌고 갑니다. 앞에서 이야기 한 하늘로 올라간 찌꺼기 얘기, 그 찌꺼기가 구름이라 하면 그 구름이 하늘을 가립니다. 하지만 하늘에는 본래 맑은 하늘이 있었습니다. 즉 이 말은, 맑은 하늘이 본래부터 있었듯이, 아뢰야식이 만들어지기 이전에 본래의 우리가 있다는 것입니다. 본래 우리에겐 본래의 마음이 있었습니다. 그 마음의 본 성품이 부처라는 것입니다.

아뢰야식이 만들어지기 전의 마음은 이미 부처이다.

하늘의 구름은 맑은 하늘을 떠난 적이 없지만 그 맑은 하늘을 의지해서 구름이 있는 것입니다. 그림은 하얀 도화지를 바탕으로 의지해서 나타납니다. 그렇듯 우리에게 아뢰야식이 만들어지고 자의식에 의해 제7식이 만들어졌다면 거기에는 청정한 진여본성의 마음을 의지하고 있다는 것입니다.

그 청정한 진여본성의 마음은 이미 부처입니다. 그 부처는 한 번도 사라지거나 없어지질 않는 불생불멸입니다.

청정한 진여본성은 단 티끌도 물들지 않는다.

아주 고귀한, 가치가 높은 여의주와 같은 보석이 있습니다. 그 보석이 아무리 때가 묻었더라도 보석임에는 틀림없습니다. 그와 마찬가지로 청정한 하늘에 구름이 아무리 끼어도 그 구름 속의 청정한 하늘은 전혀 때 묻지 않은 하늘입니다.

우리가 어떤 아뢰야식을 만들고, 어떤 자아의식을 만들어서, 내 마음을 오염시키고 있다 하더라도 나의 청정한 진여본성은 한 티끌도 물들지 않는 부처의 성품을 그대로 지니고 있습니다. 지금 우리가 온갖 감정을 내고, 스트레스를 받아 짜증과 화를 내고 있지만, 그로 인하여 탐진치 삼독심이 들끓고 있는 마음을 내고 있지만, 그 마음은 한 번도 청정한 진여본성의 부처 마음을 떠난 적이 없다는 것입니다.

우리의 마음은 청정한 진여본성과 오염된 마음을 함께 갖고 있다.

그렇다면, 부처를 찾으려면 어디로 가야 하는가? 바로 내 마음속의 중생심을 찾아가야 합니다. 청정한 하늘을 찾으려고 하면 어디로 가야 할까요? 하늘에 떠있는 구름을 찾아가면 되는 것입니다. 왜일까요? 구름을 의지하여 청정한 하늘이 있고, 그 구름은 청정한 하늘을 의지하고 있기 때문입니다.

그렇듯 우리들 진여본성의 부처 마음은 바로 중생 속에 들어있다는 얘기입니다. 이를 여래장이라 하고 아뢰야식이라고 하는데 오염된 마음만을 일컫는 것이 아니라 청정한 진여본성과 함께 있다고 이해해야 합니다.

분별의식이 다 사라지고 나면
평등한 하나의 청정심, 일심, 한마음만 남는다.

탐진치 삼독심이 나오고 있는 내 마음은 이미 부처라는 사실을 알게 되었습니다. 이 사실을 믿지 않고 어디 가서 부처를 찾을 것입니까? 이건 나 혼자만 가지고 있는 것이 아니라 삼라만상 온갖 생명체들이 부처의 진여본성을 가지고 있습니다.

현재 우리의 몸뚱이는 생명체로서 이런 생각, 저런 감정을 내어서 나만의 색깔이 있는 것처럼 내 마음을 쓰고 있습니다. 하지만 이런 마음들이 다 사라지고 이런 의식들이 다 사라지고 나면, 그 깊숙한 밑바닥에는 본래 평등한 하나의 청정한 마음이 남습니다. 그 마음은 내 마음이나 여러분 마음이나, 짐승의 마음이나 미물의 마음이나, 다 똑같은 하나의 마음, 일심, 한마음이라는 것입니다.

의식으로 나타난 그 마음은 몸을 통해 반응한다.

그와 같은 평등한 한마음인 자기의 진여본성을 잊은 채 몸뚱이가 일으키는 의식과 업력이 쌓여있는 제7말나식과 제8아뢰야식에 의지하는 의식만 일으켜서 마음을 쓰고 있다 보니 우리의 청정한 본성이 식으로 바뀌어 버립니다.

제8아뢰야식이니, 제7말나식이니, 제6의식이니, 전5식이니 하는 '식'으로 바뀌어 버린 것입니다.

본래 청정한 마음인데, 이 청정한 마음이 제8식을 통해서 올라오고 제8식은 7식을 통해서 나오고 7식은 6식을 통해서 나타나고 있습니다. 그 다음 제6의식은 우리 몸을 통해 반응하고 있습니다.

의식에 의해 신경세포가 만들어지고,

마음에 따라 몸이 만들어진다.

내 몸은 마음이 느끼는 대로 경직되었다가 긴장했다가 화를 냈다가 빨개졌다가 파래졌다가 노래졌다가 그렇게 바뀝니다. 이에 신경세포가 또 변형을 일으킵니다. 내가 어떤 의식을 갖고 있느냐에 따라 내 신경세포가 만들어지고, 내가 어떤 마음을 갖느냐에 따라 내 몸이 만들어집니다.

그러므로 마음 밑바닥에 있는 제8아뢰야식은 언어를 만들어 낼 뿐만 아니라 몸도 만들어 낼 수 있다는 것입니다.

정법안장正法眼藏 – 깨달은 지혜는 눈 안에 감추어져 있다.

어떤 사람을 처음 보는 순간 우리들의 심리는 그 사람을 평가합니다. '저 사람은 참 악한 사람이네, 저 사람은 선한 사람이야. 저 사람은 마음이 좁은 사람이군, 저 사람 마음이 넓은 사람인데, 생각이 많은 사람 같아, 부정적인 사람이네, 긍정적인 사람이네' 등으로 나누어 버립니다.

정말 내가 어떤 사람을, 그 사람의 모든 것을 알 수 있을까요? 결론부터 말하자면 그건 불가능합니다. 그러면 왜 그 사람을 아는 것처럼 평가하느냐? 알 수 있기 때문입니다. 어떻게 아느냐? 이미 마음이 몸으로 표현되고 있기 때문입니다. 몸 중에서도 가장 선명하게 표현되고 있는 부위가 바로 눈입니다.

부처의 마음도 눈을 통해서 표현되고 있습니다. 그래서 정법안장正法眼藏이라고 합니다. 눈에 감춰져 있습니다. 그 사람이 얼마나 오염되고 때가 묻어있는지 얼마나 선하고 맑은지 눈을 보면 알 수가 있습니다.

아뢰야식은 오직 훈습에 의해서만 변화가 가능하다.

생선을 싼 새끼줄은 비린내가 나고 향을 싼 종이는 향내가 나듯이, 우리의 마음은 어떠한 행위와 말과 어떠한 생각들을 갖느냐에 따라 지속적으로 제8아뢰야식이 훈습된다는 것입니다.

그러므로 제8식, 7식을 통해 제6의식이 나타나고, 몸도 만들고 언어도 만들고 내 생각도 만들고 감정도 만들고 있는 그 밑바닥의 이 아뢰야식을 변화시켜 주려면, 훈습 외에는 방법이 없습니다.

무명 업식에 의해 진여본심을 훈습시키는 염법훈습染法薰習

훈습에는 두 가지 훈습이 있습니다. 첫 번째는 제8아뢰야식과 제7말나식과 제6의식을 통한 전5식의 몸뚱이가 가진 감각기관을 통한 훈습인데, 이는 중생심을 의지해 훈습시켜 나가는 것으로 이러한 훈습은 진여본성이 오염됩니다. 마치 아주 맑은 하늘에, 새털구름 같은 구름들이 조그마하게 있다가 땅에서 올라가는 물질들이 많아져 자꾸 구름이 커져 만들어진 뭉게구름처럼 말입니다.

그렇듯 우리는 몸과 생각과 말을 통해, 탐진치 삼독심을 의지하고 중생심을 의지하면 할수록, 나의 청정한 진여본성은 탐진치로 자꾸 물들어서 아뢰야식이 짙어지고 무명업식이 커지는 것입니다. 이렇게 훈습시켜 나가는 것을 '염법훈습染法薰習'이다, 물든 훈습이다, 오염시키는 훈습이라고 합니다.

진여본성을 의지해서 아뢰야식을 훈습시키는 정법훈습淨法薰習

또 다른 하나는, 청정한 진여본성을 의지해 아뢰야식을 훈습시켜 나가는 것입니다. 청정한 진여본성은 어떤 작용을 하느냐? 평등심입니다. 나와 남을 나누지 않고 대립하지 않습니다. 그리고 탐진치를 일으키지 않습니다. 그리고 분별하지 않습니다. 청정한 진여본성은 한 번도 나거나 멸하거나 때가 묻었거나 오염되거나 분별하거나 대립하거나 이원화시키거나 이런 적이 한 번도 없기 때문에 우리 마음을 항상 평화롭게 합니다.

내 마음에 어떤 생각이 일어나고, 감정이 일어나고, 분별이 일어나고, 탐진치가 일어날 때마다 그 마음을 멈춰버리고, 쉬어 버리고, 생각 없는 평온한 상태로 마음을 만들어가면 이것이 바로 진여본성에 의지하는 훈습이라는 것입니다. 이걸 '정법훈습淨法熏習'이라 합니다. 정은 깨끗할 '정淨' 자를 얘기합니다. 깨끗한, 청정한 자기 본성에 의지해서 훈습하는 것입니다.

성불은 원래의 청정한 진여본성으로 되돌아가는 것이다.

우리가 탐진치 삼독심이나, 온갖 분별이나, 대립, 나와 남을 나눠 경쟁하고 대립하고 속상해하는 마음으로 자기 자신을 자꾸 만들어가면, 그렇게 말하고 생각하고 행동한다면, 그것은 계속 탐진치의 중생심으로 나를 훈습시키는 염법훈습이 될 것입니다.

그러나 분별하지 않고, 대립하지 않고, 나와 남을 나누지 않는 평등하고 고요한 마음으로 나를 훈습시킨다면 이것은 정법에 의한 훈습이기 때문에 나의 아뢰야식이 차츰차츰 업력을 녹이고 제거시켜서 원래의 청정한 모습으로 되돌아가게 됩니다. 이렇게 되돌아갔을 때만이 구름이 모두 다 걷힌 청정한 하늘이 그대로 나타나듯이,

내 마음의 아뢰야식이 완전히 제거되고 변화되어서 부처의 불성을, 부처의 마음을 그대로 회복시켜 나갈 수 있고 발현시켜 나갈 수 있습니다. 이걸 성불이라 합니다.

정혜쌍수定慧雙修의 수행만이 아뢰야식의 요동치는 탐진치를 멈추고 진여본성의 본마음으로 회복시킬 수 있다.

성불하기 위해서는 선정과 지혜를 함께 닦아야 됩니다. 선정은 '고요'입니다. 원래 진여본성의 본 모습은 적막하고 고요하고 그대로 움직이지 않습니다. 부동不動입니다. 이 부동 속에 지혜반야智慧般若가, 반야지혜般若智慧가 계속 반짝이고 있습니다. 이를 합해서 적광寂光이라고 합니다. 또는 적조寂照라고도 합니다.

고요함과 비춤, 고요함과 앎, 고요함과 지혜가 항상 함께 하고 있는 상태 즉, 고요하다면 지혜가 반짝이고 있는 것이고, 지혜가 반짝이고 있으면 마음이 고요해집니다. 고요와 반야, 고요와 지혜는 둘이 될 수가 없습니다. 선정의 '정定'과 지혜의 '혜慧'가 '쌍수雙修' 즉, 항상 함께 흐르는 것입니다. 이것을 모르고 고요함 이후에 다시 마음을 닦는다, 지혜를 닦는다, 지혜를 먼저 닦고 고요를 닦는다. 등등 이런 엉터리 같은 얘기를 하면 안 됩니다.

정혜는 쌍수, 함께 닦는 것이지 따로따로 닦는 것이 아닙니다. 이처럼 내 마음의 진여본성이 본래 항상 고요하고 항상 지혜가 반짝이고 있기 때문에 정혜를 함께 닦아 나가는 수행을 해야만 아뢰야식의 요동치는 탐진치를 멈추고 진여본성의 본마음으로 회복시켜 나갈 수가 있습니다.

바른 생각이란 대립하는 마음을 일으키지 않는 마음을 지켜나가는 것이다.

어떻게 해야 정혜를 올바르게 닦아 나갈 수 있을까요? 무념無念을 실천해야 합니다. 무념이라고 하는 것은 삿된 생각이 없는 것이지, 올바른 생각이 없는 것이 아닙니다. 삿된 생각이라는 것은 크다 적다 옳다 그르다 좋다 나쁘다 등 항상 대립적인 마음으로 분별하는 것을 말합니다. 그릇된 생각인 것입니다.

그릇된 생각을 하면 절대 안 됩니다. 그릇된 생각을 전혀 하지 않는 것을 무념이라고 합니다. 올바른 것은 또렷하게 생각한다는 것입니다. 올바른 게 무엇일까요? 그릇된 이것과 저것을 두고 대립하는 마음을 일으키지 않는 마음을 지켜나가는 것, 이것을 일러 올바른 생각이라고 하는 것입니다.

**무념을 실천한다는 것은 이원론적인 마음을 끊고,
분별하지 않고 평등심을 유지하며 항상 고요히 비출 뿐이다.**

우리는 매 순간 보는 놈 있고, 보여지는 대상이 있다 보니 나와 남을 대립시키고 그것으로 인한 경쟁을 하므로 나다, 남이다 하며 이기적인 마음을 내어 중생심에 탐진치가 일어납니다. 그럴 때마다 무념을 실천한다는 것은 이와 같은 개인적인 마음, 나와 남을 나누는 이원론적이며 삿된 마음을 끊고 막아버리는 행을 일컫습니다. 더불어 항상 평등심을 유지하면서 어떤 대상을 눈으로 보고 귀로 듣고 코로 냄새 맡고 혀로 맛보고 피부로 감촉하더라도 분별하지 않고 나누지 않는 것입니다. 항상 평등한 마음으로 고요히 비출 뿐입니다. 거울은 어떤 대상이 앞에 나타나더라도 옳다 그르다를 분별하지 않고 그냥 또렷이 비추기만 할 뿐입니다.

무념 역시 우리의 진여본성을 의지해, 어떤 오감을 거쳐 무엇을 보고, 의근을 통해서 분별하더라도 전혀 요동치지 않는 마음으로 평상심을 유지할 수 있을 때 이것이 바로 무념을 실천하는 일입니다.

대립, 분별을 놓고 항상 고요히 순응하면 진여본성은 스스로 드러난다.

무념의 실천은 한마디로 '염기각지念起覺知하면 각지적실覺知卽失이라.' 망념이 일어나고 분별심의 한 생각이 일어나면, 그 망념을 일으킨 걸 알아차림 하면 그 망념은 곧바로 사라집니다. 이것을 반야바라밀의 수행이라고 합니다. 이것을 '지止' 수행이라고 하고 '일행삼매一行三昧'라고 합니다. 어려운 용어입니다만, 마음을 닦다 보면 그 뜻을 알게 될 것입니다.

이와 같이 우리는 어떠한 것을 분별하는 마음을 놓아버리고 항상 고요히 모든 것을 순응한다면 진여본성이 스스로 드러납니다.

내 마음속에 들어온 모든 것은 모두 다 환상일 뿐이고 착각일 뿐이다.

거울은 사람을 비추었다 하더라도 거울 속에 사람이 있는 것이 아닙니다. 거울 속에는 어떤 실체도 들어가 있지 않습니다. 그렇듯이 원래 우리 마음에 오감을 통해서 비춰 들어오는 것은, 의근을 통해서 제6의식이 일어나고 있다 하더라도, 우리 마음속에 들어온 것은 전부 다 환상일 뿐이고 착각일 뿐이지 실제로 내 마음속에 그런 존재가 들어있는 것이 아닙니다.

우리가 지난날의 기억을 아무리 마음속에 떠올리게 한다 하더라도 그 마음속에 있는 기억들이 어딘가에 들어있다 나오는 것이 아닙니다. 착각일 뿐이고 그냥 단지 기억된 생각이고 환상일 뿐입니다.

괴로움을 벗어나 행복을 얻는 방법은?

진여본성의 '본성'은 어떤 것으로 물들여도 전혀 물들지 않습니다. 우리는 그 같은 진여본성을 지니고 있습니다. 이러한 이치를 확실히 알고 있어야 합니다. 괴로움을 벗어나 행복을 찾으려면 어떤 길을 찾아들어야 하는지 또렷하게 그 길을 찾아들 수 있기 때문입니다.

괴로움을 벗어나 행복을 얻는 방법은 무엇일까요? 첫 번째, 몸과 마음에 대한 올바른 견해를 내는 일입니다. 두 번째, 연기법에 입각한 인과법을 확실히 믿고, 내 마음이 바로 부처임을 알고, 진여본성의 청정한 마음을 의지해 아뢰야식을 훈습시켜 나가는 일입니다.

또한 선정과 지혜를 함께 닦아나가는 이러한 방편을 염두에 두시고 꼭 실천 수행할 때 바로 부처님께서 내려주신 고귀한 영약을 먹고 본심을 회복하여 성불할 수 있는 결과를 얻을 수 있을 것입니다.

우리 모두 부처님의 영약에 의지해 지혜 본성을 발현시키는 길로 나아가기를 기원드립니다.

일곱 번째 진심법문

윤회와 괴로움의 원인

모든 생명들은 평등하다 했는데 왜 잘난 사람과 못난 사람이 나누어지고, 잘사는 사람과 못사는 사람이 나누어집니까? 또 약육강식의 동물 세계처럼 강자가 약자에게 고통을 주고 잡아먹는 이러한 삶이 왜 펼쳐지고 있습니까?

세상에 태어난 원인은 한 생각을 일으켰기 때문이다.

우리는 왜 태어났을까요? 눈을 떠보니까 세상에 와 있는 겁니다. 어떻게 세상에 태어났는지 저도, 여러분들도 마찬가지입니다.

그런데 이렇게 태어난 것은 한 가지 이유밖에 없습니다. 무엇 때문에 태어났을까요? 다른 말로는 업 때문에 태어났다는 얘기를 많이 하는데, 결론을 말씀드리면 '한 생각' 때문에 태어난 것입니다.

만약, 여러분들이 마음속에 한 생각을 일으키지 않았다면 이 세상에 오질 않습니다. 부처님 세계에서 그냥 열반을 즐기고 있을 것입니다. 그런데 한 생각이 일어남으로 인해 이 세상에 오게 된 것입니다. 그 한 생각으로 인해 수많은 업을 짓게 되고, 그 업력에 의해 우리는 태어날 수밖에 없도록 만들어졌습니다.

죽음은 의식이 완전히 끊긴 상태

왜 태어났는지 이해되지 않는다면 거꾸로 태어남의 반대인 죽음을 얘기해 보겠습니다. 죽음은 사람의 의식이 점점 혼미해지다 의식이 끊어져 버린 상태입니다. 죽음을 맞이하게 되면 뇌로 생각하는 의식은 완전히 멈춘 상태입니다.

그러면 몸 밖으로 빠져나가는 것은 영혼이라는 것 밖에 없는데, 영혼에는 여러 가지 정보가 들어 있는 아뢰야식이라고 하는 습기 종자가 들어가서 몸 밖으로 나가는데, 이놈에게는 눈도 없고, 귀도 없고, 코도 없고 이처럼 감각기관이 없기 때문에 보고, 듣고, 느낄 수가 없습니다. 그런 종자가 어떻게 지옥을 알고, 어떻게 극락을 알 수 있겠습니까?

지옥도 안보이고, 극락도 안 보입니다. 부처님도 안 보이고, 마왕도 안 보이며 저승사자도, 염라대왕도 안 보입니다. 눈이 있어야 '아! 저분은 부처님이시다, 저분은 염라대왕이시다.' 그렇게 인식할 텐데 말입니다.

중음신은 기억된 식識 때문에 환청 · 환각을 일으킨다.

평소 배우고 익혀 알고 있던 기억정보들이 마음속에 남아 있다가 이것이 환청, 환각을 일으킵니다. 갑자기 눈도 없고, 귀도 없는 마음속에 그 어떤 환영이 보이는 겁니다. 빛이 보여서 그쪽으로 뛰어가 보면 아무것도 없습니다. 조금 전까지 보였던 환영이 무지개처럼 사라지고 없는 것입니다.

또 어디선가 아름다운 소리가 들립니다. 하여, 소리 나는 쪽을 향해 뛰어가 보면 아무것도 없습니다. 자칫 혼돈하기 쉬우나 환영이 보이는 쪽으로, 혹은 소리가 들리는 쪽으로 달려가는 주체는 마음일 뿐 실제로 팔다리가 있어서 사람처럼 움직여서 간다는 뜻이 아닙니다.

마음은 그렇듯 환청, 환각 속을 돌아다닙니다. 수천, 수억만 년을 돌아다닙니다. 이를 일컬어 '구천을 떠돈다.' 라고 하는 것입니다. 구천은 왜 구천이라 하는지 아십니까? 하늘 세계는 9개의 하늘이 있어요. 지옥의 하늘, 아귀세계의 하늘, 축생의 하늘, 인간세계의 하늘, 수라세계의 하늘, 천상의 하늘, 그 다음 성문의 하늘, 연각의 하늘, 보살의 하늘. 이 아홉 개의 세계를 구천이라 합니다. 결국 환청, 환각은 구천 세계를 맴돌 수밖에 없습니다.

중음신은 인식기관이 없어 스스로 인식할 수 없다.

왜 구천을 맴돌 수밖에 없을까요? 눈이 없고, 귀가 없고, 감각기관이 없으므로 제대로 인식할 수가 없기 때문입니다. 인식할 수 없다 함은 판단할 수가 없다는 것입니다. 오직 내 마음속에 들어있는 기억정보에 의한 환청, 환각을 어떻게 보고 듣고 판단할 수가 있겠습니까? 그러기에 이곳이 지옥인지, 극락인지 알지 못할 뿐만 아니라 찾지를 못합니다.
그럴 때 스님들이 돌아가신 분을 위해 염불을 하고 목탁을 치고 기도하면 그 스님들의 법력과 돌아가신 분의 후손들이 지내주는 49재 등의 기도 공력으로 부처님의 광명, 빛이 비칩니다.

부처님의 광명은 천 백억 종류의 무량광이다.

빛도 부처님의 광명만 비치는 것이 아니라 마귀들의 빛도 같이 비춰집니다. 하지만 마귀들의 빛은 빨간색, 파란색, 노란색, 흰색 등으로 나오는데 희미합니다. 이에 반해 부처님의 빛은 아주 밝습니다.

여러분은 이제 이 빛에 대해서 아셨으니 혹여 이번 생의 인연을 다 하고 저승으로 갈 때 절대 희미한 빛을 쫓아가지 마세요. 아시겠지요?.

밝은 빛, 밝은 빛을 향해 나아가야 합니다. 파란색, 노란색, 또는 흐릿하고 희미한 색깔을 절대 쫓아가지 말고 오직 밝은 빛을 향해 가셔야 합니다.
그렇다면 어느 정도로 밝은 빛인가? 눈을 뜨기 어려울 정도로 밝고 환한 빛입니다. 하얀 빛을 찾아가야 합니다.

밝고 환한 빛을 광명이라고 합니다. 하지만 부처님의 밝고 환한 빛, 즉 광명은 무량한 광명光明입니다. 이를 천백억 종류의 광명이라 하는데, 빛은 아무리 섞는다 할지라도 하얀빛 밖에 안 납니다.
파란색, 노란색 등을 섞으면 마지막에는 검은색이 됩니다. 하지만 빛은 섞으면 오롯이 흰색이 됩니다. 부처님은 모든 원력이 다 담겨 있기 때문에 밝은 흰빛입니다. 그러나 요사스러운 것은 여러 가지 색깔의 빛을 냅니다. 그러므로 쫓아가면 안 되는 이유가 거기에 있습니다.

무량 겁 동안 생각을 일으킨 업력으로 자신도 모르게 생각이 일어난다.

우리 마음속에 저장되어 있는 기억들로 인해 이 중음신은 자기 자신도 모르게 자꾸 생각이 일어납니다. 지금 법문을 듣고 있는 여러분도 법문보다는 다른 생각이 일어날 수 있습니다. '법당을 들어오면서 내가 신발을 바르게 벗어서 가지런히 놓았던가? 나중에 집에 갈 때 버스를 타고 갈까, 지하철을 타고 갈까?' 여러 가지 생각들로 법문에만 집중하지 못합니다.

우리의 뇌는 어머니 뱃속에서 이 세상에 태어나는 순간부터 생존을 위해 계속 생각을 합니다. 그런데 이 생각이라는 것도 지금 인간의 삶만 놓고 본다면 불과 얼마 안 되는 것 같지만 이 지구상에 태어나는 순간부터, 세포로 태어나는 순간부터 계속 생각을 했기 때문에 최소한 37억 년 정도 생각을 했다고 보면 됩니다.

그러면 지구가 탄생되고 난 이후에, 세포가 만들어졌을 때부터 생각한 것이 그 정도인데, 지구가 만들어지기 이전부터 생각한 것은 얼마나 되겠습니까? 무량한 세월 동안 생각을 일으키며 살아왔던 것입니다. 그러기에 자기 자신도 모르게 계속 생각이 일어나는 것입니다.

생사윤회의 근본 원인은 한 생각이다.

그 생각 때문에 어느 결에 어머니 뱃속에 들어갔으며 법문을 듣는 지금 이 인간세계에 온 것입니다. 또한 그 생각을 일으켜서 법문을 듣는 자리에 오는 것이고, 그로 인해 다음 세상으로 가는 것입니다. 그래서 '생사윤회의 근본 원인은 한 생각이다.' 이렇게 말할 수 있습니다.

내가 원하는 생각을 하려면 그 생각하는 방식을 훈습시켜야 한다.

생각도 어떤 생각이 일어나느냐 하는 것은 여러분들의 의지로, 여러분들의 마음으로 판단할 수 있습니다. 옳고 그름도, 느림과 빠름도 그러하며 내 마음, 내 생각을 마음대로 정할 수가 있는데, 여러분들이 육신의 껍데기를 벗고 나면 내 마음 의지대로 내 마음대로 생각하기가 어렵습니다.

그러고자 한다면 어떻게 해야 하겠습니까? 감각기관이 없는 이 중음신이 밝은 빛을 찾아가도록 하려면 환각, 환청 따위는 무시하려는 훈습을 시켜야 합니다. 좋은 생각, 바른 생각을 많이 하고, 선한 생각, 밝은 생각을 넉넉히 하는 일상을 여일하게 훈습시켜야만 합니다.

욕설이나 고함으로 시비가 끊이지 않는 삶을 살아서는 안 됩니다. 나만 좋으면 된다는 이기적인 생각으로 산다면, 그런 습이 내 몸뚱이에 길들여져 있으면 죽어서도 그 생각은 끊어지질 않습니다. 그러므로 습관을 바르게 들여놓아야만 죽어서도 긍정적인 생각이 나오는 것입니다. 여러분은 지금부터라도 좋은 생각과 바른 행을 많이 하는 쪽으로 훈습이 되어야 합니다.

70세歲가 되면 절로 도인이 된다.

여러분은 현재의 삶에 만족하십니까? 한창 꿈 많던 청춘 시절에는 정열만으로도 행복을 쟁취할 수 있을 것 같은 부푼 희망으로 살았을 것입니다. 그러다 평생의 반려자를 만나 슬하에 자식을 두고, 그 자식들에 대한 기대심리로 힘든 줄도 모르고 부단히 노력하며 살아왔을 것입니다. 그리고 세월이 흘러 중년이 되면 아들딸이 제 짝을 만나 자신의 슬하를 떠나갑니다. 그리곤 어느덧 황혼의 나이에 들면 지난 세월을 지긋이 반조해 보게 됩니다.

여러분 가운데 황혼의 나이에 드신 분들이라면 '지금까지 살아온 인생은 참 고만고만한 것이었구나.' 하고 느낄 것입니다. 열심히 그리고 가열차게 살아왔을지라도, 어느 순간이 되면 그저 고만고만했다고, 무난했다고 정도로 생각할 것입니다. 그만큼 인생을 관조하는 나이가 되었다는 의미일 것입니다.

공자님 말씀에 이런 구절이 있습니다. "나이 일흔이 되면 도를 닦지 않아도 절로 도인이 된다." 공자님 말씀대로라면 아직 일흔이 안 되신 분들은 도 닦음이 조금 남아 있는 분들이고, 일흔 살이 넘으신 분들은 이미 도인이 되신 것입니다. 여러분들은 이미 도인이십니다.

인간의 삶은 기쁨과 괴로움이 공존하는 거짓 세상

인생 70이면 도인이라고 했지만, 그러나 결론은 '역시 인간의 삶은 괴로운 삶이었구나!' 하는 것입니다. 정말 열심히 아등바등하며 살아왔지만 별로 손에 쥔 것이 없습니다. 아무리 손아귀에 넣으려 해도 마치 모래를 집으면 손바닥을 빠져나가듯이 별로 쥔 것이 없습니다.

그렇다고 하여 괴로움만 있는 것이 아닙니다. 기쁨도 있습니다. 그러기에 우리 인간세계는 기쁨과 괴로움이 똑같이 공존하는 세상입니다. 낮과 밤이 공존하듯, 해와 달이 공존하듯, 우리의 삶은 기쁨과 괴로움이 함께 공존하는 세상인데 실제로 이 기쁨과 괴로움을 만드는 이 세상은 알고 보면 모두 거짓 세상입니다.

모든 생명체는 모두 우주에서 온 것

본래 이 우주에는 우리뿐만 아니라 지구와 태양과 온 우주법계, 삼라만상의 일체 생명들을 만들 수 있는 무엇인가가 있었습니다. 그런데 그것이 우리의 한 생각으로 인해 폭발을 하여 우주를 만들고 인간을 만들고, 수많은 생명체들을 만들어낸 것입니다.

냇가나 연못에 사는 개구리, 흙 속에 다층 구조를 만들어 사는 개미, 곳간이나 나뭇가지 사이에 그물망을 쳐놓고 먹이가 걸려들길 바라는 거미. 그런 다양한 곤충은 물론 하늘을 나는 새와 땅에 사는 짐승, 심지어 벌레 따위의 하찮은 동물들을 포함하면 이 우주법계는 한량없이 많은 동물들이 있습니다.

이 우주법계의 한량없이 많은 모든 생명체는 어디서 왔을까요? 저 우주에서 온 것입니다. 그 수많은 생명체들이 계속 태어났다 죽었다를 반복하고 있는 것입니다. 이를 윤회라고 합니다. 그 생명체처럼 우리 역시도 한 개체의 생명일 뿐입니다.

일체 생명체의 근원은 모두 한 뿌리

한량없이 많은 생명체 중에서 인간이라고 하는 존재는 너무나 위대하고 거룩하다고 생각하는 사람도 있을 것입니다. 왜냐하면 인간은 고등동물로서 생각할 줄 알고 노동과 유희와 도덕과 소비 등을 할 수 있는 특징을 지닌 존재이기 때문입니다. 영원히 생존할 수 있는 특별한 존재로도 생각합니다.

하지만 여름철 나를 귀찮게 만드는 모기라든가 싱크대 어딘가에 숨어 있다 기어 나오는 바퀴벌레도 더 나아가 나 자신도 모두 생명체의 존재임은 똑같습니다. 벌레나 곤충 등의 미물은 수없이 많은 세월을 지나는 동안 살아생전 악업을 많이 짓고, 나쁜 생각과 악한 말을 많이 하고, 지혜가 없었기 때문에 미물로 태어난 것입니다.

그러나 우리가 이 생에 이렇게 온 것처럼 그 생명체들도 끊임없는 진화과정을 통해 수십억 년이 지나면 또 다시 인간세계로 오게 됩니다.

우리 역시 마음을 맑혔던 무수한 인연으로 수많은 세월을 거쳐 인간세계로 태어나 사람의 모습으로 살아가고 있지만 내가 세세생생 사람이라고 하는 생각을 가지면 안 됩니다. 왜냐하면 갖가지 인연력에 의해 또 변화하기 때문입니다.

윤회하는 생명체에서 '나'를 무엇이라 이름 지을 수 없다.

여러분들이 미물인 적도 있었을 것이며 곤충을 비롯해 동물인 적도 있었을 것입니다. 또 어류인 적도 있었고, 사람인 적도 있었을 것입니다.

또는 귀신인 적도 있었고, 천인인 적도 있었다면 대체 '나'를 일러 뭐라고 할 수 있겠습니까?

그런가 하면, 여러분들이 어린아이 모습을 가진 적도 있었고, 중년과 노년의 모습, 또 남자나 여자의 모습도 가졌을 것입니다. 이처럼 여러분들은 수 없는 과거 생에 너무나 많은 모습으로 계속 바뀌어 왔는데 무엇을 일러서 '나'라고 이름 할 수 있겠습니까?

질적 변화를 이루어낼 수 있는 존재를 '생명'이라고 한다.

여러분은 지금 사람의 몸을 가지고 사람으로서 한평생을 살다 보니 자신이 자꾸 사람이라는 생각에서 한시도 벗어나지 못하고 있습니다. 사람이라는 생각을 가져 버리면 여러분은 속는 것입니다. 속지 않으려면 '아! 나는 생명체구나!' 이렇게 인식을 해야 합니다.

그리고 이 생명체는 몸을 가졌기 때문에 생명체인 것이지, 몸을 갖기 이전에 우주를 만들었던 그 근원 자리에서는 '생명'이라고 합니다. 몸이 없기 때문에 생명체가 아닙니다. 생명이라고 하는 것은 부처님의 연기법 위에서 모든 질적 변화를 이루어낼 수 있는 존재를 생명이라고 합니다.

식물은 변화합니다. 봄이 되면 싹을 틔우고, 여름이 되면 무성하게 자라납니다. 가을이 되면 잎을 맺고, 겨울이 되면 잎을 떨어뜨립니다. 동·생물의 변화든, 자연의 변화든 변화하는 그 모두를 일컬어 생명의 활동이라고 합니다. 사람만이 생명이 있다고 생각하면 절대 잘못된 생각입니다.

천생배필은 없다, 단지 연기緣起할 뿐이다.

생명의 활동을 하는 존재는 업력에 의한 한 생각 때문에 생명체라고 하는 몸을 갖고 세상에 나오게 되는데, 이 세상에 나오다 보니 지혜가 없습니다. 반려동물을 키우는 분이 있을 것입니다. 개나 고양이 등의 반려동물은 사람만큼 판단력이 있지 않으므로 잘 모릅니다. 우리 절에도 강아지가 있습니다만, 이놈이 암컷인데 제 아비와도 새끼를 낳고, 손자나 할아버지와도 새끼를 낳아요. 그것은 개가 나쁜 짓을 하려고 그런 것이 아니라 무지해서 그런 것입니다. 모르면 그런 행동을 할 수 밖에 없습니다.

결혼하신 분 중에 자신의 배우자와 천생배필이라고 생각하는 분이 있을까요? 천생배필이 뭔가요? 하늘에서 미리 정해 준 것처럼 꼭 맞는 부부라는 뜻인데, 과거 생부터 수 없는 생을 지나오는 동안 사랑하는 연인과 만난 사람이 몇 명이 있을까요? 그런 배우자가 정말 있을까요? 정말 만나기 어렵습니다. 그런 일은 극히 드뭅니다. 안타깝게도 천생배필 같은 헛꿈을 꾸어서는 안 됩니다.

지금 여러분들의 가족은 전생에도 가족인 경우가 90% 이상이기 때문에 내 남편은 전생에 내 아들이었을 것이고, 내 자식은 전생에 내 아버지였을 수도 있습니다. 족보를 따지자면 참으로 맞지 않는 논리입니다. 그러나 전생인연은 그렇듯 윤회를 거듭하여 현생의 연으로 다시 만나지는 것입니다.

현실적으로는 있을 수 없는 이야기입니다. 그렇지만 지금 현재 그렇게 살고 있습니다. 그런 인연으로 인해 자식을 낳고 살아갑니다. 무명에 싸여 있기 때문에 그렇습니다.

깨달음을 성취하지 못하면 중생의 고통에서 벗어날 수 없다.

여러분들은 부처님의 법을 만났고, 부처님 법을 배울 수 있는 인연이 주어졌기 때문에 지혜를 증득證得할 수 있습니다. 때문에 최소한 다음 생에는 무지로 인하여 한량없이 복잡한 족보를 만드는 일은 없을 것입니다.

가만히 생각해 봅니다. 현재 지구상에 살고 있는 세계 인구수는 2020년 5월 기준 77억 8천 6백만 명으로 집계되고 있습니다. 이 수많은 인구 중에 우리가 만나는 사람은 과연 몇 명이나 될까요? 또 한평생을 사는 동안 몇 사람이나 만날 수 있을까요? 한평생을 만나면 어림잡아 1만 여명 정도 될까요? 어떤 분은 고작 1천 여 명 정도 만나지 않겠느냐 말하기도 합니다. 만 명을 만나든 천 명을 만나든, 이들 중 나와 만나서 이별하고, 웃고, 울고, 사랑하고, 헤어지는 관계를 나눌 수 있는 사람은 또 몇 명이나 될까요? 가만히 손꼽아 봐도 몇 명 되지 않습니다. 대개는 그렇듯 한평생 살다 갑니다.

앞서 언급한 바와 같이 무지한 반려동물과 같은 삶을 살지 않기 위해서는 부처님의 가르침을 기반으로 깨달음을 성취하지 못하면 계속 죄를 지어야 되고, 약육강식의 고통에서 벗어날 수가 없습니다.

무명無明이란 어리석음을 말한다.

한 치 앞을 내다보지 못하는 어리석음 속에서 약육강식의 족보도 잘 모르는 상태에서 결혼하고 웃고 울고 헐뜯고 싸우는 그 이유는 바로 무명, 어리석음 때문입니다. 어리석음이라는 게 무엇입니까? 기역 니은을 모르고, 일이삼사를 모르고, 수학 공식을 모르고, 영어 단어를 모르는 그런 어리석음이 아닙니다. 공부를 아무리 못해도 관계없고 어리석음과는 전혀 관계가 없습니다.

어리석음, 이 무명이라는 것은 비유하자면 눈을 꼭 감았는데 앞이 캄캄한 상태입니다. 이것이 무명입니다. 죽는 순간 귀 닫히고 눈 감기잖아요, 눈이 감기면 아무것도 안 보이고 캄캄합니다. 이게 무명입니다. 눈이 없고 귀가 없어도 앞이 훤하고 밝아져야 합니다.

진여본성을 모르기 때문에 한 생각을 일으켜 집착한다.

여러분들 눈에는 마음이 보입니다. 못된 마음, 잘난 마음도 보이고, 사랑하는 마음도 보입니다. 그렇게 마음이 보이지만 그 마음을 일으키는 본성은 여러분 눈에 보이지 않습니다. 아니 못 봅니다.

여러분의 눈은 세상을 수없이 바라봅니다. 시시각각 변화하는 세상을 바라보고 살아가고 있습니다. 그처럼 수 만 가지의 마음을 일으켜서 그 세상을 바라보고 살아가지만 내가 내 눈을 못 보는 것처럼, 내 마음을 통해서는 내 본성이라고 하는 '참나'는 보질 못합니다. 이 '참나'를 전문적인 용어로 '진여眞如'라고 합니다.

진여라는 말은 눈으로 보지 못하고, 귀로 들을 수도 없습니다. 냄새도 맛도 촉감도 느낄 수 없습니다. 도저히 분별로써 알 수 없기 때문에 진여라고 합니다. 이 진여의 본성을 우리는 모릅니다. 그렇기 때문에 우리는 윤회를 하고 한 생각을 일으킵니다.

만약 우리가 진여본성을 안다면 한 생각을 일으키지 않습니다. 그러므로 진여본성을 알지 못하는 어리석은 무명 때문에 우리는 집착을 일으킵니다.

모든 집착은 스스로를 노예로 만든다.

자식은 내 속으로 태어났기 때문에 성장할 때까지 양육하고 뒷바라지합니다. 부모 자식 사이이니 너무나 당연하겠습니다. 하지만 그 자식이 반려자를 만나 일가를 이룬 뒤 손자, 손녀를 낳으면 할머니 할아버지는 그 손자, 손녀를 돌봅니다. 문제는 그로 인하여 내 몸이 몸이 아니게 팔다리가 쑤시고 골병든다고 하소연하는 분도 계십니다.

그렇게까지 하면서 손자, 손녀를 돌보는 이유는 무엇 때문일까요? 유행가 가사처럼 정情 때문일까요? 아닙니다. 여러분은 노예가 된 것입니다. 무엇의 노예를 말할까요? 바로 집착의 노예입니다. 집착 때문에 내 몸이 망가져 가면서도 자식의 그 자식까지 돌보고 있는 것입니다.

이제는 내 삶을 소중하게 생각하고 나의 다음 생을 위해 노력해야 됩니다. 자식과 나하고의 관계는 그 자식이 스무 살이 지나면서 끝나야 합니다. 그 나이가 되면 사회생활을 하는데 자기 앞가림을 할 수 있기 때문입니다. 그런데 이제는 손자, 손녀까지 돌보고 있으니 그만 그 손자, 손녀의 노예가 되어버린 것입니다.

옛날에 어른 스님께서 하신 말씀이 있습니다. 손자, 손녀를 떠맡지 않으려면 아들, 며느리가 보는 앞에서 그 손자, 손녀가 먹는 과자나 맛있는 것을 할머니, 할아버지인 내가 직접 씹어서 그 손자, 손녀의 입에 넣어줘 버리라고 하시더군요. 그럼 당장 데리고 가버린대요. 병균이라도 옮을까 싶어 기겁하기 때문이죠.

옛날에는 그 자식도 그렇게 키웠습니다. 그런데 제 새끼는 그래서는 안 되는 것입니다. 아깝다는 얘기입니다. 아까우면 본인이 키워야지요.

여러분은 손자, 손녀의 노예가 되면 안 됩니다. 집착하면 안 됩니다. 비록 늦었지만 다음 생을 위해 차분히 준비해야 하기 때문입니다.

갈애渴愛는 괴로움을 만든다.

진여본성에 대한 이야기로 이어가겠습니다. 우리는 진여본성을 모르기 때문에 무명이 일어나고 그 무명으로 인해 집착하게 됩니다. 집착하다 보니 훈습이 됩니다.

우리는 좋아하는 게 많습니다. 금덩어리를 좋아하고, 돈을 좋아하며 맛있는 것을 좋아하고, 분야를 가리지 않습니다. 그런데 더 무서운 것은 좋아하는 것에 집착하는 일입니다. 집착이 시작되면 자신도 모르게 습관이 되어버리는데 이 습관은 고의적이 아니라 그냥 저절로 나와 버립니다. 물질이기도 하고, 사람이기도 하며 의식이기도 하지요.

갈애는 집착입니다. 사막의 나그네가 물도 한 모금 못 먹고 뙤약볕 아래를 걸어간다고 생각해 봅시다. 그 나그네가 강한 햇빛을 받으며 음식도 제대로 먹지 못하고 굶은 상태로 사막을 걸어가면 얼마나 입이 마르고 목이 타겠습니까? 이 나그네에게 필요한 것은 한 모금의 물입니다. 다른 그 무엇도 생각나지 않고 오직 물밖에 생각나지 않습니다. 그만큼 자신도 모르게 얻으려고 집착하는 욕망이 일어나는 것을 갈애라고 합니다. 그 갈애로 인해 우리는 괴로움을 만들게 되는 것입니다.

무명과 갈애의 원인은 업業 때문

무명과 갈애는 무엇 때문에 일어나는가? 바로 업 때문입니다. 업은 왜 생기는 것일까요? 생각이 바탕이 되어야 일어납니다.

예를 들겠습니다. 여러분이 거리를 지나가는데 마침 개미도 지나갑니다. 그런데 내 발바닥이 나도 모르게 개미를 밟고 지나가 버렸습니다. 개미는 그만 죽어 버립니다. 자, 이건 업이 될까요? 안 될까요?

답을 말하자면, 업이 안 됩니다. 왜 그럴까요?

내가 발을 내디디면서 개미를 일부러 밟고 지나가려는 생각 자체가 없었던 것입니다. 우연의 일치죠. 내가 발을 내딛는 시간에타 개미가 내 발 밑으로 들어와서 개미가 그만 비명횡사했던 것입니다. 그렇다면 발밑에 개미가 있다는 것을 알고 밟았다면 어떻게 될까요? 업이 됩니다.

업보를 받는 것은 몸이 아니라 마음이 받는다.

우리 몸뚱이는 내가 아닙니다. 몸뚱이는 지수화풍 4대 원소 물질이 모여서 이루어진 것이기 때문에 내가 아니고, 몸뚱이를 끌고 다니는 마음이 '나' 인 것입니다. 그러니 마음이 들어가는 의도적 행위가 있으면 업에 걸리는 것입니다. 모든 행동에 의도가 있으면 업이 되고, 알고 한 것은 모두 업에 걸립니다.

달리 말하면, 마음속으로 생각을 일으켜서 말한 것도 업에 걸리고, 행동한 것도 업에 걸리며 생각을 짓는 것도 업에 걸립니다. 이처럼 생각, 말, 행동으로 업이 되는 것은 전부 마음속의 생각, 즉 의도가 있어야 됩니다. 생각이 없는 것은 업이 되지 않습니다.

예컨대, 진심법문 중에 누가 건드린 것도 아닌데 마이크가 넘어졌어요. 마이크가 넘어진 것까진 좋은데 이 마이크에 머리를 맞은 불자가 그만 머리에 큰 혹이 났습니다. 핏발도 조금 비쳐요. 몹시 아픈지 고통스러워하고요. 이쯤 되면 이 마이크는 과보를 받을까요, 받지 않을까요?

답은, 과보를 받지 않습니다. 물질은 과보가 없습니다. 과보를 받을 수 없기 때문입니다.

반대로 진심법문 중인 이 법사가 마이크를 잡는다는 것이 그만 넘어져서 법문을 듣고 있던 한 불자의 머리에 큰 혹이 나서 핏발이 비치고 몹시 고통스러워한다면 이때는 마이크가 과보를 받을까요, 이 대풍범각이 받을까요?

답은, 대풍범각이 받습니다. 그러니 몸을 통해 죄를 지으면 몸이 과보를 받는 것이 아니고 마음이 받는 것입니다.

마음은 하나의 마음만 있는 것이 아니라 모두 여덟 가지 마음이 있다.

과보를 받는 마음은 하나의 마음만 있는 것이 아닙니다. 여덟 가지 마음이 있습니다. 눈으로 보고 일어나는 마음이 있고, 귀로 듣고 일어나는 마음이 있으며 코로 냄새 맡고 일어나는 마음이 있고, 입으로 맛보고 느끼는 마음이 있습니다. 또 피부로 감촉하는 마음, 이렇게 다섯 가지 마음이 있습니다.

감각에 의해 일어나는 직관적인 마음입니다. 그 다음으로 이 다섯 가지 감각기관을 통해서 들어온 정보를 종합적으로 통제하면서 의식을 일으키는 여섯 번째 제6의식이 있습니다. 이것이 여섯 번째 마음입니다.

그 다음, 지금 자신이 법문을 듣고 있으면서도 자꾸 '나'라는 생각이 들 것입니다. 옆 사람은 행복이 엄마이고 뒷사람은 빛나리 엄마다. 이렇게 자꾸 나와 남을 분별하는 생각이 듭니다. 이 무의식의 마음, 이 마음을 자아의식이라고 하는데, 바로 일곱 번째 마음입니다.

그리고 이 일곱 번째까지의 마음 바탕에는 여러분들이 보고, 듣고, 냄새 맡고, 맛보고, 감촉한 모든 기억들, 그 다음에 생각하고 분별한 것들, 이 모든 것들을 저장시키는 창고 같은 마음이 있습니다. 창고는 모든 것을 보관하는 곳입니다. 이 창고에 저장한다고 표현하겠습니다.

그런데 이 창고 같은 마음은 단순히 창고 기능만 하는 것이 아닙니다. 세세생생 윤회하는 마음이고, 그 마음은 다시 또 우리의 몸뚱이를 만들어낼 수 있고, 우리의 생장을 만들어낼 수 있으며 우리의 말과 의식을 만들어 낼 수 있는 마음입니다. 이 마음을 일컬어 전문적인 용어로 '제8아뢰야식' 이라 하고, 우리말로는 '영혼' 이라고 합니다.

제8아뢰야식은 모든 정보를 저장한다.

우리가 살아생전 감각기관에서 만들어진 다섯 가지 마음과 의식을 일으키는 여섯 번째 마음은 사람이 죽으면 그 죽음과 함께 몸뚱이하고 같이 죽어버립니다. 사라져 버립니다. 죽는 순간에 사라져 버립니다. 그리고 이 몸뚱이에서 나와서 어딘가로 떠나가는 것이 있습니다. 방금 말씀드린 제8아뢰야식입니다.

아뢰야식, 즉 이 영혼 속에는 '나' 라는 생각의 자의식이 마음을 가지고 가기 때문에 7식도 같이 가져갑니다. 이렇게 해서 내 마음이 윤회를 하기 때문에 그 마음이 바로 과보를 받는 마음이라는 것입니다.

과보는 내가 마음속에 무엇인가를 분별해 남에게 선업을 하면 선한 것에 대한 과보를 받고, 악하게 하면 악한 과보를 받는데, 선한 생각을 일으킨 것이나 악한 생각을 일으킨 것이나 그 생각을 일으키는 주체가 지금 다섯 가지의 마음이나 여섯 가지 마음이나 일곱 가지 마음이 일으켰다 하더라도 저장되는 것은 여덟 번째 마음에 저장

됩니다. 그 영혼의 마음에 저장이 된다는 것입니다.

그렇게 저장된 마음은 세세생생 그 마음속에 들어있는 기억정보가 다 없어질 때까지 업력이 나타납니다.

업력은 나의 기억정보 속에 들어있다.

여러분들에게는 누구 할 것 없이 너무나 많은 과거 생의 업력을 가지고 있습니다. 착하고 나쁜 업력, 좋은 업력, 힘든 업력 등 모든 업력이 다 있습니다. 업력이 없으면 어떻게 될까요?

여러분들이 기분 좋게 벚꽃이 만발한 도로를 승용차를 운전하여 운행한다고 여겨 보십시오. 앞 유리 밖으로 산천경개山川景概가 지나갑니다. 온갖 사물들도 스쳐 갑니다.

그런데 드라이브를 하는 목적은 벚꽃 구경입니다. 그러면 나의 시선은 어디에 초점이 맞춰질까요? 바로 벚꽃입니다. 다른 것에는 관심이 가지 않습니다. 관심이 가지 않는 것에는 나의 눈길도 가지 않습니다.

마찬가지로, 누가 아무리 좋은 말을 한다 해도 관심 없는 것은 귀에 들어오지 않습니다. 그런데 누군가 내 이름을 부르거나 나와 관계되는 일에는 귀가 확 트이게 됩니다.

업력은 철저하게 나와 관계됩니다. 아무리 누가 옆에서 떠들고 관심을 끌려고 해도 미동조차 하지 않는 것이 업력입니다.

즉, 내 마음속에 저장되어 있는 기억정보 외에는 관심이 없으니 업력 또한 관심 밖이라서 업력이 나타나지 않는 것입니다. 내 마음속에 들어있으면 업력이 나타난다는 것입니다.

업력을 없애려면 어떻게 해야 하는가?

마음속에 들어있는 업력을 어떻게 없앨 수 있을까요? 수천 억만 년의 과거 생을 통해 저장시켜 놓은 것들을 어떻게 다 없앨 수 있겠습니까? 그렇다고 그 한량없이 많은 것을 핀셋으로 집어낼 수도 없고, 이것을 없애려면 그 무엇으로도 힘들 것 같습니다.

그러나 빗자루로 쓸어내는 것보다, 진공청소기로 빨아내는 것보다 더 좋은 방법이 있습니다. 윤회는 무엇 때문에 한다고 했지요? 한 생각 때문에 윤회한다고 했습니다. 그러면 한 생각 일으키지 않아 버리면 됩니다. 과거 생에 수없이 쌓아놓았던 수많은 기억정보의 업력이 한 방에 날아가 버립니다. 누가 옆에 와서 건드려도, 부처가 와서 건드려도 생각을 일으키지 않으면 안 됩니다.

저승사자가 오든, 염라대왕이 오든, 마왕이 오든, 부처가 오든, '나는 없다' 하고 한 생각 일으키지 않으면 아무도 나를 찾을 수가 없습니다.

만약 여러분이 좋은 생각을 일으키면 저승사자가 오더라도 '저기 극락으로 가고 있네.' 하면 극락으로 뛰어올 것이고, 나쁜 생각을 일으키면 지옥으로 가고 있으니 지옥으로 뛰어옵니다.

아무 생각도 일으키지 않으면 저승사자뿐만 아니라 염라대왕도 찾지를 못합니다. 그것은 과거 생에 지어놓은 모든 업력을 다 소멸시킨 것입니다.

마음의 기억정보는 염염히 상속한다.

우리는 마음의 기억정보는 어떤 실체가 있기에 그것이 마치 저금통장에 저금이 되어있는 것처럼 저장되어 있는 것들을 꺼내 쓰는 것으로 생각하기 쉬우나 그런 것이 아닙니다. 마음의 기억정보는 염염히 상속하는 것입니다. 상속은 권리와 의무 일체를 이어받는 것입니다. 좀 어려운 얘기지만 불자라면 누구나 반드시 알아두어야 할 내용이기 때문에 설명을 이어가겠습니다.

무명때문에 나의 진여본성을 자각할 수 없다고 했습니다. 이 어리석음때문에 '내가 누구지?' 하고 갑자기 자기를 찾으려고 하는 생각이 일어납니다. 그냥 아무 생각 없이 있으면 될 텐데 자신이 죽었는지, 살았는지를 테스트해 보려고 눈을 또 번쩍 뜹니다. 생각으로, 마음으로 이렇게 한 생각 일으키면 보는 자와 보여지는 경계상境界相이 나타나게 됩니다.

그 다음에 그 보는 자를 '나'라고 생각하고 보여지는 대상을 '남'이라고 생각합니다. 내가 보는 그 바깥의 경계 대상들 중에서 내가 좋아하는 것들을 집착하는 마음이 생깁니다. 집착하고 싫어하는 것은 우선 놓아버리고, 좋아하는 것을 집착하는 마음이 생기면 이 집착하는 마음을, 마음을 일으켜 전달을 시켜 버립니다. 이걸 등

류심等流心이라 하고 상속심相續心이라 하는데, 기억정보는 염염히 상속하는 것입니다.

현재의식과 무의식

여러분이 일으켰던 생각은 지금도 계속 그 생각이 이어져 가고 있기 때문에 어제 혹은 그제 생각도 할 수 있습니다. 또 한달 전 생각도, 10년 전 생각도 할 수 있습니다. 또한 과거 생의 많고 많은 기억을 갖고 있다 하더라도 지금 생각을 일으키지 않으면 아무것도 남는 것이 없이 사라져버리는 것입니다.

여러분이 전생의 기억을 죽을 때까지 생각했고, 죽을 때 생각을 죽고 난 뒤에 중음신이 되어서도 생각을 일으켰고, 중음신이 되고 난 이후 다음 생에 몸을 받았을 때도 또 생각을 일으켰고, 이렇다 보니 그 생각의 덩어리가 너무 많습니다. 그처럼 너무너무 많은 생각이 지금 계속 일어나는 것은 '현재의식' 이라 그러하며 이것이 오랫동안 누적되는 것은 '무의식' 이라고 합니다.

과보가 나타날 때 되면 무의식이 일어난다.

지금 의식 속에는 의식과 무의식이 같이 있기 때문에 근래에 일어난 의식(기억)들은 잘 생각하는데 무의식은 잘 떠오르지 않습니다. 그러다 어느 날 무의식이 하나 보이면 "스님, 꿈을 꿨는데 꿈이 너무 잘 맞아요!" 그렇게 기쁜 듯이 말합니다. 그것은 신명이 있거나 신기가 있어서, 혹은 신통하여 꿈이 잘 맞는 게 아니라 꿈속에 무의식을 본 것입니다.

어제 기억을 본 것은 어제의 의식을 본 것이고, 과거 수백 년 전의 기억을 본 것은 무의식을 본 것입니다. 그런데 우리 집이라 그러는데 우리 집이 다릅니다. 우리 아버지 어머니라 하는데 모습이 우리 아버지, 어머니랑 맞아요. 내 꿈이 너무 잘 맞는 것입니다. 이는 과거에 지어놓은 종자에 의해서 지금 과보가 나타나기 때문에, 그 인연종자가 익어 과보가 나타날 때가 되니 무의식이 일어난 것입니다. 그러므로 꿈 속에서 무의식의 꿈을 꾸는 것입니다.

현재의식에서 어제 일을 꿈꾼 것은 오늘 얘기를 하면 개꿈이라고 하고, 무의식을 꿈꾸고 얘기하면 선몽이라 합니다. 개꿈이나 선몽이나 무의식이나, 현재의식 속에 들어있는 기억입니다.

몰록 깨닫는 전생은 모르는 것이 낫다.

우리는 무의식 속에 들어있는 내용이 한량없이 많다 보니 다 기억을 하지 못합니다. 굳이 필름을 돌리자면 못 돌리는 것과 같습니다. 하지만 사방이 고요해지면 몰록 드러나 자기 전생을 알 수가 있습니다.

우리가 경전을 읽거나, 참선과 염불, 주력을 하다 보면 자기 자신도 모르게 전생을 볼 수도 있습니다. 그래서 '아! 전생에 내가 누구였구나.' 하는 것을 알게 되는데,

여러분은 자신의 전생을 보면 어이가 없어 말이 나오지 않을 것입니다. 그러니 전생은 모르는 게 낫습니다. 앞서 말했다시피 전생을 알아버리면 지금 내 남편이 내 남편이 아니고 내 자식이 내 자식이 아니기 때문에 모르는 쪽이 훨씬 편안할 테니까요.

기억정보는 놓아버려야 한다.

그러면 어떻게 해야 되느냐? 무의식 속에 들어있는 수많은 기억정보와 지금 현재 내가 저장하고 있는 현재의식의 정보들을 가져가려고 하지 말라는 것입니다. 다 놓아버려야 합니다. 지금 이 순간 여러분이 느끼고 있는 생각을 조금이라도 놓아버려야 합니다. 그래야만 편안해집니다. 어떻게 그것을 다 지니고 다닐 수 있습니까?
거울이 있습니다. 아주 맑고 깨끗한 거울입니다. 이 거울은 산을 비출 때 산의 모습이 나타나지만 다른 걸 비추면 그 산을 거울 속에 담지 않습니다. 산은 거울 속에서 사라져 버린 것이지요. 거울이 바다를 비추고 있다가도 다른 걸 비출 때는 바다를 놔 버립니다.

만약 거울이 산을 담아 버리면 거울은 어떻게 될까요? 거울이 바다를 담아 버리면 어떻게 될까요? 거울은 산도 담지 않고 바다도 담지 않습니다. 거울은 항상 비추기만 할 뿐입니다.
그렇듯 우리 마음은 본래 거울과 같은 청정성을 갖고 있기 때문에 무엇을 보고 무엇을 듣고 무엇을 생각하고 어떻게 쓰더라도 놓아버리라는 것입니다. 그걸 가지고 가면 안 되는 것입니다.

아뢰야식이 업을 받아 짓고 윤회를 일으키는 주최이다.

지금까지 설명한 내용들을 간략하게 정리하겠습니다. 괴로움과 윤회의 원인은 한 생각 일어나서 생성된 것이고, 그 한 생각이 일어난 이유는 바로 무명 때문이라는 것이며, 그 무명은 바로 업에 의해 만들어진 것입니다.

업은 입으로 업을 짓든, 몸으로 업을 짓든, 마음으로 업을 짓든, 반드시 의도가 있었습니다. 그 의도는 나의 한 생각인데, 그 한 생각은 여덟 가지 마음 중에서 영혼이라 불리는 아뢰야식의 마음이 결국은 업을 받아 짓는 주체이고 윤회를 일으키는 주최라는 것입니다.

한 생각을 일으키지 않으면 그 업은 다 녹아내려 버린다.

아뢰야식이라는 영혼, 마음속에 수많은 기억정보가 들어있는데, 이 정보를 없애기 위해서는 어떻게 녹여야 되는가? 진공청소기보다 더 좋은 것은 어떠한 생각도 일으키지 않는 것입니다. 한 생각을 일으키지 않아버리면 그 업은 다 녹아내려 버립니다. 이것이 괴로움을 면하고 윤회를 벗어날 수 있는 길, 진리입니다.

아뢰야식은 나의 본래 영혼이다.

이런 영혼의 마음이 수많은 기억정보를 가지고 있는데, 이 마음은 본래 어떤 것이냐면, 현재 여러 학자들이 아뢰야식이라고 하는 이 영혼에 대하여 '때가 묻었다', '하늘에 구름이 끼어 있으니까 얼룩이 져 있는 하늘이다' 등으로 이야기하는데 청정하고, 영원히 죽지 않고, 무량한 광명의 빛을 놓고 있는 깨끗한 부처와 똑같은 이 마음은 바로 여러분들의 영혼, 나의 영혼, 본래 영혼입니다.

한 생각을 놓아버리면
어떤 악한 일들도 다 녹여버린다.

하늘에 떠있는 구름이 아무리 땅에서 찌꺼기가 많이 올라가서 구름이 만들어져 온 하늘을 덮었다 해도 하늘은 결코 얼룩지지 않고 전혀 때가 묻지 않습니다.
비록 우리가 미물이나 동물로 태어나고, 사람으로 태어나 생사윤회를 하면서 온갖 나쁜 짓을 하고 악한 마음을 지녔다 하더라도 우리의 영혼은, 우리의 아뢰야식은 본래 물들지 않습니다.

단지 그 청정하고 깨끗한 마음속에 들어있는 기억정보를 이 마음이 가지고 있는 것이 아니고 여러분의 생각이 가지고 있습니다. 그러므로 여러분이 여러분의 생각을 놓아버리면 어떤 악한 일들도 다 녹여버릴 수 있습니다.

한 생각 놓아버리면 부처님의 세계에 들 수 있다.

복덕이 매우 뛰어나신 분이 계셨습니다. 이분은 한평생 착하고 성실하게 살면서 어렵고 힘든 사람들을 위해 선행도 많이 하시다 생을 마감하게 되었습니다. 문제는 이분이 돌아가시기 전에 재산 분배를 잘못해서 자식들 간에 싸우게 되었고 이로 인하여 이분은 괴롭게 임종을 맞으면서 숨을 거두었습니다.

또 다른 한 분이 계셨습니다. 이분은 살아생전 남에게 해코지도 많이 하고 괴롭히면서 악한 일을 많이 하고 죄를 많이 지었습니다. 이분에게 죽음이 다가왔습니다. 하지만 이분은 죽는 순간 아무 생각 없이 그냥 모든 생각을 다 편안하게 놓아 버리고 눈을 감았습니다.

이 두 사람 중 누가 복덕이 더 많을 것 같습니까? 오늘 법문 중 그 답이 있습니다. 살아생전 선업을 많이 짓고 착한 일을 아무리 많이 했다 하더라도 죽는 순간 고통스럽고 괴롭게 집착하다 죽어 버리면 윤회의 세계를 벗어날 수가 없습니다. 또 괴로운 삶을 살아가게 됩니다.

반대로 후자의 경우를 봅시다. 이분이 살아생전, 많은 죄를 지었지만 임종을 맞이하여 몸을 바꾸는 순간이 왔을 때, 지금까지 말씀드린 것처럼 한 생각 일으키지 않고, 그저 무념의 상태로 한 생각 '딱' 멈춰버리면 여러분은 바로 부처님의 세계로 들어가 버리는 것입니다.

이와 관련한 이야기가 있습니다.

석가모니부처님 재세 시 희대의 살인마인 앙굴리말라(Aṅgulimāla)가 99명의 사람을 죽이고 마지막 한 명을 더 죽여서 대도를 성취하겠다는 잘못된 사도를 빚다 부처님의 제자가 되었는데 아라한과를 증득하게 됩니다. 그렇듯 우리가 과거 생에 수없이 많은 죄를 지었다 하더라도 이번 생에 바른 스님이 되어서 한 생각 '딱' 깨쳐버리면 부처가 되는 것입니다.

그 이유는 임종이 되었든, 살아생전이 되었든, 어느 때라도 한 생각 깨치는 순간은 모든 과거의 악업을 다 녹여버리는 순간이기 때문입니다.

청정한 마음이 되어버리면 1등 보살이다.

우리는 낮과 밤이 있는 세계에서 열심히 살아가고 있습니다. 이제 자신에게 남은 시간은 마지막 임종 순간 한 생각 일으키지 않아야겠다는 생각을 하면서 훈련해나가야 합니다. 옆에서 남편이나 아내가 뭐라 해도 "알았어요. 좀 기다리세요."하고 무심으로 들어가 버리세요. "엄마, 손자 좀 봐줘."해도 집착을 버리고, 설령 재물이 앞에 있다 해도 무심으로 들어가 버리십시오.

우리가 젖먹이 아기한테 돈을 주거나 칼을 들이대도, 금덩어리를 보여주고 돈다발을 안겨도, 이 아기는 그저 생글생글 웃을 뿐입니다. 칼을 들이대도 두려워하기는커녕 생글생글 웃으며 칼을 잡으려고 손을 내밀게 분명합니다.

그처럼 여러분은 살아생전 항상 즐겁게 사시면서, 내 앞에 어떤 것이 보여지고, 어떤 것을 들이대더라도, 마음은 오직 평온하게 아무 생각을 일으키지 않는 청정한 마음이 되어버리면 다음 생에 갈 때는 바로 부처님 세계에 나아갈 수 있는 1등 보살이 되실 것입니다.

올바른 불교 공부는 그렇듯 내면의 힘을 길러 흔들리지 않는 의연함과 당당한 성품을 만들어줍니다. 의연하고 당당하셔야 합니다.

여덟 번째 진심법문

윤회의 실상과 업의 참 의미는
어디에 있는가?

누가 이 세상을 살아가고 있고, 죽는다면 누가 죽는가? 또 다음 세상에
태어난다면 도대체 무엇이 있기에 태어나는가? 불교를 공부하면서 여
기에 대한 명확한 답을 알지 못하고 살아간다는 것은 그냥 꿈속의 꿈
처럼 살아가는 것과 똑같은 일입니다.

이 세상을 사는 것은 누구이고, 누가 죽어 다음 세상에 태어나는가?

"윤회에 대한 실상과 업에 대한 참 의미가 어디 있는지"에 대해 진심법문을 하겠습니다.

이 세상을 살아가고 있는 것은 도대체 누가 살아가고 있는가? 몸뚱이가 살아가고 있는 것인가? 마음이 살아가고 있는 것인가? 아니면 영혼이라는 것이 있어 그 영혼이 살아가고 있는가?

그렇지 않다면 또 다른 무엇이 있어 살아가고 있는 것인가? 또 죽는다면 과연 누가 죽는 것인가? 몸이 죽는 것인가, 마음이 죽는 것인가, 영혼이 죽는 것인가?

다시 태어난다면 도대체 누가 있기에 환생하는 것인가? 이 점은 누구나 가지고 있는 궁금증이기도 하고 목숨을 가진 사람이라고 한다면 나이가 들어갈수록 항상 의문이 가는 화두이기도 합니다.

이 세상에는 그릇된 세 가지 견해가 있다.

이 세상에는 그릇된 견해가 많이 있습니다. 그중에서도 크게 세 가지로 요약해 보면 숙명론, 창조론, 우연론이 있습니다.

첫째, 숙명론입니다. 이 세상 우주만물은 모두 다 과거 전생에 지어놓은 그 원인들에 의해 나타나는 견해입니다. 그래서 내가 노력할 이유가 없습니다. 이미 과거 전생에 지어놓은 원인들에 의해 나타나는 것이기 때문에 내가 할 것이 없다는 견해입니다.

둘째, 창조론입니다. 이 견해는 절대적 창조신이 있어서 이 세상 삼라만상을 그 창조주 신의 의지대로 만들어 놓은 것이라고 생각하는 것입니다.

셋째, 우연론입니다. 또 한 가지는 우연히 이루어진 것이다, 이 세상 만물들과 사람들은 우연히 탄생된 것입니다, 어찌어찌하다 보니 소가 되고, 개가 되고, 사람이 된 것이라고 생각하는 것입니다.

이처럼 우리 인생이라고 하는 인간의 삶 속에는 숙명론과 어떤 특정 신에 의한 창조론과 우연론이라는 세 가지 그릇된 견해가 우리의 관념을 만들어내고 있습니다. 정말 숙명론이라면 노력하는 결과가 아무 필요 없을 것이고, 창조신에 의해 이 세상 만물이 만들어졌다고 한다면 우리는 죄를 지어도 괜찮은 것이 됩니다.

왜냐하면 죄를 받는 사람은 창조신이 받는 것이라고 생각하기 때문입니다. 또 우연히 만들어진다면 정말 이건 의미가 없는 것이 됩니다. 이러한 견해들은 불교의 입장에서 볼 때 인과론에도 맞지 않고 연기론에도 맞지 않습니다. 그러므로 이런 견해는 그릇된 견해입니다.

업은 누가 지어서 받고 윤회는 누가 하는가?

불교에서 내세우는 견해는 철저하게 자유로운 의지적 마음에 의해 이 세상은 이것과 저것으로 말미암아 이루어지는 연기론을 내세우고 있습니다. 이런 까닭에, 이 세상 만물에 대하여 부처님께서 진리를 말씀하시는데 그 첫 번째 진리가 제법이 무아이고 '나'가 없다는 것입니다.

아트만(Atman)이 없다는 것입니다. 아트만은 영원하게 변치 않는 독립된 자아, 변하지 않는 자아, 영원한 자아를 말합니다.

부처님께서는 이 아트만을 철저하게 무아라고 부정하셨습니다. 왜냐하면, 이 세상 만물은 모두 다 연기에 의해 생성, 소멸하기 때문입니다. 그렇다면 이 제법무아인 진리를 불교의 입장에서 본다면 업은 누가 지어서 누가 받느냐는 것입니다. 또, 사는 놈과 죽는 놈과 다음에 태어나는 놈은 누가 윤회하느냐는 거지요. 이 물음은 비단 오늘날의 고민거리만이 아니라 3천 년 가까운 과거에도 커다란 고민이었습니다.

부처님께서 오래 사셨다면, 좀 더 세상에 더 계셔서 우리 중생들을 위해 설법을 더 해주셨더라면 좋았을 텐데 말입니다. 그것은 화신불로서 인간의 몸을 갖고 오셨기 때문에 거기에 대한 명쾌한 설명을 다 해주지 못하고 가신 것입니다.

그래서 부처님께서 대열반에 드시고 난 후 많은 수행자들과 선각자들, 소위 붓다라고 불리는 각자들에 의해 제법이 무아인데 어떠한 존재가 윤회를 하는가 하는 문제의 답을 찾기 위해 상당히 고심을 많이 했습니다.

불교는 카르마(Karma)의 지배를 받는 고대인도의 윤회사상을 받아들였다.

어떠한 존재가 윤회하는가? 이에 대하여 근본불교부터 시작해 초기불교와 대승불교가 탄생되고, 이후 대승불교 초기를 지나고 중기가 될 무렵 불교의 새로운 심리학 또는 동양의 심리학이라 불리는 유식학唯識學이 탄생됩니다.

이때 비로소 윤회하는 존재에 대하여 해답을 얻게 됩니다. 이와 같은 깊은 고민 과정이 따라야 했던 것은 '무아' 라고 했으면서도 윤회하는 실체를 찾아 그 실체를 입증해 내어야 했기 때문입니다. 왜일까요? 불교는 윤회론을 받아들였기 때문입니다.

그런데 윤회론은 원래 불교에서 만들어놓은 사상이 아닙니다. 고대 인도의 브라만(Brahman)시대에서부터 베다(Veda)라고 하는 경전에서 카르마(Karma) 또는 '업'이라고 하는 내용과 '윤회' 에 대한 내용이 등장하고 있었습니다. 이것은 불교에서 말하고 있는 업과 윤회에 대한 개념과는 분명한 차이가 있는 내용입니다. 그리고 우파니샤드(Upaniṣad) 시대에도 이 업과 윤회에 대한 얘기가 있습니다만, 그것 또한 불교와 또 다릅니다.

고대 인도의 업설業說은 불교와 어떻게 다른가?

고대 인도의 업설은 두 가지 길, 즉 '천도天道와 조도祖道' 라는 길이 있습니다. 천도는 살아생전 수행을 닦게 되면 천상으로 나아간다는 것입니다. 천상으로 나아가서 다시 인도환생人道還生 하는 윤회의 세계에 들어간다는 사상입니다.
또 하나는 가정(재가)에서 효행을 많이 하고 착한 일을 많이 하게 되면 말 그대로

'조상의 길'로 가서 인도환생한다는 사상입니다.

이와 같은 고대 인도의 업 사상은 신을 숭배하고 신을 찬양함으로써 이루지는 것으로 되어 있습니다. 신을 숭배하고 찬탄하고, 신에게 제사 지내면, 천상에 태어나고 인도환생한다는 그런 사상은 제사 위주로 구성돼 있습니다.

그래서 오늘날의 힌두교 역시 제사의식이 무척 발달되어 있습니다. 아주 화려하고 성대하게 합니다. 이러한 제사를 근본으로 하여 윤회를 말하는 것을 브라만 사상이라고 생각하면 됩니다.

불교의 업과 윤회 사상은 철저한 연기론적 입장에 의한 사상이다.

불교에서 말하고 있는 업과 윤회 사상은 철저한 연기론적 입장입니다. 때문에 브라만 사상의 힌두교에서처럼 제사에 의하지도 아니하고, 신에 의해 내가 나아가는 세상이 결정되며 복덕이 쌓이고 재앙이 없어지며 좋은 복락이 만들어지는 것입니다. 그러므로 신들이 만들어가는 업과 윤회 사상이라는 점에서 완전하게 차이가 있다는 것입니다.

제사에 의하고, 신들에 의하는 이러한 잘못된 고대 인도의 윤회와 업 사상을 불교에서 수용하였으며, 부처님께서는 연기론에 입각한 새로운 불교의 업 사상과 윤회 사상을 만들어내신 것입니다. 불교에서는 이미 부처님께서 인정하셨기 때문에 윤회사상을 받아들이지 않을 수가 없습니다.

유식논사唯識論師들은 아트만과 다른 '아뢰야식'이란 개념을 등장시켰다.

부처님께서는 가장 강력한 연기로 연기법을 깨치시고 난 후 세 가지 진리를 설하셨습니다. '제법무아諸法無我, 제행무상諸行無常, 일체개고一切皆苦'라고 하는 삼법인三法印을 설하셨습니다. 삼법인은 부처님께서 연기라는 법에 관하여 깨달으신 후 불법의 특징을 도장 찍듯 밝힌 세 가지 진리라는 뜻인데, 이 삼법인의 으뜸이 '무아無我'입니다.

여기서 의문이 생깁니다. 무아라고 했습니다. 무아인데 누가 있으며, 누가 업을 지어 업을 받고 과보를 받으며, 누가 있어 육도윤회의 길을 걸어가는가? 이에 대하여 초기불교 당시에도 여러 가지의 설說은 나오지 않았지만 곳곳에서 새로운 윤회의 주체라고 할 수 있는 의미 부여의 말들이 등장하기 시작합니다.

여러 경전 중 특히 아함부阿含部 경전에서는 눈, 귀, 코, 혀, 몸으로 인식하는 다섯 가지 전오식前五識과 여섯 번째, 총괄적으로 관장하는 의식인 제6의식이 전부였습니다.

사람이 기절하거나 깊은 잠에 빠져버리면 제6의식은 멈춰버립니다. 죽는다면 의식이 없습니다. 죽고 없는데 어떻게 윤회를 하느냐는 겁니다. 경전 곳곳에 보면 제6의식 이전에 근본의식이라는 말을 등장시킵니다.

또 유분식有分識, 궁생사온窮生死蘊 등의 새로운 말로 제6의식 내면 깊숙이 바탕의식을 설명하고, 또 보특가라補特伽羅라는 말로써 근본 마음 바탕을 표현하기도 했습니다. 그러나 근본의식이나 궁생사온이나 보특가라 등의 의미로는 윤회의 주체를 완벽하게 설명해 내지 못했던 것입니다. 그래서 석가모니부처님께서 입적하신 후 100년

경부터 수백 년 사이에 초기불교가 거듭 분열하여 20여 개의 교단으로 갈라진 시대의 불교를 통틀어 이르는 부파불교部派佛教 당시에 이 부분을 많이 연구했습니다.

특히 유가瑜伽 수행자들의 유가사瑜伽師들이 이 부분을 철저하게 연구했습니다. 부파불교 당시의 설일체유부說一切有部라든지 경량부經量部 등의 이런 소승불교의 많은 부파에서 이 부분을 밝혀내고자 여러 연구를 많이 했습니다. 이 과정에서 '대체 무엇이 윤회를 하게 되었고 윤회라는 실체는 무엇이 담겨있는가' 하는 것들을 밝혀내기 위한 연구와 수행을 통해 체험하다 보니 '아뢰야식' 이라는 개념이 드러나게 됩니다.

아뢰야식이라고 하는 개념은 소위 유식학이 나오고 탄생된 신개념입니다. 하지만 그것은 이미 초기 근본불교 당시 부처님께서 말씀하셨던 여러 아함부 경전에 나왔던 말이었다고 할 수 있습니다.

제6의식 밑바닥에서 작용하고 있는 어떤 근본의식을 표현하는 대표적인 말이었습니다. 즉, 근본식이나 6의식이나 궁생사온이나 보특가라 등의 제6의식 밑바닥에 있는 그런 의미들을 함축시킨 말이 '아뢰야식' 입니다.

여래장사상은 대승불교의 이념인 '일체중생이 성불할 수 있다' 는 이념을 강조하기 위해 기존의 유식사상의 이론을 기반으로 하여 성립되었다.

아뢰야식은 여래장如來藏 사상이 나오게 되는데, 여래장 사상은 『대열반경大涅槃經』에 "일체중생은 모두 다 불성을 갖추고 있다"라는 '일체중생 실유불성一切衆生 悉有佛性' 이라는 가르침을 바탕에 두고 이 아뢰야식을 여래장으로 표현하고 있습니다. 그래서 아뢰야식이 여래장과 동일한 것이라는 사상이 자리를 잡게 됩니다. 그 이후 마명보살馬鳴菩薩의 《대승기신론》에서 유식학의 꽃을 피웁니다.

이때 탄생한 것이 '일심이문一心二門'입니다. 일심一心이란 분열되지 않은 마음 곧 참마음을 뜻하는 것으로 아뢰야식과 여래장은 한마음이라는 것입니다. 그 한마음에 두 가지 문門이 있다는 것이죠. 이를 '무명심無明心'이라고 표현하기도 했지만, 그 무명심이라는 말 속에는 이문二門, 즉 두 가지가 있다는 것입니다. 청정자성과 때 묻은 (오염된) 마음 두 가지가 그것입니다. 그래서 이 여래장과 아뢰야식을 회통會通시킨 것입니다.

아뢰야식에 업은 어떻게 저장되고, 어떻게 그 업이 계속 이어져 가는가?

그렇게 만들어져 있고, 그렇게 이름이 붙여져 있는 아뢰야식에 '도대체 어떻게 우리의 업이 저장되는가? 그리고 어떻게 그 업이 계속 이어져 가는가?' 하는 부분들을 《대승기신론》에서 아주 상세하게 밝히고 있습니다.

물론 300년 부파불교 당시 수많은 윤회의 주체에 대한 부분을 연구했던 실적들이 쌓아졌기 때문에 그것이 가능했던 것이지요. 《대승기신론》에서 윤회의 업이 왜 아뢰야식에 저장되는가 하는 부분들을 찾아보면 두 가지를 발견하게 됩니다.

하나는 '종자'이고 또 하나는 '습기'입니다. 종자라는 것은 여러분도 잘 아시다시피 생물의 번식에 필요한 씨앗입니다. 우리가 벼를 수확해 벼를 먹기도 하지만 이듬해 다시 논에 심을 볍씨로 쓰기 위해서 보관해 둡니다. 이것이 종자입니다. 종자를 심으면 이 종자가 싹을 틔워서 알곡이 익고 그것을 추수해서 거둬들이고 또 종자를 만듭니다. 그러니 '종자는 결과이면서도 원인'이 되는 것입니다. 아뢰야식은 그런 의미를 가지고 있는 마음의 종자라는 것입니다.

또 한 가지는 '습기'인데, 습기라고 하는 것은 계속 반복해서 행하게 되면 행하는 기운이 새로운 에너지로서 무형의 마음 바탕에 쌓인다는 것입니다. 그래서 종자라는 개념과 습기라는 개념이 나타난 것입니다. 그 때문에 이 종자라는 모습과 습기라는 모습의 업이 아뢰야식 속에 쌓여 이런 사상이 나오게 되는 것입니다.

생각과 말과 행동도 계속 반복해서 행하면 훈습이 된다.

'종자와 습기는 아뢰야식에 어떻게 쌓여서 다음 생으로 이어지는가?' 하는 문제에 직면합니다. 그렇다 보니 또 다른 개념이 등장하게 됩니다. 바로 '훈습熏習'이라는 것입니다. 훈습은 스며드는 것을 말합니다. 연기를 피우면 그 연기가 옷에 배는 것과 같은 의미를 말합니다.

우리가 계속해서 반복하는 행동과 생각, 반복하는 말은 마음속에 훈습이 됩니다. 눈에 보이지 않는 마음의 바탕에 훈습이 된다는 것입니다. 그 바탕이 아뢰야식입니다. 그래서 아뢰야식에 종자와 습기가 훈습되어 저장됩니다.

아뢰야식을 한문으로 표현하면 심식心識의 주처主處라고 하여 '장식藏識' 또는 '함장식含藏識'이라고 합니다. 많은 종자와 습기가 저장되어 있다는 의미지요. 훈습은 그 아뢰야식을 확대 증장增長시키기도 하고 줄이기도〈감손減損〉 합니다.

육도윤회는 습기와 종자가 훈습되어 저장된 아뢰야식이 있기 때문이다.

습기와 종자가 훈습되어 저장된 아뢰야식이 있기 때문에 우리는 육도윤회를 합니다. 어떻게 육도윤회를 하게 되는가 하면 거기에는 정확한 인연의 법칙과 인과율因果律이 작동됩니다.

착한 종자를 심으면 행복한 과보가 나타나고 나쁜 종자를 심으면 괴로운 과보를 받습니다. 원인이 있으니 결과가 있다는 것입니다. 이 인과율은 불변입니다.
그러므로 지금 내가 겪고 있는 내 삶의 모습들은 내가 전생에 지어놓은 선의 종자와 악의 종자의 결과물입니다. 그런데 이 종자는 바뀔 수 있다는 것입니다. 그것이 우리에게 희망이 되고 불교를 신앙하고 수행하는 목적입니다. 바뀔 수 있다는 의미이기도 합니다.

어떻게 바뀌는가? 비유한다면, 바닷물을 한 바가지 떠서 작은 그릇에 담긴 맑은 물에 부으면 그 물은 짠물이 됩니다. 하지만 맑은 물을 계속 부으면 짠물은 싱거운 물이 됩니다. 그렇게 변할 수 있다는 것이지요.
만약 농부가 햇볕도 잘 들지 않고 습도가 높은 열악하고 척박한 땅에 볍씨를 뿌려놓고 관리하지 않으면 그 볍씨는 채 싹을 틔우지도 못하고 썩어버리겠지요. 반대로, 그런 척박한 땅이라도 정성을 들여 관리한다면 알곡이 탐스럽게 영그는 결과를 얻을 수 있습니다. 정성을 다하면 그 결과는 다르기 마련입니다. 그래서 내가 받는 과보는 숙명론이 적용되지 않습니다.

아뢰야식은 종자와 습기가 훈습된 채 또 다른 생명으로 탄생된다.

과보는 반드시 지은 자에 의해서, 지은 결과에 대하여 필연적으로 받아야 하는 인과율이 적용됩니다. 이 명백한 사실은 천지개벽이 일어나도 여간해 바뀌지 않습니다. 창조신에 의해 만들어지는 것도 아니라는 것입니다.

결과적으로 내가 지어서 내가 받는 '자업자득'입니다. 이 자업자득의 아뢰야식에 종자와 습기가 훈습되어 이어지는데, 내 몸이 죽음으로써(사라짐으로써) 내가 지금 분별하고 있는 마음의식은 사라졌지만, 그 마음 심층 내면에 있는 여래장이라 불리는 아뢰야식은 습기와 훈습, 종자로 훈습이 되어 이어집니다.

우리가 살아가고 있는 이 모습은 물질의 현상입니다. 이 몸뚱이 속에서 질적인 변화가 만들어지고 에너지로 변화하여 우주에 팽창되어 있는 것도 또 다른 물질의 모습입니다. 그러므로 지금 살아있는 모습과 죽고 난 이후 중음신으로 떠도는 모습, 또 다음 생에 생명체의 모습을 갖고 윤회하는 모습 등 모두 물질적인 질적 변화의 에너지 덩어리일 뿐입니다.

중생은 종자와 습기가 훈습되어 있는 인자에 의해 자기 몸을 형성해 나간다.

우리들이 볼 수 있는 물질이 되었든, 보이지 않는 무형의 에너지가 되었든, 뭔가 말로 형용할 수 없는 존재가 되었든 거기에는 엄연히 종자와 습기가 훈습된 아뢰야식이 또 다시 생명으로 탄생이 됩니다. 그때(잉태)는 부모가 함께여야 되고, 부모의 합일에 의하여 임신이 될 수 있는 적기여야 하며 아뢰야식이라고 하는 내 윤회의 실체가 있어야 합니다.

그렇듯 잉태되어 나올 때 아뢰야식은 두 가지의 기능을 가지고 나옵니다. 하나는 몸을 만들어갈 수 있는 능력을 갖춘 기능, 하나는 언어와 사고를 만들어낼 수 있는 능력을 갖춘 기능입니다.

이를테면 똑같은 DNA를 가지고 있는 일란성 쌍둥이라도 둘이 살아가는 방식이 다릅니다. 아뢰야식에 의해 종자와 습기가 훈습되어 있는 그 인자에 준해 자기 몸을 형성해나가기 때문입니다. 그리고 자기 언어와 견해와 자기 개념과 관념과 사고 등을 만들어갑니다. 이렇게 해서 또 다른 결과물을 창출해 가고 만들어가는 것입니다.

내 스스로 훈습을 변화시키지 않는 한 그 과보로부터 벗어날 수가 없다.

아뢰야식이라고 하는 우리 윤회의 주체는 지금 나의 모습 그대로 다음 세상에 환생 윤회하는 것이 아닙니다. 다음 세상에서의 내 모습은 얼음의 모습일 수도 있고 물의 모습으로 태어날 수도 있고, 또 다음 세상에서는 기체의 모습으로 태어날 수도 있습니다.

그러나 모습이 어떻게 바뀌었든 간에 그 속에는 내가 지어놓은 인과응보의 과보라고 하는 종자와 과보라는 습기를 그대로 가지고 갑니다. 그 때문에 다음 세상에서 내가 어떤 모습으로 만들어지더라도 그것은 나 자신이 스스로 닦지 않는 한, 스스로 변화시키지 않는 한, 우리는 그 속박과 고통 속에서 그 과보로부터 벗어날 수 없다는 것입니다.

훈습된 결과로 좋은 생명체의 모습으로 환생된다.

깨달음은 정말 중요합니다. 저는 그 깨달음만큼 소중한 것이 훈습이라고 생각합니다. 여러분들이 부처님의 가르침을 듣고 배우고 익혀 그것을 실행하고, 그것이 마음 깊은 곳의 아뢰야식이라는 곳에 좋은 종자와 습기로 심어졌을 때, 그 훈습된 좋은 결과에 의하여 다음 생에서 어떤 류의 삶이 펼쳐진다고 하더라도 좋은 생명체의 모습으로 환생될 거라는 것입니다.

훈습에는 '정법훈습淨法熏習'과 '염법훈습染法熏習'이 있다.

《대승기신론》에서는 '정법훈습'과 '염법훈습'을 강조하고 있습니다. 정법훈습이라고 하는 것은 선하고 바르며 맑고 밝은 모습을 말합니다.
즉 진여본성이라는 본래의 모습, 본성의 모습으로 깨달음과 수행을 통하여 스스로를 훈습시켜 나가고 종자를 만들어나가고 습기를 만들어나가는 것을 일컫습니다.
염법훈습이라는 것은 미혹과 번뇌의 탐진치貪瞋癡 삼독심三毒心이 일어나고 있는 중생심으로 자기를 만들어 가는 것을 말합니다.

마음을 만들어가는 종자는 두 가지이다.

아뢰야식이라고 하는 종자와 습기의 모습을 만들어가는 우리의 마음에는 두 가지의 종자가 있습니다. 하나는 아주 맑은 청정한 진여본성의 종자가 있고, 또 한 가지는 무명 업식이 가득한 중생이라는 종자가 그것입니다.

여기에는 업식이라는 훈습된 종자가 또 있습니다. 그래서 우리는 청정하고 맑은 것과 더럽고 오염된 이 두 가지 중에서 무엇을 의지해서 닦아나가야 하는지 분명한 답을 가져야 합니다.

오염된 탐진치 삼독심에 의지해서 살아선 안 된다.

만약 오염된 탁한 것을 의지해서 살아간다면 계속 탐욕과 성냄을 일으키고 그릇된 사견을 만들어 윤회를 믿지 아니하고 인과응보를 믿지 아니함으로써 끝없이 괴로운 과보를 불러들일 수밖에 없을 것입니다.

지금 내가 겪고 있는 삶이 고통스러운 삶이라고 한다면 여러분들은 지금까지 오염된 탐진치 삼독심에 의지해서 살아왔다는 것입니다. 그런데 만약 여러분의 본성에 갖추어져 있는 청정하고 맑고 깨끗하고 선하고 아름다운 밝은 본성에 의지해 살아간다면 훈습이 아름답고 맑고 선하며 밝은 것으로 계속 쌓여지는 것입니다.

내 미래의 삶은 내가 짓고 내가 만들어서 내가 가는 것이다.

깨끗한 것은 더러운 곳을 가지 않고 밝음도 어둠 속으로 가지 않습니다. 그 이치를 안다면 지금의 삶과 미래의 삶은 내가 짓고 만들어서 내가 가는 것이기 때문에 탐진치 삼독심에 의지해 고통스러운 삶을 만들어가서는 안 된다는 것입니다.
청정한 본성과 맑고 아름다운 자기의 마음에 의지해 내 몸과 마음을 만들어간다면 항상 행복할 것입니다.

행복과 괴로움은 내가 어떻게 하느냐에 달려있다.

이 세상에 행복과 고통이 따로 있는 것은 아닙니다. 원래 행복과 괴로움은 각각 그 실체가 있어서 나타나는 것이 아니라 내가 어떻게 하느냐에 따라 행복으로 나타나고 불행으로 둔갑하기도 합니다.
내 청정성과 밝음, 맑음과 선함에 의지한다면 내 삶은 행복할 것이고 내 삶이 만약 탐진치 삼독심에 찌들린 삶을 산다면 삶은 괴로울 수밖에 없습니다.
지금 내 삶이 행복하다고 한다면 여러분들은 맑고 아름답고 선한 마음에 의지해 살아온 것이고, 괴롭다면 그릇된 탐진치에 의지해 살았기 때문입니다.

자기 마음을 되돌아보면 어떤 삶을 살 것인지 알 수가 있다.

지금 여러분 스스로가 자기 마음을 되돌아본다면 '나는 탐욕이 많은가, 분노가 많은가, 그릇된 사견이 많은가?' 그렇지 않다면 '남을 위하는 베풂이 많은가, 남을 사랑하는 마음이 많은가, 진리에 대한 이해가 많은가?'
스스로 점검이 가능할 것입니다. 그렇다면 이후의 삶은 '아! 나는 앞으로 어떤 삶을 살아야겠구나.' 하는 것을 미리 다짐하고 바르게 행할 수가 있습니다.

불교는 세 살 먹은 아이도 알 수 있지만 팔십 살 먹은 노인도 실천하기는 어렵다.

불교는 어렵지가 않습니다. 한 마디로 '마음'만 알면 되기 때문입니다. 욕심을 비우고 분노를 버리고 어리석음을 비우면 됩니다. 그러면 모든 사람이 평화롭고 행복하게 살 수 있습니다. 이것을 가르친 것이 불교입니다.
부처님의 가르침이 너무도 어렵고 복잡했다면 2천6백여 년의 세월이 지나오는 동안 소멸되었을 것이며 우리에게 전해지지 못했을 것입니다.
불교는 세 살 먹은 아이에게 눈높이에 맞춘 용어로 얘기해도 알 수 있습니다. 하지만 실천하기는 쉽지 않습니다. 팔십 먹은 노인도 실천하기 어렵습니다. 왜 그럴까요? 우리는 지금까지 그것을 실천하지 못하고 살아왔기 때문에 이미 몸에 훈습이 되어서 잘 안 되는 것입니다.
실천하고 싶다면 정신을 또렷이 하여 스스로를 가다듬고 철저한 의지로 자기 자신을 달래면서 끌고 나가야 합니다.

아뢰야식을 어떻게 훈습시켜 나갈 것인가?

여러분의 몸뚱이는 다음 세상으로 가지고 갈 수 없습니다. 여러분들이 분별하고 있는 어떤 의식분별이나 망상, 착각 등도 역시 가져갈 수 없습니다. 하지만 여러분들이 쌓아놓은 종자와 습기들은 반드시 가져가게 되어 있습니다. 이러한 진리와 의미를 바로 알아야 합니다.

인과응보가 분명히 있고, 무아로서의 윤회 주체인 아뢰야식이 있고, 습기와 종자가 존재하며 그 습기와 종자가 저장되는 아뢰야식을 어떻게 훈습시키고 어떻게 변화시켜서 갈 것인가? 이러한 사실을 안다면 지금 이 시간부터 여러분들은 말과 행동과 생각을 고쳐 나가야 됩니다.

마음속의 한 생각은 행복과 불행을 만드는 창조주이다.

말과 행동은 생각에 의해 좌우됩니다. 생각은 우리의 의지와 분별력, 말과 행동을 결정짓는 주요인입니다. 어떻게 나 자신을 생각해야 하는가?

나와 남을 구분 짓지 말고 지금 마음속에 가지고 있는 한 생각을 바르게 일깨움이 스스로의 행복과 불행을 만드는 창조주가 된다는 사실을 명심해야겠습니다.

**우리가 인간으로 세상에 태어났을 때 가장 먼저 받은 것은
어머니의 대자대비한 자비심이고 사랑이다.**

우리는 이 세상에 태어날 때 어머니로부터 한량없는 대자비의 마음을 배웠습니다. 뱃속에서 태아로 있을 때부터 우리는 어머니의 말을 들었고 아버지의 말을 들었습니다. 그리고 어머니 뱃속에서 태어나서 이 세상에 출현했을 때 어머니, 아버지는 똥오줌 가려주면서 병들까, 다칠까 염려하는 마음으로 한량없는 자비심을 우리에게 쏟아 부으셨습니다. 그러므로 우리 모두는 인간으로 이 세상에 처음 태어났을 때 가장 먼저 받은 것이 어머니의 대자대비한 자비심이고 사랑입니다.

그런데 우리는 그 본연의 사랑과 대자대비한 인간의 근본 마음을 잊어버리고 시시비비를 하고 분별하는 오염된 마음으로 나의 청정한 본래 모습과 부모님의 대자대비한 사랑을 망각한 채 살아가기 일쑤입니다. 그렇다 보니 악연을 만나서 고통을 받고, 나를 해코지하고 가버리는 사람을 만나게 되는 등 끝없이 고통 받으며 살아가고 있는 것입니다.

인간 본연의 마음으로 돌아가서 대자대비한 사랑의 마음을 가져야 한다.

남에게 괴롭힘을 당하는 것은 내가 먼저 남에게 베풀지 않으려고 하고 내 것부터 챙기려는 옹졸한 마음들이 있기 때문에 남이 나를 괴롭힙니다.

인간 본연의 마음으로 돌아가 어머니께 물려받았던, 끝없는 사랑과 대자대비한 마

음을 가지고 나 자신을 비롯하여 가족과 온 세상 사람들을 대한다면 어느 누가 감히 나를 괴롭히겠습니까? 그리하면 만나는 사람마다 은혜로운 사람이고 좋은 사람을 만날 수밖에 없지 않겠습니까?

삶의 영원한 주체자도, 우주 삼라만상의 창조주도,
행복과 불행을 만드는 주인공도, 모두 나의 마음이다.

여러분들께서는 법문을 통해 이 삶의 영원한 주체자는 바로 나의 마음이고, 우주 삼라만상의 창조주도 바로 나이고, 행복과 불행을 만드는 주인공도 바로 나의 마음이라는 사실을 알았을 것입니다.

그렇다면 이제부터 내 마음을 어떻게 써야 할지 그 방법을 잘 새기셔야 합니다. 여러분의 마음을 잘 염두에 두고 무엇을 하든 진중하게 말하고 생각하고 행동하십시오.

삶을 잘 운영한다는 것은 바르게 판단하고 정확하게 행으로 옮긴다는 얘기입니다. 어머니한테 듬뿍 받은 대자대비한 사랑의 마음으로 남을 대하도록 하십시오. 그러면 여러분 앞에 놓인 삶은 반드시 엄청난 기쁨과 행복이 가득한 삶이 될 것입니다.

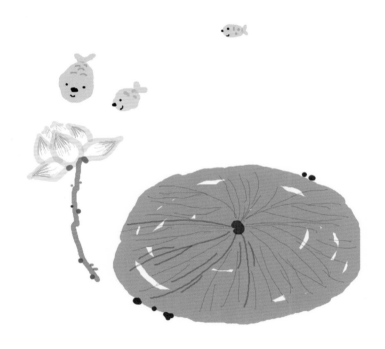

아홉 번째 진심법문

사후 세계와 윤회는 정말로 존재하는가?

세상의 많은 가르침 속에는 윤회가 있다, 없다, 사후 세계가 있다, 없다, 오직 현재 밖에 없다 등 여러 가지 논란들이 많습니다. 그런 까닭에 불자라면 이 논란들에 대해서 명확한 이해와 확신을 통한 수행이 따라야 할 것입니다.

부처님은 사후세계와 육도윤회가 분명히 존재함을 제시하고 있다.

삼세의 윤회에 대한 경전적 근거는 『중아함경中阿含經』에 명확하게 드러나 있습니다. "만일 고의로 지은 업이 있다면 반드시 그 과보를 받게 되니 혹은 현세에 받고, 혹은 내세에 받는다."라고 하는 말씀입니다. 그래서 과보는 지금 현생에 받거나 다음 세상에 받거나 또 과거 생에 받는데, 부처님께서 삼세의 연기가 명확하다고 제시하고 있습니다.

또 『중아함경』에 보게 되면 "그 사람은 생명을 마친 후에 때로는 새 따위에 파 먹히기도 하고, 호랑이 따위에 먹히기도 하고, 혹은 화장을 당하거나 매장이 되어 끝내 한 줌의 먼지로 된다.
그의 심의식이 항상 믿음으로써 훈습되고 정진精進과 다문多聞과 보시布施와 지혜智慧로써 훈습되었다면 그는 이로 인연하여 자연스럽게 좋은 곳에 태어나게 된다."라고 말씀하고 있어, 사후세계가 분명히 명시되어 있습니다.

사후세계에 대한 얘기를 하지 않는 것은 이번 생에 해야 할 일이 너무나 많고, 이번 생에 공부를 통해 해탈과 열반을 성취해야 하기 때문입니다. 현실에 충실하라는 것이지 미래생이 없다는 것을 전제하는 것은 아니라는 것입니다.

그래서 이번 진심법문에서는 왜 사후세계가 펼쳐지고 있는지, 어떻게 윤회를 하게 되는지, 그 과정에 대한 부분을 설명해 드리려고 합니다.

심리학에서는 마음을 '의식'과 '무의식'으로, 불교는 심心·의意·식識으로 나눈다.

우리들이 '마음'이라고 부르는, 생각하는 이 마음은 그냥 하나의 단면적인 부분만 나타나 있는 것이 아니고 여러 가지 구조로 중첩되어 있습니다. 이것을 이해하기 위해서는 먼저 사람의 마음 구조가 어떻게 이루어져 있는지 명확하게 알아야 됩니다. 마음을 크게 나누면 요즘 말로 무의식과 의식, 이렇게 나눌 수 있습니다. 이를 좀 더 세부적으로, 유식학적으로 나누면 심心·의意·식識으로 나눌 수 있습니다. 이 중 '의'와 '식'은 마음의 본성 자리에서 무명이라고 하는 미혹한 마음 때문에 나누어지고 하나밖에 없는 본성의 자리에서 팔만 사천 가지의 번뇌가 나타나게 되는 것입니다.

다섯 가지 마음을 전오식前五識이라 한다.

마음이라고 하는 것은 심·의·식으로 나누어진다 했는데, 이걸 좀 더 세부적으로 나누면 여덟 가지 마음으로 나눌 수 있습니다. 이 중 먼저, 다섯 가지 마음부터 보겠습니다.

첫 번째 마음은 눈으로 보아서 아는 마음, 두 번째는 귀로 들어서 식별되는 마음, 세 번째는 코로 냄새 맡아서 알아지는 마음, 네 번째는 혀로 맛을 보아서 알아지는 마음, 다섯 번째는 피부로 감촉해서 알아지는 마음입니다.

이를 한자로 나타내면 안식眼識, 이식耳識, 비식鼻識, 설식舌識, 신식身識이며, 이 다섯 가지 마음을 '전오식前五識' 이라 하고, 감각적 촉감을 통해서 '분별되어지는 마음' 이라고 합니다.

하지만 이 다섯 가지 마음, 즉 전오식은 꿈을 꾸거나, 잠이 들게 되면 작동하지 않습니다. 또 주사나 마취를 통해서나 기절(실신)하게 되면 이 다섯 가지 감각적 촉감에 의해 나타나는 마음은 활동하지 않습니다.

전6식前六識까지는 기절하거나 인공적으로 마취를 하면 활동이 제한된다.

다섯 가지의 마음, 전오식을 종합 인식해서 판단하는 마음도 있습니다. 제6식이라고 하는 여섯 번째 마음이 그것입니다. 이 여섯 번째 마음은 생각하는 마음입니다. 그래서 '의식' 이라는 말을 많이 씁니다.

이 여섯 번째 마음은 잠이 들어도 홀로 과거에 저장되어 있는 기억을 떠올리는 추억의 장면을 기억해내거나, 또 다가오지 않는 미래를 상상하기도 합니다. 이처럼 홀로 마음을 일으킬 수 있는 능력을 가지고 있습니다.

이 여섯 번째 마음 역시 앞의 다섯 가지 감각적 마음처럼 기절하거나 마취를 하면 작동하지 않습니다. 병원에 입원해 수술해 본 경험이 있는 분들이라면 온몸 마취 이후에 일어나는 일은 그 마취약에 의해서 기억이 나지 않는다는 것을 아셨을 것입니다.

그런데 간혹 우리가 꿈을 꾸었을 때 그 꿈속에서 희미하지만 그 여섯 번째 의식이 아닌 다른 의식이 나타날 때가 있습니다. 바로 일곱 번째 의식이죠. 이 일곱 번째 의식은 마취했을 때도 나타나기도 합니다.

사망하면 전5식과 제6식은 단절된다.

사람은 여섯 가지 마음을 가지고 한평생을 살아갑니다. 그러다 죽음이란 순간을 맞이하게 되면 모든 의식이 멈춰버립니다. 전5식을 포함한 여섯 번째 마음인 제6식까지 모두 멈추게 됩니다. 그래서 보이던 것이 안 보이고, 안 들리고, 냄새도 못 맡고, 이제 감각적인 일체의 지각 작용이 멈추기 시작하면서 마지막에는 깊은 잠에 빠지는 것처럼 의식이 사라져버립니다. 이것을 소위 '죽음' 이라고 합니다.

제7말나식과 제8아뢰야식은 단멸하지 않고 계속 이어진다.

죽음을 맞이하는 순간 여섯 번째 마음까지 모두 사라져 죽음이 이루어진다 하더라도, 우리 마음은 본성 속에 '자기' 라고 하는 아주 강한 자아의식의 마음이 있습니다. 이 마음이 일곱 번째 제7말나식입니다. 이 일곱 번째 마음은 어느 때나 어느 곳에서나 항상 나의 영혼과 함께 하고 있습니다.

여러분이 꿈속에 있든, 현실에 있든 그 어느 곳에 있더라도 항상 '나' 라는 생각이 들고 나 외의 모든 존재를 '남' 이라고 분별하는 까닭은 '나' 라고 하는 자아의식이 들어있기 때문입니다. 이 자아의식이 일곱 번째 마음인 제7말나식이라고 하는데,

요놈은 자기에 대한 사랑이 너무 강해서 죽는 순간에도 자기에 대한 집착을 일으켜 생명적 활동을 일으켜 버립니다. 그래서 '중음신中陰身'이 되는 것입니다.

그냥 아무런 생각을 일으키지 않는 무념무상의 경지에 들어가 버리면 이 자아의식이 일어나지 않겠지만, 그러나 자기의 목숨과 육체와 영혼에 대한 애착을 갖고 있는 이 자아의식은 '나'라는 생각에 강한 집착을 한 나머지 임종 순간에도 그 작동이 일어나기 때문에 멈추질 않습니다. 그래서 이 멈추지 않는 일곱 번째 마음인 중음신은 다음 생으로 나아가게 되는 것입니다.

아뢰야식은 업을 훈습하고 저장하는 근원적인 식識이기 때문에
생명이 유지되고 업이 전개된다.

다음 생으로 나아가는 것은 일곱 번째 마음만 나가는 것이 아닙니다. 우리가 일상 생활 속에서 눈으로 보고, 귀로 듣는 등 감각적 기관을 통해서 접촉했던 모든 정보, 또 마음으로 분별을 일으켰던 모든 생각들, 이런 모든 기억정보들이 전부 저장되는 창고 역할을 하는 마음과 함께 다음 세상으로 나아갑니다. 이 창고 역할을 하는 저장 공간의 마음이 여덟 번째 마음인 제8아뢰야식이라고 합니다.

그러므로 죽음을 맞이하는 순간 일곱 번째 자아의식인 제7식과 모든 정보가 저장 되어 있는 여덟 번째 제8식, 이 두 덩어리가 다음 세상으로 나아갑니다.

제7말나식과 제8아뢰야식은 다른 개념으로 비유하면 영혼靈魂과 유사하다.

여기서 하나 알아 둘 것이 있습니다. 여덟 번째 마음이라는 제8아뢰야식은 여러분들이 목숨을, 생명체의 몸을 갖고 있으나 갖고 있지 않으나, 항상 작동하고 있고 여러분들이 꿈을 꾸든 꾸지 않든, 항상 작용하고 있습니다. 그래서 이 여덟 번째 아뢰야식을 소위 '영靈' 이라고 이해하면 되겠습니다.

영이 있으면 그 영체靈體 속에 각각 개체의 영혼이 있겠지요? 제가 대풍이니까 대풍 범각스님이라는 영혼이 있겠지요? 모 보살님은 보살님의 영혼이 있겠있는 것처럼 말입니다. 이처럼 각각의 영혼은 영이라는 체에 '자기' 라는 자아의식이 있기 때문에 개체의 영혼이 되는 것입니다.

이를 불교적으로 표현하는 것은 제8아뢰야식이고, 거기에 제7말나식의 의식이 있기 때문에 '나' 라는 생각이 드는 것입니다. 그래서 제7말나식과 제8아뢰야식을 다른 말로 표현한다면 '영혼' 이라고 합니다.

제8아뢰야식은 영靈, 제7말나식은 혼魂에 비유되나,
영靈의 생명적 활동은 영원히 진행한다.

제8아뢰야식은 영에 해당이 되고, 제7말나식은 혼에 해당이 됩니다. 이를 합해서 영혼이라 합니다. 이처럼 영은 우리가 살아 있으나 살아 있지 않으나, 이 세상에 환생하거나 하지 않으나, 항상 그대로 작용하고 있고 생명적 활동을 하고 있는 상태입니다.

제8아뢰야식에는 선善·악惡 행위가 없고 무기성無記性으로 저장된다.

우리는 여덟 가지 마음속에서 일상생활을 영위하고 있습니다. 눈으로 보고, 귀로 듣는 등의 이런 견문각지見聞覺知하는 감각적 정보들은 무조건 내가 알든 모르든 아뢰야식이라고 하는 정보 저장 창고, 즉 '영' 속에 그대로 저장됩니다. 저장된 그것은 전혀 사라지지 않습니다.

저장된 정보는 손대지 않는 한, 어떠한 훈습을 통해서 아뢰야식을 변화시켜 주지 않는 한, 또 우리가 다시 생명체의 몸을 받고 환생해 나와서 의식적 작동을 하지 않는한 이 아뢰야식 속에 저장되어 있으며 변함이 없습니다.

그리고 우리가 살아생전에 악惡을 저질러(지어서) 마음속에 저장되어 놓은 것도, 또 선善이라는 착한 행위를 해서 저장되어 있는 것도, 제8아뢰야식에 저장되어 있을 때는 선과 악이 없습니다. 무기성無記性으로 저장되어 있습니다. 유식학 공부를 해보면 알겠지만, 이 어려운 얘기는 이 정도만 이해하는 것으로 하겠습니다.

갖고 태어난 선천적 잠재력은 전생의 경험활동이 종합으로 이루어진 것이다.

일상생활 속에서 보고, 듣고, 느끼고, 생각하고, 분별했던 모든 우리의 심리적, 육체적 경험들이 아뢰야식이라고 하는 여덟 번째 마음속에 올곧게 저장되어 있으면서 그대로 다음 세상으로 끝없이 끝없이 이어져 갑니다.

이것을 과거로 되돌려 보면, 그와 같이 과거생에 저장되어 있던 기억정보들, 즉 삶의 경험들이 제8아뢰야식과 함께 그대로 어머니 뱃속으로 들어가기 때문에 내가 이렇게 태어난 것입니다. 그래서 어머니의 난자와 아버지의 정자를 우리 형제가 똑같이 받았지만, 나는 나로서의 습성과 경험적 정보를 갖고 있고, 형은 형으로서의 경험적 정보를 갖고 있으며 동생은 동생으로서의 경험적 정보를 갖고 있는 것입니다. 부모의 유전자를 물려받았기 때문에 생물학적으로 닮기는 하겠지만, 과거생의 경험적 정보를 통해 태어난 형과 나와 동생이 똑같을 수가 없습니다. 과거에 훈습되고 저장시켜 놓은 기억정보 내용들이 각기 다르기 때문입니다. 이것을 우리는 '선천적 잠재력'이라고 합니다.

저장된 잠재력은 영원히 흘러가며 멈추지 않는다.

선천적 잠재력이 아뢰야식 속에 저장되어 있는 상태에서 어머니 뱃속으로 들어가 잉태가 되었습니다. 그 때문에 '나'는 나대로의 모습을 가지고, 나대로의 육체적 몸을 만들게 되고, 나대로의 성품을 갖고 나왔기 때문에 어떤 사람은 좀 별난 성품의 소유자가 되는 것입니다.

그렇게 태어난 나는 이번 생에 또 이런 몸을 갖고 살아가면서 어떤 상황을 판단하고 경험했거나 경험되었던 정보들은 잠재력이 되어서 다음 생으로 흘러갑니다. 다음 생에서도 그와 같은 삶의 기억정보들 역시 저장되었다가 그 다음 생으로 넘어가게 됩니다. 저장된 잠재력은 영원히 흘러가고 단 한 번도 멈추지 않습니다.

그러므로 사람들마다 누구 할 것 없이 끝없는 과거생부터 이어져 온 훈습된 정보가 마음속 공간에 저장되어 있는 잠재력을 가지고 태어났기 때문에 저마다 성품이 모두 다르고 살아가는 방식 또한 다른 것입니다. 심리가 저마다 다 다를 수밖에 없습니다.

정신적 · 신체적 행위의 결과가 아뢰야식 속에
습기習氣의 형태로 이식移植저장된 것을 종자種子라고 한다.

제8아뢰야식이라는 여덟 번째 마음속에 저장되어 있는 정보들을 일컬어 유식학에서는 '종자種子'라고 합니다. 생물의 번식에 필요한 씨앗을 종자라고 합니다. 이 종자는 곡식의 종자와 똑같은 용어입니다.

예를 들면, 밤나무에서 떨어진 밤을 하나 주워서 벗겨보면 겉껍질 속에는 보늬가 있고 그 보늬가 과육을 둘러싸고 있습니다. 여기에는 뿌리도 없고, 기둥도 없고, 줄기도 없으며 잎사귀와 열매도 없습니다. 전혀 흔적을 찾을 수 없습니다. 그냥 껍질과 그 속에 과육 알맹이만 들어있습니다.

그런데 이 과육 알맹이를 땅에 심어놓으면 이듬해 봄 뿌리가 내려서 싹이 틉니다. 시간이 지나면 차차 줄기가 자라고 잎이 자라겠지요. 해가 바뀌고 또 해가 바뀌면

이 밤나무는 무성한 가지를 만들어서 가시가 있는 밤송이로 성장합니다.

이와 마찬가지로 지금 우리 눈에는 보이지 않고, 만져질 수 없고 과학적으로 증명해 보일 수는 없지만, 마음속의 아뢰야식이라고 하는 곳에 저장된 기억정보들은 식물의 종자와 같이 다음 생에 또 어떤 결과물을 완성시킬 수 있는 정보를 가지고 있습니다.

그러므로 아뢰야식이라는 의미 속에는 종자적 기능을 갖고 있기 때문에 '아뢰야식'이라고 하기도 하지만, 그와 같은 종자를 수없이 가지고 있기 때문에 또 '아뢰야식'이라고 하는 것입니다.

업인業因으로 쌓은 종자는 윤회의 주체를 고스란히 가지고 간다.

우리 마음속에는 과거생으로부터 이번 생에 이르기까지 끝없이 이어진 삶을 통해 경험되어졌던 종자들이 가득 차 있습니다. 거기에는 식물의 정보들과 식물일 때의 정보, 광물일 때의 정보, 또 미물일 때, 동물일 때의 종자가 다 있습니다.

또한 사람으로, 신으로 어떠한 모습을 갖고 있든 심리적 작용, 의지적 작용의 마음 작용을 한 이상 그 정보는 그대로 저장이 되기 때문에 지속적으로 가지고 이어간다는 것입니다. 잠재력을 가지고 있는 영혼, 이 아뢰야식은 영원히 없어지지 않습니다. 어떠한 행위를 만들어서 아뢰야식에 저장된 그 내용은 내가 고스란히 가지고 가야 하는 이유입니다.

인간의 의지적 작용[因]에 의해 그 결과[果]가 분명히 나타난다.

불교에서는 자업자득自業自得이라는 말을 씁니다. 내가 지어서 내가 받는다, 내가 마음으로 일으키고, 말 하고 생각하고, 행동했던 것들은 나의 종자가 되어 내 마음속에 저장되어 미래의 나를 만들어가는 것입니다. 이것은 어느 누구도 훔쳐 갈 수 없어요. 자기가 저지른 일의 결과를 스스로가 돌려받는 것입니다.

부처님께서는 과거로부터 끝없는 영원한 시간 속으로 한량없이 흘러가야 되는 마음의 실체가 바로 자기인데, 이 자기는 고정되어 있지 않고 그때그때의 생각과 말과 행동에 따라 식識이 변화되어 갈 수밖에 없기 때문에 악한 것을 만들어 갈 것이라고 하셨습니다.

즉, 나쁜 것을 심을 것이냐, 좋은 것을 심을 것이냐 이러한 마음의 영원성을 가지고 부처님께서는 인과에 대한 법문을 설하십니다.

착한 일을 하게 되면 반드시 행복한 결과를 얻고, 나쁜 원인을 지으면 반드시 고통(괴로움)의 결과를 받아야 된다. 그래서 '선인낙과善因樂果 악인고과惡因苦果'라고 하는 인과의 법칙을 부처님께서 말씀하신 것입니다.

삼명三明을 얻었다 함은 천안통天眼通·숙명통宿命通·누진통漏盡通을 얻은 것

인연, 인과 법칙을 부처님께서는 어떻게 아셨을까요?

설산에서 고행을 하시던 부처님께서 모든 번뇌가 사라질 즈음 숙명통宿命通을 얻으셨습니다. 숙명宿命을 얻었다는 얘기는 과거의 모든 원인들을 다 아신 것입니다. 이 세상 삼라만상이 어떻게 탄생 되었는지 그 원인과 과정을 다 아신 것을 숙명통이라 합니다.

그 다음으로 부처님께서는 천안통天眼通을 얻으셨어요. 현재 시점에서 미래가 어떻게 펼쳐질 것인지 꿰뚫어 아시는 것을 천안통이라 합니다. 그리고 모든 번뇌가 완전히 사라진 누진통漏盡通의 상태. 이런 세 가지 숙명, 천안, 누진통을 얻은 상태를 '삼명三明을 얻었다' 라고 합니다. '세 가지가 밝아졌다' 는 뜻입니다.

이것이 있으므로 저것이 있고[차유고피유此有故彼有]

이것이 생하므로 저것이 생한다[차생고피생此生故彼生]

부처님께서는 세 가지가 밝아진 상태에서 삼라만상 우주법계를 보니 모든 존재가 연기법緣起法에 의해 변화되는 것을 아셨습니다. 그 연기라는 것이 그냥 홀로 존재하는 것은 아무것도 없고, 이것과 저것이 함께 관계하면서 나타납니다. 모든 것은 그냥 저절로 홀로 탄생되고 만들어진 것이 아닙니다. 이를 상의상관성相依相關性의 법칙이라 합니다.

그것은 지금 현재 내가 일으키고 있는 심리 현상이든, 물질 현상이든, 환경과 조건 등 모든 것은 홀로 만들어진 것이 아니고 이것과 저것이 서로 관계해서 이쪽에서는 이것이 원인이 되고 저쪽에서는 저것이 원인이 되어 나타나는 결과를 일컫습니다. 또 이것은 이쪽이 원인일 때 결과가 되고, 저쪽이 원인일 때 이쪽의 결과가 됩니다.

예컨대 빛은 어둠에 의지하여 존재합니다. 어둠은 빛이 있음으로 그 의미가 있으니 빛과 어둠은 상의상관의 관계인 것입니다. 항상 서로가 서로에게는 원인과 결과가 상의상관 되는 이런 관계 속에 세상 삼라만상이 만들어집니다.

정신적 · 물질적 일체 존재들은 연기법에 의해 생성, 소멸한다.

부처님께서는 "모든 원인들은 조건에 따라서 질적 변화를 일으킨다."는 법칙도 설하셨습니다. 우유가 요구르트가 되고, 요구르트가 치즈가 되듯, 콩을 심으면 반드시 콩을 얻고 팥을 심으면 팥을 얻을 수 있는 절대 인과응보를 피해갈 수 없는, 누구든지 지으면 받아야 되는 인과율因果律의 법칙성까지도 연기법 수행을 통해 깨치신 것입니다.

연기법 속에는 상의상관성 법칙과 인연 법칙과 인과율 법칙이 들어있습니다. 이 엄연한 연기법 관계 속에서 모든 현상세계가 만들어지고 우리의 마음(심리) 세계도 만들어지며 우리 영혼 또한 그렇게 만들어집니다. 우리 마음의 7말나식과 8아뢰야식도 그렇게 만들어진다는 의미입니다.

나를 변화시킬 수 있는 존재는 오직 자기 자신뿐

그렇게만 만들어가는 걸 보았을 때 어느 누구도 절대적 존재가 있어서 나를 변화시킬 수 있는 자는 없다는 얘기입니다. 전지전능한 능력을 가진 하나님이 , 부처님이 있어서 나를 변화시켜 줄 수 있는 것도 아니고, 나를 바꿔 줄 수 있는 존재는 아무도 없다는 겁니다.

오직 이 세상에서 나를 만들 수 있는 자는 나밖에 없고, 변화시킬 자는 나밖에 없습니다. 잘 사는 것도 내가 정하는 것이고 못 사는 것도 내가 결정한 것입니다. 그 때문에 지금 현재 나의 삶을 되돌아봤을 때 내가 고만고만한 삶을 사는 것은 내가 고만고만한 일을 그렇게 해 왔기 때문에 그렇게 살 수밖에 없는 것입니다.

여러분이 지금부터라도 행복하고 지혜롭게 살고, 세상 보란 듯이 살고자 한다면 그와 같은 원인과 조건을 만들어 갈 수밖에 없겠지요. 그것이 바로 불교의 진리입니다.

내가 행복하려면 그에 합당한 원인을 지어야 한다.

우리는 영원한 시간 속으로 끝없이 윤회해 나가야 하는데, 어떻게 사는 것이 사후 세계를 좀 더 멋지게 살아갈 수 있고, 행복하게 살아갈 수 있도록 만들어줄까요?

지금 이 순간이 그만큼 중요합니다. 그냥 우연히 와 닿는 결과는 없다는 것입니다.

우리 자신의 삶을 대충대충 살면서 나에게 주어지는 환경은 행복한 부귀영화를 누리는 그런 꿈을 꾼다면 어불성설입니다. 꿈일 수밖에 없는 것입니다. 그러므로 행복하고 지혜롭고 부귀영화를 누리려고 한다면 그에 합당한 일을 반드시 해야 합니다.

아뢰야식이 병들어 버리면 나도 병들어 버린다.

끝없이 이어져 가는 아뢰야식이라고 하는 우리 마음의 성품에 대하여《성유식론成唯識論》에서는 세 가지 기능을 한다고 합니다. 첫째, 경험의 모든 씨앗을 저장하고 보존하는 능장能藏, 둘째는 종자의 창고일 뿐 아니라 종자 그 자체의 기능을 하는 소장所藏, 셋째는 자아에 대한 집착을 저장하는 창고 기능을 하는 집장執藏입니다.

그러나 무엇보다도 아뢰야식의 기능을 대표하여 한 마디로 간략하게 말한다면 우리들, 즉'나'를 만드는 주체라는 것입니다. 여러분 개개인을 만들어가는 주체가 아뢰야식입니다. 이보다 더 큰 기능은 없을 것입니다. 그래서 이 아뢰야식이 고장 나면, 아뢰야식이 병들어 버리면, 여러분도 고장 나고 병들어 버립니다.

만약 지금 어떤 심리적 장애를 일으켜서 사이코패스같이 범죄를 즐겨하는 그런 사람이 있다면 그 사람은 뇌에서 문제를 일으킨 것입니다만, 근원으로 들어가 보면 그 사람은 아뢰야식에 저장되어 있는 정보에 문제가 있습니다.

또 게으르게 살고 있는 사람도 아뢰야식 속에 들어있는 정보에 문제가 있고, 또 사견을 따르고, 잘못된 언행이나 지혜롭지 못하여 우치愚癡하고 우매愚昧한 사람으로 살아가는 사람들도 아뢰야식 속에 들어있는 정보가 문제가 있다는 것입니다.

제8아뢰야식은 어떻게 변화시키는가?

부처님과 같은 지혜로움을 가지고, 수많은 복덕 덩어리를 가지고, 멋진 삶을 살고

자 한다면 어떻게 해야 하는지 궁금할 것입니다. 거기에 대한 답은 이미 여러분도 알고 짐작하고 있을 것입니다. 바로 아뢰야식을 변화시키면 된다는 것이지요. 어떻게 하면 아뢰야식을 변화시킬 수 있을까요?

우리가 죽음에 이르면 이 아뢰야식을 변화시킬 수 없습니다. 왜냐? 숨이 끊어지고 나면 7말나식과 8아뢰야식 두 덩어리가 한 덩어리가 되어서 다음 세상으로 중음신이 되어 나가 버리기 때문입니다. 이 7식과 8식은 감각기관이 없습니다. 눈도 귀도 코도 혀도 없습니다. 몸이 없기 때문에 지각하는 분별이 없습니다. 마음속에 들어 있는 정보만 분별할 수 있기 때문에 환청, 환각에 의할 뿐 주체적인 그 무엇도 할 수 없습니다. 오직 마음속에 들어있는 정보에 의존할 뿐이기 때문입니다.

전오식을 일으키려면 몸이 있어야 된다.

감각기관은 오직 몸뚱이가 있어야 가능합니다. 몸뚱이를 가지고 있어야만 볼 수 있고, 들을 수 있고, 냄새 맡을 수 있으며 맛볼 수 있고, 피부로 감촉할 수 있습니다. 이를 다섯 가지의 마음인 전오식이라 했는데, 이 전오식을 일으키려고 하면 몸이 있어야 됩니다.

그런데 그 몸이 만약 지네나 거미, 파리나 모기, 뱀이나 짐승 등 곤충이나 벌레 또는 미물의 몸을 가지고 감각을 일으킨다면 분명 인간의 감각보다 못할 거 아닙니까? 왜냐하면 이미 두뇌 구조가 미물의 구조를 가지고 있으므로 인간보다는 못합니다. 모든 생명체에서 가장 상위에 있는 것이 인간입니다.

미물은 지혜가 생길 수 없다.

여러분들은 혹시 낚시를 해보셨습니까? 저도 출가하기 전에 낚시를 해본 적이 있습니다. 물고기들이 낚싯바늘에 걸리면 발버둥 치지만 낚싯바늘 끄트머리에 가시처럼 튀어나와 있는 미늘이라는 것 때문에 쉽게 빠져나가지 못합니다. 갯바위 주변을 터전으로 삼는 갯강구 같은 경우나 특히 갯벌에 사는 망둥어는 입이 째져도 낚싯바늘에 끼워놓은 미끼를 또 뭅니다. 어리석기 때문입니다.
노래미는 기억력이 3초인데 두뇌가 없기 때문입니다. 지혜가 없다는 것입니다. 그러면 물고기만 그럴까요? 미물과 동물들은 대개 지혜가 없기 때문에 순전히 본능에 의지해 행동할 뿐입니다.

예컨대, 개가 지혜롭고 똑똑하다면 개집에서 살지 않고 사람처럼 두 발로 걸어 다니면서 자기 스스로 진화하겠지요? 하지만 개는 자기가 개인 줄 알고 네 발로 다니려고 합니다. 미물이 되면 두뇌 자체에 한계가 있습니다. 그 때문에 지혜가 생길 수 없습니다.
부처님께서는 "사람은 지혜에 의해 세상의 궁극窮極에 이른다. 어리석은 사람들은 거듭 태어나 악행惡行을 저지른다."고 말씀하셨습니다.

사람만이 지혜가 있음이 확인됩니다. 또 악행을 저지르는 사람은 어리석어서 그렇다고 하므로 우리는 어리석은 사람을 미물과 동물의 '어리석음'에 종종 비유하곤 합니다.

사람의 영혼을 가졌을 때는 사람의 정보 종자가 들어가야 된다.

여러분들의 마음속에 8아뢰야식이라고 하는 영혼이 있어서 이곳에 여러분의 기억 정보가 저장된다고 하였습니다. 만약 그 정보를 변화시키려고 한다면 나쁘게 변화 시키면 안 되잖아요. 좋은 종자들을 집어넣어야 합니다. 나쁜 종자를 집어넣으면 안 된다는 것입니다.

아뢰야식에 좋은 종자를 집어넣기 위해서 필요한 것이 몸이라고 하였습니다. 몸도 미물의 몸이나 짐승의 몸을 갖고 정보를 집어넣으면 퇴화합니다. 사람으로 태어나 야 될 것이 거꾸로 미물이나 짐승으로 돌아가야 되거든요.

지금 내 영혼은 사람의 영혼입니다. 사람의 영혼에 미물이나 짐승의 기억정보를 집 어넣으면 어떻게 될까요? 나중에 태어나 보니 내가 '멍멍' 하고 있거나 '개굴개굴' 하고 있다면 어떡하겠습니까?

물론 그 멍멍이와 개구리는 전생에 자신이 사람이었다는 것은 전혀 기억 못 합니다. 그러니 사람의 영혼을 가졌을 때는 사람의 정보 종자가 들어가야 된다는 것입니다. 그러기 위해서는 사람의 몸을 가지고 있을 때가 그만큼 중요한 것입니다.

'지금 여기'에 깨어 있을 때만 아뢰야식의 종자를 올바르게 훈습시킬 수 있다.

세상 인연 다 해서 이 목숨이 딱 끊어지고 나면 몸도 없고 감각기관도 없고, 감각기 관을 통해 영혼 속에 들어가야 하는 정보(종자)가 아무것도 없으면 아뢰야식 속에 들어있는 분석된 정보를 훈습시킬 방법이 없습니다.

우리는 사람 몸을 받기 어려운데 사람 몸을 받았고, 불법佛法을 만나기 어려운데 불법을 만났으며 받아 지니기까지 했습니다. 이때 내가 보고, 듣고, 냄새 맡으며 맛보고, 피부로 감촉하고, 생각하면서 만들어가는 정보 종자를 아뢰야식에 집어넣음으로써 아뢰야식에 들어있는 정보들을 변화시킬 수 있습니다.

우리가 이 몸을 갖고 있을 때 선하고, 바르고, 밝고, 맑은 것을 집어넣어야 합니다. 배려심을 집어넣고, 이해심과 자비심을 집어넣고, 이렇게 아뢰야식 속에 저장되어 있던 나의 좁아터진 소갈머리와 남에게 못되게 굴었던 어리석은 것들에 변화가 오게 됩니다.

여러분은 지금 이 순간이 지나면 여러분의 마음속에 들어있는 아뢰야식의 종자를 변화시키는 것이 한발 늦습니다. 지금 이 순간부터 아뢰야식의 종자를 변화시키려고 해야 합니다. 아뢰야식의 변화는 꿈을 꾸어서도 할 수 없고, 망상을 피워도 안 되며 상상 속에 빠진다고 할 수 있는 것이 아닙니다. 죽어서는 할 수 없는 것입니다. 오직 정신이 또렷이 깨어 있는 지금, 몸뚱이가 살아 있을 때 내 아뢰야식을 질 좋은 종자로 변화시킬 수가 있습니다.

번뇌와 망상은 아뢰야식을 나쁘게 훈습시킨다.

만약 지금 이 순간 여러분들이 망상을 피고 있다면, 아뢰야식 속에 있는 종자들은 망상으로 훈습되고, 나쁜 생각을 일으킨다면 아뢰야식 속에 들어있는 종자는 나쁘게 훈습됩니다. 속 좁게, 혹은 탁한 마음 씀씀이로 말하고 행동한다면, 아뢰야식 속의 종자 역시 속 좁고 못되고 탁하게 됩니다.

이처럼 계속 나쁜 쪽으로 질적 변화를 일으키고 있는데, 이 사실을 모르고 망상을 피우거나 속 좁아터진 행동을 하고, 남을 괴롭히고 나쁜 생각을 일으키고, 생채기가 되는 뼈있는 말을 함부로 하는 등 나의 영혼 속 종자가 어떤 쪽으로 질적 변화를 일으키는지 모르는 상태로 하루하루를 살아가서는 안 됩니다.

그런데 다행스럽게도 오늘 진심법문을 들으시는 여러분들은 내 마음속에 들어있는 아뢰야식을 질적으로 변화시킬 수 있는 그런 지혜를 얻고 있기 때문에 마음을 잘 쓰며 생활하시리라 믿습니다.

지금 내가 일으키는 생각과 말과 행동에 의해 아뢰야식의 종자가 달라진다.

여러분들이 여러분 마음의 곳간 속에 내년 봄에 쓸 좋은 종자를 고루 보관해 두었다고 생각해 보세요. 감자, 고구마, 볍씨, 옥수수씨 등을 잘 보관해 두었는데 그 종자들은 쥐가 갉아 먹어서도 안 되고, 곰팡이가 피어서도 안 되며 습기에 썩어서도 안 됩니다.

또 너무 오랫동안 방치해 버리면 말라비틀어지고 갈라져서 논밭에 심거나 뿌려도 제대로 싹을 틔우지 못할 것입니다.

그럼 어떻게 해야 될까요? 그 종자를 실온에 맞춰 건조도 잘 시키고, 환기가 잘 되도록 보관해야겠지요, 좋은 종자는 땀 흘려 일한 농부에게 보답하기 위해서 풍성한 수확의 보람을 안겨줍니다.

가을 추수 때 넓은 논을 바라보며 우리는 뭐라고 표현합니까? 황금들녘이라고 표현합니다. 그와 마찬가지로 지금 내 아뢰야식의 종자를 지금 내가 일으키는 생각과 말과 행동에 의해 이것이 썩어 가는지 죽어 가는지도 모르고 마음대로 살다가 죽을 때가 되어서는 죽지 않으려고 아둥바둥 해본들 죽지 않는 길을 찾을 수 없습니다.

끝없는 윤회는 반드시 내가 지은 대로 간다.

사후세계가 있느냐 없느냐 하는 불필요하고 소모적인 생각에 사로잡혀 사후세계에 대해 묻는 것은 너무나 어리석은 질문입니다. 이를 비유한다면 마치 쥐가 쥐약이 들어간 걸 먹으면 죽느냐 안 죽느냐 묻는 거와 다르지 않은 우매한 질문이기 때문입니다. 이미 우리는 끝없는 과거 생에서 지금 이 생에 태어났듯이 다음 생으로 또 갑니다. 이러한 명료한 사실을 왜 묻습니까?

너무 똑같고 물어볼 이유, 답할 가치가 없는 질문을 왜 하는가? 지금 네 마음속에 들어있는 아뢰야식 속의 종자를 변화시키는 것이 중요한 것이지 왜 질문으로 일관하는가?

그래서 부처님께서는 14가지에 대한 질문은 답을 하지 않았습니다. 그걸 '14무기성無記性' 이라 합니다. 침묵으로 답을 하지 않았습니다.

부처님의 십사무기十四無記를 대략 정리하면, 세계는 영원하다, 세계는 무상하다, 세계는 영원하면서 무상하다, 세계는 영원하지도 않고 무상하지도 않다, 세계는 끝없이 넓다, 세계는 끝이 있다, 세계는 끝이 있으면서 끝이 없다, 세계는 끝이 있지도 않고 없지도 않다, 영혼은 육신과 같다, 영혼과 육신은 서로 다르다, 여래는 이 생이 마지막이다, 여래는 이 생이 마지막이 아니다, 여래는 이 생이 마지막이면서도 마지막이 아니다, 여래는 이생이 마지막도 아니고, 마지막이 아닌 것도 아니다. 이것이 십사무기十四無記입니다.

이에 대해 여러분은 어떻게 생각하십니까?

그런데 유튜브를 들여다보면 사후세계에 대하여 너무나 많이 묻습니다. 사후세계가 있긴 있습니까? 죽으면 어디로 갑니까? 하는 등 사후세계에 대한 질문이 참 많습니다. 죽으면 어디로 갈까요? 자기가 지은 결과를 따라 사후세계가 없는데 죽은 뒤 내가 어떻게 오고 감을 알겠습니까?

분명히 경전에도 나와 있습니다. 아니면 우리가 심리학적으로 마음을 보고 깨달아서 자기 마음을 관찰해봅시다. 분명히 우리 마음은 끝없는 미래생으로, 끝없는 윤회라고 하는 여행을 할 수밖에 없는데, 그 윤회의 여행은 반드시 내가 지어놓은 대로 간다는 것입니다.

나는 우주의 창조주이면서도 업력에 구속당한 불쌍한 중생이다.

지금 이 순간, 우리는 너무나 중요한 위치에 있다는 것입니다. 왜일까요? 내가 이 우주의 창조주이고, 내가 우주를 만들어가는 장본인이며 내가 지어서 내가 받는 자업자득의 불쌍한 중생이기 때문입니다.

그러므로 우리는 창조주이면서도 불쌍한 중생을 함께 가지고 있는 존재로서 그 모습이 오늘 우리의 본모습입니다.

과연 그러한지 한번 생각해 봅시다. 우리는 오늘날 이 목숨을 가질 때까지, 그리고 이 몸을 가질 때까지 얼마나 많은 생을 진화해 왔을까요? 무려 36억 년이라는 기나긴 시간 동안의 진화과정을 통해 이 지구상에 지금 사람으로 존재하고 있는 것입니다.

중생의 삶을 벗어나려면 정법훈습을 통해 성불로 나아가야 한다.

지금 내 마음속에 들어있는 이 훈습된 종자를 어떻게 하면 좋은 방향으로 훈습시킬 수 있을까요? 거기에는 두 가지 길이 있습니다. 이 두 가지 길은 다 중생이 나아가는 길이예요. 하나는 중생이 그냥 상중생狀衆生으로 가는 길입니다. 상중생이란 발심發心하고 마음을 일으키는 존재라는 것입니다. 또 하나는 중생이 부처로 나아가는 길입니다.

중생이 상중생으로 나아가는 길은 고통과 괴로움이 너무나 치성熾盛하기 때문에 이런 삶의 길은 지옥의 길, 아귀의 길이라 합니다. 또 축생의 길이라고 합니다. 삼악도三惡道라 부르는 이 세 가지 길은 절대로 가선 안 됩니다.

여러분들은 어떠한 경우에 있어서도 짐승으로 태어나서는 안 되고 미물로 태어나서도 안 되며 또 아귀 세계에 빠져서도 안 됩니다. 지옥세계에 가서도 안 됩니다. 삼악도에 빠지면 너무나 괴롭기 때문에 내 마음을 훈습시킬 수 있는 기회가 없습니다. 고통 그 자체입니다.

너무나 고통스러운 마음으로 아뢰야식 속에 들어있는 마음을 더 고통의 마음으로 만들어서 미혹하게 만들고, 미혹한 마음은 어리석기에 또 죄를 짓게 만들고, 그래서 또 고통 받게 됩니다. 끝없이 헤어날 길이 없기 때문입니다.

그래서 무간지옥無間地獄이라고 합니다. 한번 빠지면 빠져나올 길이 없는 곳이라는 뜻입니다. 하지만 지금 우리들은 지옥중생이 아니고 인간중생으로 살아가고 있습니다. 이 사실이 중요합니다. 그러므로 또 하나의 길, 부처로 나아가는 길로 들어서야 한다는 것입니다.

삼악도를 벗어나려면 십악十惡을 짓지 않아야 한다.

지옥이나 아귀나 축생의 세계는 절대로 나아가지 않아야 합니다. 지옥과 아귀와 축생으로 나아가는 길은 어떻게 해야 가느냐?

물론 잘 알고 계시겠지만 다시 점검해 드린다면, 십악죄十惡罪, 10불선업十不善業이라고도 하는 10가지 죄를 저지르면 이런 삼악도로 나아갑니다. 곧 살생殺生 · 투도偸盜 · 사음邪淫 · 망어妄語 · 기어綺語 · 악구惡口 · 양설兩舌 · 탐욕貪慾 · 진에瞋恚 · 사견邪見

을 말한다.

이 중에서 특히 탐욕을 많이 내고, 화를 많이 내고 어리석은 사견에 빠져 있으면 반드시 짐승으로 태어나거나 아귀로 태어나 지옥 중생으로 가야 됩니다.

우리는 탐욕도 고만고만하고 성냄도 고만고만하고, 어리석음도 고만고만하니까 삼악도를 벗어나서 천상세계로, 부처님 세계로 나아갈 수가 있는 것입니다. 그러면 어떻게 해야 되느냐?

정법훈습을 통하여 부처님의 세계로 나아가야 한다.

부처님 세계로 나아가려면 자신을 훈습시키는 것입니다. 정법, 바른 법에 의해서 자신을 훈습시키는 방법이 있습니다. 지옥, 아귀, 축생 중생으로 가는 상중생의 길은 탐진치를 일으키면 되지만 부처님의 세계로, 천상 세계로, 행복한 세계로 나아가는 길은 정법에 의해 자기를 훈습시키는 것입니다.

정법에 의거해 훈습시킨다는 것이 어떻게 훈습시키는 것인지 비유를 들어보겠습니다.

여기 물 한 그릇이 있습니다. 소금을 한 줌 집어넣었기 때문에 몹시 짭니다. 이 물을 마시려면 어떻게 해야 할까요? 짠 물 그대로 마시면 갈증이 생길 것은 너무나 뻔합니다. 그래서 맑은 물을 자꾸 붓는 겁니다. 이 짠물은 맑은 물에 의지하면 짠맛이 사라집니다. 이렇게 조금씩 정법을 훈습시켜 나가는 것입니다.

반야바라밀般若波羅蜜은 진여본성의 작용이다.

탐진치가 찌들어져 있는 중생의 마음을 가지고 부처의 마음으로, 천상의 마음으로, 행복한 세상으로 나아가기 위해서는 정법을 의지해야 된다고 하였습니다. 그러면 그 정법이 무엇일까요? 탐진치가 없고 분별 망상이 없는, 항상 고요하고 청정한 마음입니다. 항상 자기 스스로 분별 망상이 일어나는 마음을 분별 망상이 없는 마음에 의지해 버리세요. 탐욕 내는 마음을 탐욕이 없는 마음에 의지하고, 성질내는 마음을 고요한 마음으로 의지하고, 어리석은 마음을 지혜로운 마음으로 의지해 버리면, 의지하는 그 대상이 청정하고, 고요해져 분별 망상이 없는 마음인 '반야바라밀般若波羅蜜' 마음이 되는 것입니다.

반야바라밀 마음은 바로 우리 본성의 작용입니다. 이걸 유교에서는 '양심'이라고 합니다. 자기의 탐진치가 일어날 때 양심에 의지하듯이 날뛰고, 분별 망상이 일어나고, 짜증나고, 화나는 이런 마음을 분별 망상이 없는 자기의 본성 마음에 의지하게 해야 합니다. 그러면 분별 망상의 마음이 쉬고, 성내는 마음이 쉬고, 탐욕의 마음이 쉬고, 그릇된 마음이 쉬기 때문에 자기 마음이 질적 정화를 일으켜 절로 행복해집니다.

나의 본성에 의지하면 부처님의 세계로 나아갈 수밖에 없다.

탐진치 삼독심이 들어있는 나의 아뢰야식 속에, 무의식 속에 들어있는 이 마음에 내

본성의 청정성과 지혜로움과 고요함을 그대로, 무분별의 마음을 그대로 쏟아 부어 주게 되면, 내 마음속은 계속 본성으로 질적 변화를 일으켜 중음신의 몸을 가졌다 하더라도 다음 세상으로 나아가는 세상은 삼악도의 세계가 아닌, 삼계육도三界六道의 세계가 아니라 바로 부처님의 세계로 나아갈 수밖에 없습니다.

불교는 과학이며 의학이며 철학이며 종교이다.

불교는 과학입니다. 불교는 철학이고, 심리학이고, 불교는 의학입니다. 불교는 그냥 맹목적으로 믿는 것이 아닙니다. 부처님의 가르침을 분명히 배우고 익히고 알아야만 '내가 실천해야 할 것이 이것이구나!' 이렇게 알 수가 있습니다.

불교 신행은 내 마음에 좋은 훈습이 될 수 있도록 하기 위함이다.

어떤 분이 "스님, 꼭 절에 다녀야 합니까? 꼭 기도는 해야 합니까? 수행을 안 하면 안 되나요?" 하는 질문을 하셨습니다.

다른 분도 "스님 꼭 절에 안 다니면 사람이 잘 못삽니까? 꼭 기도를 하지 않으면, 꼭 수행을 하지 않으면 내 운명이 나빠지나요?"하고 비슷한 내용의 질문을 하십니다.

여러분 마음속에도 이와 같은 질문이 일어난 적 있을 것입니다.

여러분이 지금까지 진심법문을 통해 알게 된 사실은 무엇입니까?

왜 절에 다녀야 하는지, 왜 기도를 해야 되는지 기도하는 것과 수행하는 이유가 무엇인지 아셨습니다. 그와 같은 신행 자체가 바로 내 마음 깊은 곳에 저장되어 있는 종자를 변화시키기 위한 노력이라는 사실입니다.

그 사실을 안다면 집에서 기도하고 수행하면 되지 않겠습니까? 과연 그럴까요?

사람은 누구나 환경에 지배를 받습니다. 처해 있는 환경은 사람의 의지와 무관하게 환경에 젖어들게 되어 있습니다. 노출되어 있는 갖가지 도구들과 일상의 걱정거리 등 사찰이나 포교당의 부처님 전에서처럼 고요한 상태의 나로 가만두질 않습니다. 그러니 일상의 노예가 되는 것입니다.

TV와 휴대전화에서의 무수한 정보홍수를 접하고 남편 또는 아내와 말다툼하고, 아이들 뒤치다꺼리하느라 하루해가 언제 지는지조차 모를 때가 많습니다. 그러니 어느 결에 마음이 고요해질까요? 수십 갈래로 분산된 마음이 고요히 가라앉고 내 마음에 좋은 훈습이 되기가 쉽겠습니까?

아뢰야식의 변화를 통하여 더 나은 세계로 나아갈 수 있다.

사원에는 부처님이 항상 미소를 짓고 있습니다. 돈 달라고 하나요? 짜증내고 시비를 겁니까? 절은 내 욕심을 불러일으키지 않고, 나에게 성냄을 불러일으키지 않으며 어리석음을 주지 않습니다. 내 마음을 맑고 고요하고 편안하게 만들어줍니다.

절에 있는 동안이라도 여러분은 아뢰야식의 종자가 질적 변화를 일으키고, 기도하는 순간마다 여러분들이 경을 읽고 참선하고 주력을 하는 그 순간마다 각자의 영혼

속에 있는 아뢰야식의 마음은 계속 질적인 변화를 일으켜 정말 좋은 종자로 변화되므로 노후는 행복해질 것이고, 이번 생이 끝난다 하더라도 두려움 없이 다음 생에 더 좋은 세상으로 나아갈 수 있는 것입니다.

왜 그렇게 될까요? 이미 나의 자질이 복과 지혜와 모든 것을 갖춘 잠재력을 가진 상태의 사람이기 때문입니다. 내가 만약 복이 없고 비천할 수밖에 없는 그런 무지의 역량을 갖고 있다면 태어나는 곳마다 어떻게 되겠습니까? 자칫 잘못하면, 아차! 하면 어디로 짐승의 세계로 갈 수 있습니다.

윤회의 삶이 질 좋은 행복한 삶으로 나아가도록 만들어주는 노력을 해야 한다.

지금 내가 일으키는 한 생각은 곧바로 우주에 기억이 됩니다. 내가 뱉는 한마디의 말과 행동이, 그냥 허공으로 사라지는 것이 아닙니다. 지금까지 스스로를 이끌어왔던 주체 속으로, 이 우주를 창조했던 근원 속으로 그대로 저장이 됩니다. 저장된 것들은 종자들을 변화시켜 끝없는 윤회의 삶 속에서 질적으로 좋은 양질의 삶을 나오도록 만들어 줍니다. 이러한 노력이 바로 기도이고 신앙생활이며 절에 와서 머물고 있는 순간입니다.

설령 절에 와서 기도를 못한다 하더라도, 경을 한번 읽어보지 못한다 하더라도 절에 와서 부처님을 한번 보는 순간, '나무석가모니불', '나무아미타불' 한번 하는 순간, 그것은 염이 됩니다. 그냥 마음속으로 '제가 한번 잘 살겠습니다', '착하게 살겠습니다.' 이렇게 마음으로 염하는 순간, 마음 깊은 무의식 속의 종자를 변화시켜 여러분을 삶의 질이 좋은 행복한 삶, 부처의 삶으로 인도해 주는 것입니다. 저는 확신합니다.

지금까지 법문한 내용을 정리해 보면, 사후세계가 있느냐, 없느냐? 윤회가 있느냐, 없느냐? 그런 질문은 더 이상 하지 마시고, 마음속으로도 의문을 갖지 마시고 올바른 윤회를 하기 위하여 내가 지금 어떻게, 지금 내가 무엇을 심을 것인가를 중점적으로 생각하고 또한 실천하시기를 바라겠습니다.

열 번째 진심법문

삼라만상의 참모습과 마음의 실상

실상實相이라는 말의 개념은 우리 범부 중생으로는 이해하기 어렵고 알 수 없습니다. 오직 깨달음을 얻으신 부처님만이 알 수 있는 경지를 이른바 실상, 즉 '참모습' 이라고 합니다.

삼라만상의 참모습은 부처님만이 알 수 있는 경지이다.

우주 법계 삼라만상은 어떠한 참모습을 가지고 있는지, 또 나라는 존재의 마음의 참모습은 어떠한 모습을 나타내고 있는지 알지 못합니다. 이는 깨친 부처님만이 알 수 있는 경지입니다.

그러나 부처님의 위신력으로 방편을 빌어서 우리가 우주 법계의 참모습이니 진실된 상相이니 이렇게 표현합니다. 그것도 말에 지나지 않고, 또 언어에 지나지 않으며 문자에 지나지 않기 때문에 말(언어) 너머, 글(문자) 너머의 소식을 이해해야 합니다.

괴로움의 발생은 '나'라고 하는 집착에 의한 것이다.

초기불교 부처님께서는 제행무상諸行無常, 제법무아諸法無我, 일체개고一切皆苦, 열반적정涅槃寂靜이라고 하는 사법인四法印을 중심으로 진리에 대하여 말씀하셨는데, 거기에서 무아無我를 강조했던 이유는 실상을 알지 못했기 때문에 무아를 알지 못하는 것입니다. 그러므로 자기라고 하는 어떤 특별한 실체가 있어서 그놈이 자기인 줄 알고 집착하는 나머지 그 집착으로 인해 괴로움이 발생된 것입니다.

그러므로 괴로움의 원인이 '나'라고 하는 집착은 아집我執에서 비롯된 것이고 그 아집을 소멸하기 위해서는 무아에 대한 특별한 깨침이 있어야 합니다. 그래서 부처님께서는 '제법무아'라 말씀하셨습니다.

제법은 상의상관성의 연기緣起로 나타난다.

제행무상도 마찬가지입니다. 결국은 이 제법이라고 하는, 우리의 물질세계나 정신세계, 우리 마음으로 인식될 수 있는 모든 세계를 제법이라고 하는데 이 제법은 무상하고 무아입니다. 결론은 모든 것은 서로 상의상관성에 의해서 연기로 나타납니다.

다시 말씀드리면 어떠한 존재든, 어떠한 모양이든 어떤 심리적 현상이든 간에 이것과 저것으로 말미암아 나타납니다. 그래서 이것과 저것이라는 서로 상의상관적 연기법칙이 이루어지지 않으면 이 세상에 나타날 수 없고, 그 상의상관성이 무너져 버리면 나타났던 물질적 존재와 정신적 존재도 사라집니다.

무아는 아집을 끊어내기 위한 것이다.

'나'라고 집착하고 있는 이 몸에 대해서도 부처님은 오온五蘊으로 해체를 합니다. 색, 수, 상, 행, 식色受想行識이라고 하는, 오온으로 이루어져 있는 것을 그대로 드러내 보임으로써 이 '나'가 텅 빈, 아공我空을 체득하게 합니다.
그래야만 '나'에 대한 집착을 하지 않게 되고, 그 집착으로부터 벗어나야만 괴로움을 소멸할 수 있기 때문입니다. 그래서 무아를 특히 강조를 많이 하셨습니다. 그 이유는 바로 아집을 끊어내기 위한 것이었습니다.

연기가 다 하면 전부 공空하다.

삼라만상 만유는 모든 것이 전부 이것과 저것으로 말미암아 만들어진(나타나는) 연기법의 형상이기 때문에 그 어느 것도 상의상관적 법칙에서 만들어지지 않은 것은 아무것도 없습니다.

사람의 영혼이든, 육신이든, 생각이라고 하든 또는 저 산천초목과 우주법계라도 그 어떤 것도 더는 현미경으로 들여다봐야 보일 수 있을 만큼의 작은 입자라고 하더라도 그것은 상의상관성에 의한 연기적 관계에서 나타납니다. 그렇기 때문에 연기가 다 하고 그 상의상관적 관계가 끝나버리면, 그 나타나는 현상은 없어집니다. 그러기에 전부 공空하다는 겁니다. 그러므로 기실은 우리가 소중하게 붙들고 있을 만한 가치가 있는 수많은 것들도 '있다.' 라고 할 그 아무것도 없습니다.

심안心眼을 통하여 공을 체득할 수 있다.

여러분들이 얼마나 이해하실지 모르겠지만, 오래전, 약 10여 년에 걸친 무문관 수행을 할 때 제 몸을 들여다보게 되었습니다. 마음이 또렷이 집중되고 식識이 맑아지면 심안心眼이 열립니다. 심안이 열리면 내 마음이 본성에서 나를 봅니다. 그러면 수행 중인 내 모습을 눈으로 보는 것보다 훨씬 더 선명하게 바보게 됩니다. 이때는 옷을 입고 있는 형상의 모습만 보이는 것이 아니고, 피부도, 피부 속 혈관도 보이고, 뼈도 보이며 내장도 보이고, 모두 훤하게 보입니다.

그러다 좀 더 세밀하게 집중해서 관찰하면 그 몸을 이루고 있는 세포들을 보게 됩니다. 그리고 세포를 이루고 있는 분자, 원자라고 하는 작은 입자들을 보게 됩니다. 그 입자들을 더욱 섬세하게 관찰하게 되면, 그 입자를 이루고 있는 물질과 물체의 공간 속이 텅 비어버리는 걸 체험하게 됩니다.

그리고는 더 이상 쪼갤 수 없는 입자의, 소립자라고도 할 수 없을 만큼의, 상태에 들어가면 텅 비어 버립니다. 그냥 빛밖에 없어요. 그리하여 아무것도 없는 텅 빈 '공_空'을 체득하게 됩니다. 수행하고 기도하면 그렇듯 또렷이 체험하게 됩니다. 이를 일러 '아공_{我空}을 체득했다' 라고 합니다.

몸은 형상으로 나타내는 모습과 텅 빈 빛의 두 가지 존재이다.

내 몸은 현재 뼈와 살과 근육을 이루고 있고 거기에 피가 흐르고 있으며, 생명력이 작동하고 있는, 살아있는 몸이지만 이 몸은 형상으로 나타내는 모습임과 동시에 텅 빈 빛의 존재입니다, 그래서 공성_{空性}을 갖고 있는 본체와 이 현상계 인연으로 생명력 작용을 하고 있는 이 몸, 두 가지를 같이 볼 수 있는 그런 지혜를 가져야 합니다.

이 세상 그 어떤 것도 인연에 의해서 나타나지 않는 것이 없다.

여러분들은 자신의 몸이 텅 빈 빛이라는 사실을 볼 수 없으므로 형상 있는 몸뚱이만 '나'라고 생각합니다. 아공을 체득하지 못해 자기 몸뚱이에 대한 집착이 생겨 욕심이 일어나고, 애욕이 생기고 그래서 탐진치 삼독심이 일어나고 온갖 번뇌가 다 일어나는 것입니다.

우리의 몸뚱이는 인연에 의해 작은 원인들이 임시로 화합되어서 만들어진 것입니다. 몸의 세포 하나를 떼어 놓고 보면 그 세포 하나도 또 다른 인연들에 의해서 화합되어 있음을 알 수 있습니다. 그것도 인연의 물질이라고 하는 가장 극소수의 소립자 존재 역시 또 다른 인연들에 의해 나타난 것이기 때문에 이 세상 그 어떤 것도 인연에 의지해 나타나지 않는 것은 아무 것도 없습니다.

없기 때문에 절대적으로 무아이고, 무아이기 때문에 공성입니다. 자성이 없는 무자성 공성이라고 합니다. 특징이 없고 특성도 없습니다.

그러므로 '나'라고 할 만한, 저것과 이것이라고 할 만한 특별한 성품을 갖고 있는 존재는 이 세상에 존재하지 않습니다. 그것이 정신계든 물질계든, 모든 것이 이것저것으로 만들어져 인연 따라 나타났다 합니다. 이러한 진리를 부처님께서는 그 당시 가장 강조하셨던 부분입니다.

인간을 포함한 일체만물에 고정불변하는 실체가 없다.

『반야심경般若心經』에서 '색즉시공 공즉시색色即是空 空即是色'이라 합니다. '색이 공이고, 공이 즉 색이다. 색과 공은 다르지 않다. 그러니 색불이공 공불이색色不異空 空不異色'이라고 합니다. 색이 즉 공이라고 얘기 합니다. 여기에서 색즉시공이라는 말은 바로 무아를 얘기하고 있습니다.

그 다음에 '색불이공 공불이색'이라고 하는 것은 무상을 얘기하고 있습니다. 제행이 무상임을 나타내는 『반야심경』의 공사상空思想입니다. 인간을 포함한 일체만물에 고정불변하는 실체가 없다는 것이 공사상입니다. 이를 중관사상中觀思想이라고 합니다.

반야심경에 나와 있는 '색즉시공 색불이공 공불이색 색즉시공 공즉시색' 이런 가르침은 전부 무상과 무아를 나타내는 무자성 공성을 설명하고 있는 진리라고 이해하시면 되겠습니다.

설일체유부의 사상은 아공법유我空法有을 주장한다.

초기불교를 지나 부처님께서 열반하시고 300년이 지나면 부파불교의 시대가 됩니다. 이 부파불교 시대 때 가장 세력이 강했던 부파가 설일체유부說一切有部라고 하는데, 설일체유부의 사상은 '아공법유我空法有'를 주장합니다.

"'나'라고 하는 존재는 공이므로 텅 비었지만, 그러나 '나'를 이루고 있는 그 법이라고 하는 존재는 실체가 있다." 법유法有 즉, 법은 있다는 것입니다. 그래서 어떠한 현상계가 만들어지든 간에 그 현상계를 만들고 있는 '법'이라고 하는 독립된 개체는 실존한다는 것입니다. 이렇듯 아공법유를 주장합니다.

그러므로 이 법의 세계를 '오위칠십오법五位七十五法(5위 75법)'이라고 하여 일체법을 다섯 범주로 나누고 각 범주의 법을 75가지로 세밀하게 나누는데, 이를 또 100가지로 나누어 오위백법五位白法으로 법에 대한 실재를 설명하고 있습니다.

대승불교 초기에는 법 대신 공이 대두된다.

대승불교 초기가 되면, '아공법유라니 뭔 소리 하고 있느냐? 무엇이 법이 있단 말이야?' 하고 법을 철저하게 깨뜨리는 '아공법공我空法空'을 주장합니다. 그러니까 '모든 세상의 현상은 연기법으로 이루어졌고, 독립된 실체가 없으며 나뿐만 아니라 내 마음으로 인식되어지고 있는 모든 현상세계의 정신세계든 물질세계든 그 대상의 본체 역시도 텅 비었다. 공이다.' 이렇게 아공법공을 주장하는 사상이 나옵니다. 이는 부처님의 가르침인 무상과 무아의 연기법을 강조한 것입니다.

대승불교 중기에는
'제법은 모두 유식唯識' 이라는 유식학이 등장한다.

그리하여 철저하게 법률을 깨뜨리는 사상이 펼쳐지는데, 이제 대승불교 중기가 되면 유식학이 나오게 되면서 유식학에서는 '오직 우리가 인식할 수 있고 보고 듣고 하는 이 모든 세상의 현상계는, 제법은 모두 유식일 뿐이다. 오직 마음의 작용일 뿐이다.'
그리하여 유식무경唯識無境이라고 하는데 이는 일체 경계는 없고, 일체 법도 없으며

'오직 전부 마음이다. 모두 마음이 지어낸 바다.' 라고 하면서 이 마음의 자리를 그대로 드러내 보입니다.

마음이라고 하는 당체는 불생불멸不生不滅이다.

유식학이 등장한 이후 여러 경전에서 마음에 대한 얘기를 많이 합니다. 초기 경전에서도 얘기를 많이 하고, 특히『능가경楞伽經』에서도 마음에 대한 얘기를 많이 합니다.

또한《대승기신론》에서도 이 마음에 대한 얘기를 많이 하고 있는데, 결국 이 마음이라는 것은 이 우주법계를 만든 당체, 근본, 그것을 법이라고 했을 때 그 법을 마음이라 한다는 것입니다.

그러니 우리 눈으로 볼 수 있는 일체 삼라만상 만유가 모두 마음에서 비롯된 것이고, 나도 마음에서 비롯된 것이며 여러분들도 마음에서 비롯된 것이고, 일체 만유도 다 마음에서 비롯된 것인데, 그 마음이라고 하는 당체는 불생불멸不生不滅이라는 것입니다.

영원히 없어지지 않고, 영원히 생겨남도 없으며 영원히 단절되어 본 적도 없고, 시작도 끝도 없는 과거생으로부터 계속 그대로 이어지고 있는 생명 그대로의 불생불멸의 존재라는 것입니다. 영원성을 갖고 있는 존재라는 것입니다. 그것을 우리는 이른바 '법' 이라고 얘기합니다.

심행처心行處가 멸해야 만이 제법의 실상을 알 수 있다.

우리가 법이라고 얘기할 때, 그 법에 대한 개념은 단지 바깥 대상에 있는 현상계만 법이라고 하는 것이 아니라 자기 마음의 본체를 항상 얘기해야 합니다. 그래서 그 제법의 참모습은 어떠냐? 그것은 말로 표현되거나 글로 설명되어질 수가 없고 또 형상으로 보일 수가 없습니다. 언설을 떠나고, 형상을 떠나고, 또 마음에서 그릴 수 있는 상상을 초월했기 때문에 드러내 보일 수가 없습니다.

그러므로 이 제법의 참모습은, 마음의 참모습은, 오직 깨쳐야만 알 수 있고 드러내 보일 수는 있으나 전달해 줄 수가 없습니다. 따라서 이 제법의 실상을 알려고 하면, 심행처心行處 즉, 마음이 행하여지고 마음이 분별되어지는 바가 멸滅해야 되고 끊어져야 됩니다. 심행처가 멸해야 만이 제법의 실상을 알 수가 있습니다.

제법의 실상은 연기법에 의해서 저 모습을 지니고 있다.

제법의 실상을 상세하게 설명해 보이고 있는 경전이 있는데 바로 『묘법연화경妙法蓮華經』입니다. 그 『묘법연화경』「방편품方便品」에 보게 되면 '십여시十如是' 라고 하는 가르침이 나오는데 이 십여시가 제법의 실상의 모습을 열 가지로 표현하고 있는 가르침입니다.

이 세상에 드러나 있는 모든 모습들은 '여시상', 즉 '이와 같다' 라고 합니다. 이 '여시' 속에 뭐가 들어있냐 하면, 이것과 저것이라고 하는 상의상관성, 우유가 치즈로 변하듯이 인연 화합의 법칙성, 콩 심은데 콩 나는 인과율의 법칙, 이 세 가지 법칙성이 들어있는 연기법에 의해 저 모습을 지니고 있습니다.

제법은 궁극적 자리에 가면 모두 다 똑 같다.

저 모습 본바탕에는 저와 같은 성품이 있습니다. 그리고 저와 같은 성품과 저와 같은 모습을 갖추고 있는 체體, 몸을 갖고 있습니다. 그리고 거기에 따른 작용이 있고, 거기에 따를 때는 거기에 따른 원인이 있고, 거기에 대한 조건이 있으며 거기에 따른 과보가 나타나고, 그래서 어떠한 상相이든, 인연 과보 결과든 '상성체력작 인연과보相性體力作 因緣果報'의 모든 것들은 궁극적 자리에 가면 모두 다 똑같습니다.

이 얘기는 지금 우리들의 모습이, 여러분의 모습이 다르고 내 모습이 다르고 이 마이크 모습이 다르며 책의 모습이 다르고 형상이 다 달라 보입니다. 이처럼 인연에 의해 상성체력작 인연과보로 현상계가 만들어졌지만, 그 근원자리의 근본은 똑같고, 어떤 형상이 만들어졌다 하더라도 또 궁극에 가서는 다시 하나로 되돌아갑니다.

제법의 참모습은 불구부정不垢不淨 · 불생불멸不生不滅 · 부증불감不增不減이다.

다시 하나로 돌아간 그 하나의 자리는 둘이 없고 모두 다 똑같습니다. 전혀 변화가 없고 다름이 없습니다. 달라지지 않고 변화되지 않고 똑같기 때문에, 온 법계가 오직 하나밖에 없는 평등이므로 그것은 불구부정不垢不淨이고 불생불멸不生不滅이고 부증불감不增不減이기 때문입니다. 전혀 변화성이 없기 때문에, '진여眞如'라고 합니다. 그래서 우리가 이 제법의 실상은 진여라고 표현하고, 법이라 하며 한마음이라고 하기에 일심一心이라 하고, 또는 다른 말로 법성法性, 불성佛性이라 하고, 또 여래장如來藏이라고 하며 법체法體, 즉 부처라고도 부릅니다.

어떤 이름으로 불렸든 간에 그것은 제법의 참모습을 표현하기 위한 방편이지, 참된 모습을 그대로 드러내 보인 실제적인 이름은 아니라는 것입니다.

깨닫지 못하는 마음 때문에 분별심이 일어나서 무명을 짓는다.

제법의 참된 모습은 실제적인 이름을 표현할 수 없지만, 그것은 이 삼라만상 우주법계를 다 만들었기 때문에 해와 달, 은하계, 태양계를 만들었습니다. 더불어 산, 바다, 미물도 만들고, 동물도 만들었으며 여러분도 만들고, 나도 만들었는데, 그 모든 것을 만든 주인은 오직 하나입니다.

여러분도, 나도 그 주인이 만들었고, 우주법계도 그 주인이 만들었는데, 그 주인이 만들어놓은 작품인데도 불구하고 정작 작품인 우리들은 그 주인을 알지 못합니다. 이걸 불각不覺이라 합니다. 글자 그대로 '깨닫지 못했다' 해서 불각이라고 합니다. 이 불각 때문에 자꾸 분별심이 생기는 것입니다. 이 진여라고 하는, 일심이라고 불렸던 우주 만유 제법의 실상, 마음의 참 실상을 알지 못하는 그 불각, 깨닫지 못하는 마음 때문에 우리는 분별심이 일어나고 그로 인해 무명을 지어버리는 것입니다.

내 마음을 아는 것이 우주의 참모습을 아는 것이다.

우리는 진여의 본성이 나를 만들었고 우주를 만들었음에도 불구하고, 나와 여러분들과 함께 한 이 작품들은 각각 '나'가 있다는 생각이 드는 것입니다. 이걸 전문적용어로 육근六根을 가진 우리의 몸이라는 뜻으로 '유근신有根身'이라고 합니다. 이 때문에 내 몸이 있다는 생각을 하는 것입니다.

제법의 실상을 알기 위해서는 '나'를 이루고 있고 여러분을 이루고 있는, 그 마음의 정확한 형태를 이해하지 못하고선 우리 마음의 참모습을 알지 못하고, 마음의 참모습을 알지 못하면 우주법계의 참모습을 알지 못합니다.

결국 내 마음을 알면 우주의 참모습을 아는 것이고, 우주의 참모습을 아는 것은 내 마음을 아는 것이 되는 것입니다. 그러므로 그 참모습을 알기 위해서는 마음이 어떤지 알아야 합니다.

마음의 작용은 몸이 있으므로 가능하다.

마음이 어떻게 일어나는지 공부를 해 봅시다. 마음이 도대체 뭘까? 마음에는 여러 가지 요인들이 있어 그 요인들에 의해서 마음의 작용이 일어납니다. 이 마음의 작용은 몸이 있으니 가능한 일입니다.

왜냐하면 눈, 귀, 코, 혀, 몸이라고 하는 다섯 가지 감각기관을 통해 바깥의 형상과 소리와 맛과 향기와 그 다음 접촉을 통해서 종합적으로 판단하여 좋다, 나쁘다 등의 마음작용이 일어나기 때문입니다.

그러면 그 접촉된 정보가 중추신경계가 모여 있는 뇌로 들어올 때 제일 먼저 어떤 작동이 일어나느냐 하면, '어! 이게 뭐지?'라는 의문이 일어납니다. 느꼈기 때문에 일어나는 의문으로 '이게 뭐지?'라고 하는 마음속에는, 말로 표현하기 이전에 이미 직감적으로 의문이 생기고 그것에 대한 답을 얻어버립니다. 찰나예요. 어떤 사물에 접촉하게 되면 접촉하는 그 순간 '아, 이것은 무엇이구나!' 하고 결론을 내려 버립니다.

분별은 세 가지 마음이 동시에 단계적으로 일어난다.

그렇게 결론을 내어버리는 것이 어떤 단계를 거쳐서 일어나느냐 하면, 처음 감각기관이 어떤 대상을 접촉하면 가장 먼저 직감적 분별이 일어납니다. 이 분별은 우리가 사량思量으로 분별하는 것이 아니고 본능적으로 분별합니다. 따라서 분별이라고 해서는 안 됩니다. 전문적인 용어로 솔이심率爾心이라고 합니다. 솔이심이란 외부의 대상에 대해 처음으로 작용하는 순간의 마음이라 하는데, 바로 그 마음이 일어납니다.

그 다음 두 번째는 '어! 이게 뭐지?' 하겠지요. 그 '뭐지?' 하는 것은 마음으로 구하려고 하는 심구심尋求心입니다. 즉, 대상이 무엇인지 알고자 하는 마음이 일어납니다. 그 다음 '아! 이건 마이크구나.' 하고 직감적으로 결정해 버리는 결정심決定心, 이렇게 세 가지 마음이 동시에 단계적으로 일어납니다.

이렇듯 분별되어지고 직감되어진 알음알이 다음에 일어나는 게 무엇일까? 이 역시 세 가지 분별이 일어나는데, 그것은 '좋다', '나쁘다', '좋은 것도 아니고 나쁜 것도 아니다' 라는 이 세 가지 마음입니다. 이런 세 가지 마음의 분별이 일어나면서 좋은 것에 대해서는 집착하려는 마음이 생기고 나쁜 것은 버리려고 합니다. 좋은 것도 아니고 나쁜 것도 아닌 무관심한 대상은 관심을 가지지 않습니다. 이렇게 생각이 길어지면서 좋은 것은 계속 집착하려고 하는 강한 욕망이 일어납니다.

과거의 기억정보가 있어야만 비교 분석해서 분별할 수 있다.

여러분들은 누구나 다 좋은 옷을 입고 싶어 합니다. 좋은 향기를 맡고 싶고, 맛을 보더라도 좋은 맛을 느끼고 싶으며 감촉도 좋은 촉감을 얻으려 하는 이것은 본능적 욕망입니다. 우리는 이미 훈습이 되어 있기 때문에 그것은 우리의 의식에서 아주 강하게 일어나고 있습니다.

이 본능적 욕망이 일어날 때 어떤 상황이 오느냐 하면, 이게 좋은지 나쁜지, 좋은 냄새인지 아닌지, 좋은 맛인지 아닌지, 좋은 촉감인지 아닌지 등을 그냥 알 수 있는 것이 아니라는 것입니다. 반드시 과거에 저장되어 놓은 정보가 있어야만 비교 분석을 해서 '좋다, 나쁘다' 라고 합니다.

만약 여러분의 마음속에 저장되어 놓은 정보가 아무것도 없다면, 마치 어린아이 같은 저장된 정보가 없는 깨끗한 상태에서 어떤 대상을 접촉하면 '좋다, 나쁘다' 라고 하는 내용이 전혀 떠오르지 않습니다.

그런데 '좋다, 나쁘다'라는 걸 떠올리려면 '좋다, 나쁘다'라는 것을 몸으로 경험을 쌓으면서 '이것은 좋은 것이라고 해', '이것은 나쁜 것이라고 할 거야'라고 하는 내용들을 이미 정리 정돈해 온 기억정보가 있어야만 '좋다, 나쁘다'를 분별할 수 있습니다.

여러 차원의 심리적 작용들이 일어나는 것을 '생각'이라고 한다.

우리는 어떤 대상을 보는 순간, '뭐지? 어! 이거구나! 이건 좋은 거야!' 하는 마음을 일으켜서 '좋다, 나쁘다, 좋은 것도 아니고 나쁜 것도 아니다'라는 세 단계를 넘어 네 단계로 올라오려고 하는데 이는 마음속에 저장되어 있는 기억정보들을 더듬어 기억을 떠올려 판단하는 답이 나오게 됩니다. 이때 우리의 마음이 그것을 편집, 분석하고, 분별하는, 다차원적인 여러 차원의 심리적 작용들이 계속해서 일어납니다. 이걸 우리는 '생각'이라 합니다.
생각을 하다 보면 생각에 생각이 꼬리를 물면서 과거와 미래로 막 뛰어다니며 전혀 현실에 맞지 않는 상상 속의 나래를 펼치기 때문에 망상으로 치닫게 됩니다.

몸뚱이는 지地 · 수水 · 화火 · 풍風 4대 원소로 이루어진 물질이다.

우리 마음은 다섯 가지 감각기관을 시작점으로 하여 받아들인 정보를 마음속에서 분별과 편집과 가공을 합니다. 이 과정에서 우리는 108 번뇌와 8만 4천 가지 번뇌를 만들어서 '괴롭다'라고 하는 현상까지 벌어져 버립니다. 이 때문에 마음의 작용이 근본적으로 어디에서 왔는지 살펴보니 결과적으로 몸뚱이에서 왔더라는 것입니다.

몸뚱이가 없으면 감각기관이 없기 때문입니다.

감각기관이 이루고 있는 몸을 보니까, 이 몸뚱이는 지地·수水·화火·풍風이라고 하는 4대 원소들로 이루어진 물질입니다. 그러니 '나'가 아닙니다. 내가 아닌 몸뚱이라는 물질을 쪼개고, 또 쪼개고 해서 분자로 쪼개보고, 그 분자를 쪼개어 원자로 쪼개고, 그 원자를 더 쪼개서 소립자로 쪼개고, 그 소립자를 더 쪼개서 더 이상 쪼갤 수 없는 단계에 가면 텅 비워져 버리고 없습니다.

몸속에는 저장되어 있는 기억정보가 없다.

텅 빈 존재가 모여서 감각기관을 만들고, 그 감각기관에 의해 식별되었던 기능적 작용들이 마치 내 마음처럼 착각이 든 것입니다. 지금 내가 '괴롭다'라고 하니까 내가 괴로운 것이 정말 내가 괴로운 것인지, 아니면 이 물질 덩어리가 모인, 오온이 괴로운 것인지 찾아봐야 됩니다. 그럼에도 찾아보니 텅 비어 없습니다.
그러면 과거에 저장시켜 놓은 기억정보들은 어디에 있을까? 몸뚱이 속의 세포를 아무리 쪼개어 봐도 그 속에 기억이라고 하는 정보는 없습니다. 그렇다면 어디에 있다는 것입니까? 이 우주 공간에 나만의 창고가 있어서 그 창고 속에 내가 경험했던 정보들을 저장시켜 놓고 필요할 때마다 꺼내 쓴다면 또 이해가 됩니다. 그런데 내가 죽고 나면 이 몸뚱이는 그냥 화장해버리면 아무것도 없을 텐데 도대체 그 기억이 어디 있습니까? 이게 문제였던 것입니다.

불교는 2,500년 전에 의식 밑바닥에 자리 잡고 있는 무의식을 발견했다.

부처님께서 '무아'라고 하셨습니다. 때문에 '나'라고 하는 독립적 존재성을 가진 실체가 없으니 절대적 무아인 것입니다. 그러면 도대체 내가 가지고 있는 이 기억들은 '어디서 오는 것인가?'라는 겁니다.

여러분들이 전혀 경험해보지 못했던 꿈속에서의 환영들은 대체 어디서 온 것이냐는 것입니다. 이 의문에 대한 해답을 얻기 위해 수백 년이라는 세월이 흘렀습니다. 부처님께서 열반하시고 난 이후 300년, 400년, 500년이라고 하는 시간들이 흐르며 깊은 연구를 통해 결국 그 해답을 찾아냈습니다. 요가 수행을 하는 과정에서 우리의 의식 밑바닥 속에, 의식보다 더 깊은 심층의 의식이 있는 것을 발견해냅니다. 바로 '무의식'입니다.

경험에 의하면 참선 선정 속에서 의식보다 더 깊은 곳의 심층에 의식이 들어있는 것을 찾아냈습니다.

현대 심리학에서 얘기한다면 의식 이면의, 의식 깊숙한 곳에 무의식이 있음을 발견한 것입니다. 하지만 이 발견은 불과 몇 백 년밖에 안 됩니다. 이에 비해 불교는 2,500여 년 전에 이미 의식 밑바닥에 무의식이 자리 잡고 있는 심층의식을 이미 발견한 것입니다.

의식과 무의식의 세계를 구별하지 못하면 정신계가 혼란해진다.

의식과 무의식이 적절하게 조화될 때는 정신계에 혼란이 일어나지 않습니다. 하지만 의식세계와 무의식 세계에 혼란이 일어나게 되면, 조화가 이루어지지 않으면 정신계가 혼란해집니다.

그 예로, 가히 정신적 문제가 있는 사람들을 보면 본인은 어떤 얘기를 열심히 하는데 현실하고 맞지 않는 황당한 얘기를 하는 것처럼 들립니다. 그것은 그 사람의 다섯 가지 감각기관과 여섯 번째 6의식에서 판단하고 있는 어떤 결과물을 생각해서 말하는 것이 아니라 무의식 속에 저장되어 있는 것들을 마구 떠올려버리니까 의식과 무의식이 조화되지 못하고 혼란이 와서 소위 '횡설수설' 하는 것처럼 보이는 것입니다.

무의식 속에 저장되어 있는 과거의 기억을 '종자' 또는 '습기' 라고 한다.

우리의 무의식 속에는 많은 기억정보가 들어있습니다. 여러분들은 그 기억정보들을 끄집어내어 현재의 대상과 비교 분석하면서 '좋다', '나쁘다' 라고 하는 것을 결정짓는 것입니다. 그러므로 똑같은 음식이라 할지라도, 한 뱃속에서 난 같은 자식들인데도 불구하고, 그 음식을 좋아하는 자식이 있는가 하면 그 음식을 싫어하는 자식도 있습니다.

그것은 혀로 먹는 맛은 똑같을 수도 있겠지만 그 혀로 접촉된 정보를 받아들인 나는 내 마음속에 들어있는 기억정보를 끄집어내서 비교를 통해 '좋다', '나쁘다' 라고 판단하기 때문입니다. 그러면 그 판단 기준이 무엇일까요? 저장된 정보의 내용입니다. 이것은 개개인마다 다르겠지요? 그걸 우리는 개개인의 무의식 속에 저장되어 있는 과거의 기억이라 합니다. 달리 말하면 '종자' 라 하고 '습기' 라고 합니다.

좋고 나쁨을 분별하는 것은 여섯 번째 마음인 제6의식이 한다.

앞에서 언급했던 내용으로 잠시 돌아가 보겠습니다. 지금 내 마음을 일으키고 있는 그 마음의 심리현상 작용은 분명 원인이 있고, 그 원인 속에는 물질로 만들어진 몸뚱이와 접촉하는 감각기관과 마음속에 저장시켜 놓은 기억정보가 관여하고 있다는 것입니다.

그런데 우리가 어떤 대상을 보더라도 눈은 보기만 할 뿐 그것을 '좋다', '나쁘다' 분별하지 않습니다. 귀도 마찬가지로 어떤 소리를 듣고 그 소리가 '좋다', '나쁘다'

분별하지 않습니다. 절대 '좋다', '나쁘다' 라고 하는 분별은 오감, 즉 다섯 가지 감각이 하는 것이 아니고 여섯 번째 의식인 그 마음이 '좋다', '나쁘다' 라고 하는 분별을 냅니다. 그렇듯 결론을 내리려면 과거에 저장되어 있는 정보를 끄집어내어 비교를 통해 안다고 하는 것입니다.

그러면 과거에 저장된 정보를 끄집어내려고 하면 제6의식 말고 또 다른 의식이 나와야 됩니다. 왜냐하면, 내가 '좋다' 라고 해야 되기 때문입니다. 남이 '좋다' 가 아니라 내가 '좋다' 는 생각을 일으키면 나를 중심으로 하는 내 생각이 먼저 나와야 한다는 것입니다.

모든 정보는 제7식이라고 하는 자아의식을 통해 저장시킨다.

내 생각이 먼저 나오려면 '나' 라는 생각이 있어야 되겠지요? '나' 라는 생각을 일으키는 것은 6의식이 아니고 6의식보다 더 깊은 무의식 속에 들어있는 일곱 번째 마음이 작동해야 합니다. 이 일곱 번째 마음이 제7식이며 '자아의식' 이라고 합니다. 이 일곱 번째 마음은 항상 '나' 라는 생각을 하고 내가 '있다' 는 생각을 합니다.

왜 내가 있다는 생각을 하냐하면, 다섯 가지 감각기관과 여섯 번째 의식이 받아들인 모든 정보를 제7식이라고 하는 자아의식을 통해 어딘가에 저장을 시킵니다. 이때 저장시켜 놓은 그 공간, 저장시켜 놓은 그 주체를 자기 자신, 즉 '나' 라고 하는 생각이 자꾸 생기는 것입니다.

자아의식이 없는 오온과 여섯 번째 의식은 죄를 짓지 않는다.

여러분들이 어느 공간에 귀한 물건을 자꾸 집어넣으면, 그 공간은 자기만의 공간이 됩니다. 그래서 이 공간은 남이 아닌 나만의 방이라는 생각을 하게 됩니다. 그런 생각을 갖게 만드는 것이 일곱 번째 의식인 제7말나식이라는 자아의식이라고 했습니다. 이 일곱 번째 자아의식은 제6의식에서 작동하는 것이 아니라 무의식 속에서 작동합니다. 그래서 꿈속에서도 여러분은 '나'라는 생각이 드는 것입니다.

이를테면 내가 꿈을 꾸고, 꿈속에 뛰어다니는 것이 '나'라고 생각합니다. 무의식 속에서도 '나'라는 것을 느낄 수 있는 것은 바로 이 7식이 있기 때문입니다. 그래서 여섯 번째 의식과 다섯 가지 감각기관은 죄를 짓지 않습니다.

이유인즉, 자아의식이 없기 때문입니다. 자아의식이 없으니 아뢰야식 속에 저장되어 있는 정보를 끄집어내지 않으면 지금 내가 접촉하는 대상이 좋은지 아닌지도 모릅니다. 그리고 '나'라는 생각을 일으키지 않기 때문에 아집을 일으키지 않습니다.

윤회하는 주체는 일곱 번째 자아의식과 여덟 번째 제8아뢰야식이다.

자아의식은 항상 '나'라는 생각을 하며 그 자아의식이 중심이 되기 때문에 항상 자기중심적 관계에서 자신 빼고는 자기의 마음속에 저장시켜 놓은 공간과 그 공간에서 끄집어낸 종자, 자아라고 느끼는 것 빼고 나머지는 모두 다 '남'이라고 생각합니다. 나와 남을 대립시켜 나를 중심으로 한 이기적 중생의 삶을 살다 보니 그것이 죄가 되고 업이 되어 윤회에 굴러가는 것입니다.

사람이 죽으면 다섯 가지 감각기관과 여섯 번째 의식은 시체와 함께 사라져버리고, 그 시체가 사라지더라도 시체에서 빠져나온 일곱 번째 자아의식과 여덟 번째 제8 아뢰야식이라는 놈이 윤회하는 주체로서 끝없이 중유 세계의 중음신이 되었다가 다음에 또 과보를 받아 사생육도로 윤회를 해가면서 계속 이어져 갑니다. 이렇듯 계속 이어져가고 있는 심층에 있는 무의식은 저장해 놓은 정보들을 그대로 가지고 갑니다.

아뢰야식은 이미 훈습되어 있는 과거의 끝없는 정보로 인해 수정체를 변화시킨다.

무의식은 다섯 가지 감각기관을 통해서 접촉했고, 여섯 번째 의식으로 분별했던 모든 정보들을 가공시키고 편집한 만큼, 또는 분별한 만큼 그리고 망상을 피운 만큼 모든 마음의 심리적 현상만큼의 결과물을 마음속에 저장시켜 놓고 그것을 가지고 어머니 뱃속으로 들어갑니다.

그런데 이놈이 어머니 뱃속에 들어가서 어머니의 몸을 만드는데도 영향력을 끼칩니다.

전혀 눈으로 볼 수 없고 몸으로 만질 수 없고 어떻게 식별할 수 없는 그 무의식의 제7말나식과 제8아뢰야식은 윤회의 주체로서, 형체도 없는 이놈은 빛과 함께 어머니 몸속으로 들어가면 아버지로부터 받았던 정자와 어머니로부터 받았던 난자가 수정된 수정체를 변화시킵니다.

왜냐하면? 이 아뢰야식 속에는 이미 과거의 끝없는 정보가 훈습되어 있기 때문에 그 정보로 인해 수정체를 변화시키게 됩니다.

아뢰야식은 훈습된 종자와 습기 정보에 의해서 아기의 몸에 영향을 끼친다.

어머니가 정상적 조건 속에서 아기를 잉태하고 있는데도 불구하고 이 태아가 성장하는 과정에서 장애를 가지고 몸 밖으로 나온다면 바로 아뢰야식 속에 저장되어 있는 훈습된 종자와 습기들이라고 하는 기억정보들에 의해 몸뚱이에 장애를 만든 것입니다.

아뢰야식은 태아의 지적 장애를 만들고 골격의 장애를 만들어서 몸 밖으로 나오고, 또 몸 밖까지는 정상적으로 태어났다 하더라도 교통사고 등의 외부요인에 의한 장애가 아니라면 아뢰야식 속에 들어있는 훈습된 종자와 습기에 의해 장애가 만들어진다는 겁니다. 반대로 성장 과정에서 더욱 더 강하고 건강하게 태아를 성장시키기도 합니다.

그러므로 이 아뢰야식이라고 하는 과거의 정보 속에는 수많은 몸을 만들 수 있는 근본적 종자를 갖고 있는 것입니다. 두뇌를 만들 수 있는 종자, 성격을 만들 수 있는 종자, 그리고 몸의 체형을 만들 수 있는 종자를 비롯해 지적인 능력, 감성의 능력, 분별하는 능력 등 수없이 많은 종자들을 가지고 있기 때문에 그 종자에 따라서 만들어집니다.

무의식에 저장된 수많은 기억정보는 그대로 염염히 이어진다.

예를 들어 내가 부모를 잘못 만났다는 생각을 한다면 그럴 만한 가치가 없습니다. 왜냐하면, 나는 훈습되어 있는 정보들에 의해 몸이 만들어지고 나의 영혼이 형성되며 나의 영성靈性과 체성體性이 만들어진 것이기 때문입니다.

그러므로 가치조차 없는 생각을 하지 말고 지금 이 순간 내 마음속에 무엇을 저장시키고 어떻게 훈습시켜 놓을 것인가를 생각해야 합니다.

마음이라고 하는 것은 겉으로 드러나 있는 다섯 가지 감각기관에 의한 마음과 여섯 번째 의식, 그 마음 밑바닥의 일곱 번째 자아의식과 여덟 번째 아뢰야식 속에 저장된 수많은 기억정보를 그대로 염염히 상속시켜 이어가고 있습니다. 마음은 형상이 전혀 없지만 끝없이 이어집니다. 그러기에 영원히 불생불멸입니다. 여러분은 이미 훈습된 종자 정보가 있기 때문에 윤회하지 않을 수가 없습니다.

윤회는 종자식種子識이 있는 한 영원히 멈추지 않고 굴러가는 불생불멸이다.

여기 고무공이 하나 있습니다. 이 고무공을 한 번 굴려봅시다. 내가 이 고무공을 손에서 놓으면 그 순간 얼마만큼의 힘을 주었느냐에 따라 멀리 굴러갈 수도 있고 가다가 멈출 수도 있을 것입니다. 고무공이 둥글기 때문에 굴러가는 것은 맞으나 내가 굴려놓은 힘이 있는 동안만 굴러가고 어느 시점에 가면 멈출 것입니다.

그와 마찬가지로 우리 마음속에 아뢰야식이라고 하는 그 종자식種子識이 들어있는 한, 윤회로 굴러간다는 것입니다. 불생불멸이기 때문에 영원히 멈추지 않고 염염히 이어진다고 했습니다.

인식하고 있는 모든 것은 전부 다 내 마음작용이다.

이제 우리가 해야 할 일이 무엇일까? 이 우주법계를 만든 것도, 모든 근본은 내 마음을 만든 근본과 똑같은 빛이고 광명이라고 했습니다. 물론 눈으로 볼 수 없는 빛이고 광명입니다. 이 근본 실상의 모습에서 나는 내 마음을 만들고 우주를 만들었습니다. 지금 내가 인식하고 있는 모든 것은 전부 다 내 마음의 작용입니다.
그 어떤 것이든 전부 다 내 마음에서 식별하는 것이기 때문에 내 마음이 지어서 내 마음이 받아들이고 내 마음이 웃고 울고 그러므로 전부 내 마음작용이라는 얘기입니다. 내 마음을 떠나서는 아무것도 없습니다. 그래서 '오직 마음뿐이다. 유식唯識인 오직 마음이다.' 또는 '무경無竟, 일체 경계는 없다. 마음 외에는 아무것도 없다.'라고 하는 것입니다.

우주도 세상도 그 모든 것은 내 마음이 짓는 것이다.

우주를 만든 것은 내 마음이라 했습니다. 보고 느끼는 세상도 내가 만들었습니다. 이렇게 우주도 만들고 세상도 만든다면 아름답게 만드는 것이 좋겠지요? 행복하게 만드는 것이 좋겠지요?

반대로 추하게 세상을 만드는 것도, 고통스럽게 만드는 것도 내 마음 세계가 그렇게 만드니 내가 만든 것입니다. 어느 누가 만들어 줄 수가 없습니다.

부모가 내 마음 세계를 만들어 주는 것도 아니고, 부처님과 하나님이 내 마음 세계를 만들어 주는 것도 아닙니다. 내 마음이 내 마음을 짓는 것이기 때문에 지금 내 마음속에 어떻게 우주 건설을 하느냐가 그만큼 중요합니다.

내 마음을 다시 건설하는 것이 마음 닦는 수행이다.

우리에게 이번 생에서 가장 중요하고, 가장 소중하며 가장 긴급한 일이 무엇일까요? 바로 내 마음 세계를 건설하는 일입니다. 마음 세계를 어떻게 하는 것이 '건설한다.'라고 말하는 것일까요? 아무것도 없는 텅 빈 상태에서 건설해야 하는 것이 아니라면 재건설을 해야 합니다.

우리 마음속에 나타나고 있는 것들을 보면, 좋은 것이 절반이고 나쁜 것이 절반입니다. 또 탐욕도 생기고, 성냄도 생기고, 온갖 편견도 생기며 짜증도 나고, 스트레스도 생기고, 세상이 평화롭고 행복하게 보이지도 않습니다.

그런가 하면 즐거움도 없고, 괴로움만 넘치는 것 같기도 합니다. 이와 같은 마음은 자기 자신이 그렇게 만들어 놓은 것입니다.

온 천지가 행복과 기쁨으로 넘쳐나는 세상을 만들려고 하면 어떻게 해야 할까요? 이젠 명확히 알 것입니다. 그것은 마음의 세계를 내가 다시 건설해야 한다는 사실입니다. 내 마음을 내가 다시 재건축해야 합니다. 이걸 우리는 마음 닦는 수행이라고 하고 불교수행이라고 합니다.

내 마음을 어떻게 가지는 것이 마음을 닦는 수행이라 할 것인가?

내 마음 세계를 어떻게 건설해야 되느냐? 분별을 일으키지 않아야 됩니다. 그리고 마음 밖에서 따로 뭔가를 얻으려고 하지 않아야 합니다.
항상 '있는 그대로' 봐야 합니다. 내 눈에 무엇이 보이든, 내 귀에 무엇이 들리든, 코에 어떤 냄새가 맡아지고 피부에 무엇이 닿든, 좋다는 생각도 나쁘다는 생각도 하지 말고, 소스라치게 놀라지도 말며 '있는 그대로' 보고 듣고 냄새 맡고 맛보고 접촉하는 것입니다. 거기에 다른 일체 생각을 붙이지 말라는 것입니다. 내 개인적인 사량思量, 생각을 붙이지 말라는 말입니다.

부처와 중생은 분별망상을 일으키느냐에 달려있다.

마음을 분별없이 있는 그대로 수용하고 받아들이십시오. 내 마음 외의 다른 데서 무엇을 얻으려고 하지 마세요. 오직 회광반조回光返照 시켜 내 마음속에 들어있는 과거의 저장된 수많은 정보들을 내가 변화시켜야 합니다. 질적 훈습을 시키기 위한 노력을 해야 합니다.

그런 마음을 가지고 언제 어디서나 항상 그 마음을 살피면서 분별하지 않고 지켜보고 수용하면서 나갈 때 거기서 마음의 본성이 그대로 드러나 부처가 될 수 있는 길이 나옵니다.

부처가 되는 것도 마음을 온전히 드러내었기 때문에 부처가 된 것입니다. 반대로 분별 망상을 일으키고, 이거다 저거다 짜증내고 온갖 판단을 해버렸기 때문에 미혹한 중생이 된 것입니다. 시작은 똑 같았어요. 그래서 분별하지 않고 그 자리에서 그대로만 지켜볼 줄 안다면 그것이 곧 부처로 나아가는 길이 됩니다. 그러나 그 길에서도 분별 망상만 해버린다면 바로 중생 세계로 빠져버립니다.

이점을 아신다면 여러분들은 이 제법의 우주가 어떻게 만들어졌고 삼라만상이 어떻게 형성되어 있는지 사량 분별하지 말고 우주법계를 그대로 수용하면서 분별 망상을 일으키지 않는다면 저절로 본성의 마음이 드러나 행복의 세계, 깨달음을 세계, 부처의 세계로 나아갈 수 있을 것입니다.

성불을 위한 몸과 마음의
상의관계성相依關係性에 대한 이해

불교의 궁극적 목적은 성불입니다. 성불하기 위해서는 반드시 마음을 닦아야 합니다. 그런데 생각이 일어나면 마음이 있는 줄 알겠는데, 생각이 사라져버리면 마음이 어디에 있는지 도통 갈피를 잡을 수가 없습니다.

성불을 위해선 몸과 마음을 어떻게 조절하고 잘 닦아야 하는가?

실체를 볼 수 없는 마음을 두고 이 마음이 있다고 해야 할지 없다고 해야 할지 참 답답합니다. 성불하기 위해서 반드시 마음을 닦아야 한다면, 이 마음은 도대체 어떠한 실체를 가지고 있는지, 마음은 어디에서 비롯되어 나타나는지, 여기에 대한 의미를 새겨 보아야 합니다.

또한 현대 과학에서는 마음은 몸에서 비롯된다고 했기 때문에 몸과 마음의 관계성, 상관 관계성 이런 부분을 진심법문에서 얘기하려고 합니다. 더불어 성불을 위해서는 몸과 마음을 어떻게 조절해 조화롭게 잘 닦아야 하는지 그 방법론에 대해서도 몇 가지 말씀드리려 합니다.

현대 의학적 입장과 불교적 입장에서의 마음에 대한 이해

우리들이 마음에 대해 이해를 하려면 두 가지 측면에서 이해해야 됩니다. 첫 번째는 현대 의학적 측면에서 마음을 어떻게 이해하고 있는가? 또 한 가지는 불교적 입장에서는 마음을 어떻게 바라보고 있는가? 이 두 가지 입장에 대한 설명을 통해 우리가 마음에 대한 이해를 좀 더 넓히고, 몸과 마음을 어떻게 닦아야 하는지에 대해 정확히 공부해야 합니다.

먼저 현대 의학 쪽에서 바라보는 마음이 어떤 것인가를 알고자 하면, 몸에서 마음이 비롯된다는 입장이기 때문에 먼저 몸을 알아야 마음을 이해할 수 있습니다. 몸이 어떻게 탄생 되었을까요? 그 시원을 알기 위해서는 우주 탄생의 비밀을 알아야 합니다.

우주 탄생에는 '빅뱅(big bang)'이라는 대폭발설大爆發說이 있다.

지금으로부터 137억 년 전 우주에 엄청난 에너지를 가진, 눈으로 보이지 않는 소립자가 빅뱅(big bang), 대폭발을 합니다. 폭발 이후 엄청난 속도로 팽창하면서 그 공간에는 아주 작은 입자들이 발생하게 됩니다. 물론 눈으로 식별할 수 있는 그런 입자들은 아닙니다.

눈으로 식별할 수 없는 입자들이 서로 충돌과 결합을 하면서 눈으로 식별될 수 있는 물질들로 변하고, 이것이 또 다시 충돌, 결합, 충돌, 결합하면서 수많은 별들이 탄생하게 됩니다. 그렇게 해서 태양계가 이루어지고 거기서 우리가 살아가고 있는 지구의 탄생이라는 결과가 나타나게 된 것입니다.

지구형성 이후 미행성의 잦은 충돌로 지상에 공기와 물이 생기게 된다.

137억 년 전 우주가 대폭발을 하고 난 이후 지금으로부터 약 46억 년 전에 지구가 탄생되었습니다. 이 지구 역시도 수많은 물질들이 충돌, 결합을 계속 반복하면서 만들어지는데 이 과정에서 엄청난 열이 발생됩니다. 그래서 물질이라는 물질은 용융상태로 다 녹아버리고 이때 무거운 것은 안으로 들어가고 가벼운 것은 바깥에 남아 표면을 형성한 것입니다.

한동안 그와 같이 변하는 과정에서 상당히 많은 열에너지를 발생하게 되는데, 그래서 지구라고 하는 이 별에는 원래 물도 없었습니다. 물이 없으니 공기도 없습니다. 그러다 지구가 열이 식기 시작해서 정상적인 상태가 되어갈 때 또 작은 행성들과 충돌하게 됩니다. 이때 지구에 물이 탄생하게 됩니다. 물이 탄생함으로써 공기도 탄생 되었습니다. 이로써 대기권을 가지고 생명체가 살 수 있는 좋은 환경조건을 가진 오늘날의 지구로 탄생된 것입니다.

지구 탄생 이후 현생 인류의 조상이 나타나는데 걸린 시간은 불과 4~50만 년 전이다.

47억 년 전 지구가 탄생되고 난 이후 10억 년이라는 세월 동안 우주의 별들과 별들 사이 우주 공간에 떠있는 희박한 물질인 소위 '성간물질星間物質'이라고 하는 그 물질들 속에 유기화합물이라고 할 수 있는 아미노산 등의 물질들이 많이 들어있게 됩니다. 그런 것들이 지구에 유입되고 또 사라지는 별들의 조각인 유성이 지구에 들어오는데 여기에 아미노산 같은 유기화합물질들이 있음으로 해서 세포가 탄생하게 되는 일이 생깁니다.

세포 탄생은 무핵세포無核細胞가 최초로 탄생이 되고, 다음에는 원핵세포原核細胞가 탄생이 되고, 그 다음으로 원핵세포가 진핵세포眞核細胞로 변화가 되고, 이 진핵세포가 나중에 다세포 생명체로 변화를 불러옵니다. 여기까지 진화하는데 소요된 시간이 약 26~27억 년 정도 걸렸습니다.

이제 지구에는 생명체가 등장하게 되고, 그로부터 또 시간이 흐르면서 마침내 현생 인류의 조상으로 알려진 호모 사피엔스(Homo sapiens)가 나타나는데, 여기까지 오는 데 걸린 시간은 지금으로부터 약 4~50만 년 전쯤의 일이었다고 합니다. 이러한 사실들을 미루어 오늘날의 '나'라는 존재가 몸을 지니게 된 것은 지구상에 나타난 무핵세포 이전의 유기화합물에 그 시원을 두고 있는 것으로 보입니다.

과학자들의 입장은 몸이 없으면 마음이 나타날 수 없다고 전제한다.

우리 몸은 이와 같은 소위 감각 세포, 신경 세포, 운동 세포 등이 조합되어서 DNA와 같은 약 60조 개의 세포들이 모여 있습니다. 그리고 머리에는 1000억 개의 뇌세포가 들어있습니다. 이렇게 갖추어져 있는, 다세포를 이루고 있는 사람이 그래서 마음이라고 하는 의식이 일어나게 됩니다.

마음은 어떻게 일어나게 되느냐 하면, 감각 세포가 어떤 감각한 것들을 신경세포에게 전달합니다. 그러면 신경 세포가 척수신경을 통해 중추 신경이라고 하는 대뇌(머리)로 올라옵니다. 이렇게 올라오게 되면 여기서 의식이 발달되는데 이 의식을 소위 마음이라고 합니다. 그러니까 한 마디로 의학자들이, 과학자들이 얘기하는 것처럼 몸이 없으면 마음이라고 하는 것은 나타날 수가 없습니다.

과학자들은 마음이 나타나려고 하면 반드시 몸이 전제되어야 하고, 몸에서도 세포가 전제되어야 하고, 세포에서도 시냅스(synapse)라고 하는 신경 세포가 있어야만 의식이 나타난다고 합니다. 그래서 마음의 최소 단위는 시냅스라고 할 정도로 설명하고 있습니다.

업과 윤회는 반드시 실존하는 불교의 진리이다.

'몸이 없으면 마음이 없다, 몸이 있음으로써 마음이 탄생 된다.' 이와 같은 전제로 몸과 마음의 관계를 규정한다면 불교에서는 엄청난 딜레마에 빠지게 됩니다. 몸이 없으면 마음이 없을 때, 그러면 몸이 죽고 나면 마음은 어떻게 되는가? 몸은 사라지고 마는가? 몸이 죽고 사라져버리면 마음도 사라져버릴 텐데 그러면 도대체 업은, 지어놓은 업은 누가 받는가? 또 윤회는 누가 하는가? 하는 문제가 생겨나게 됩니다.

현대 과학자들이나 의학자들이 말하고 있는 마음의 기원, 마음이라고 하는 이 의식을 그렇게만 이해를 해버린다면 불교의 위대한 지혜가 필요가 없게 됩니다. 하지만 불교에서는 의학이 발달하기 이전인 3000년 전에 이미 업과 윤회의 진리가 완벽하게 드러나 있습니다. 업과 윤회라는 의미가 분명하게 인정되고 있는 사상이 불교입니다. 지난 시간에 공부했듯이, 업과 윤회는 반드시 실존합니다.

마음을 이해하려면 불교적 관점에서의 마음을 이해해야 된다.

업은 대체 몸이 사라지고 나면 어떻게 남아서 다음 생에 과보를 받으며, 그 과보를 받을 실체는 또 무엇인가? 또한 윤회는 누가 하는가? 하는 이런 부분들에 있어 상당히 혼란이 있게 되는데, 그래서 마음을 이해하려면 반드시 불교적 관점에서의 마음을 이해해야 됩니다.

사람은 다섯 가지 감각기관과 정신이 모인 복합체이다.

불교에서는 사람의 존재를 어떻게 보고 있느냐 하면, 다섯 가지 감각기관과 정신이 모여서 사람을 이룬다고 합니다. 다섯 가지 감각이라고 하는 것은 눈과 귀와 코와 혀와 몸, 이 다섯 가지 감각기관을 말하는 것입니다.
우리는 이를 통해 대상에 접촉하고 살아가고 있습니다. 그래서 몸으로 접촉하는 감정은 몸에서 바로 느껴 버립니다. 눈으로 본 것은 눈에서 바로 느껴 버리고, 귀로 들은 것은 귀에서 바로 느껴 버립니다.

정신精神이란 의식意識이고, 의식은 의근意根을 중심으로 일어난다.

정신精神이라고 하는 것은 의식意識이라고 할 수 있는데, 이 의식이라고 하는 것은 의근意根에서 인식작용을 하기 때문에 의식이라 합니다. 의근은 몸이 아니고 물질도 아니고 또 다른 정신입니다.

눈으로 보고 귀로 듣고, 코로 냄새 맡으며 혀로 맛보고 피부로 감촉을 할 때, 그 저변에서 접촉된 느낌을 분별(식별)하는 마음, 즉 의식이 일어나는데 그 의식은 의근을 중심으로 일어난다는 것입니다. 그러므로 의근은 몸이 아닙니다. 이걸 뇌라고 해도, 머리에 있는 뇌세포라고 해도 안 되는 것입니다. 물질이 아니고 몸 신체가 아닌, 다른 기능이라는 것입니다.

다섯 가지 감각기관이 어떤 권능을 가지고 활약한다는 의미가 '근(根)'이다.

다섯 가지 감각기관과 의식이라고 하는 정신, 이렇게 여섯 개가 모여서 사람 구실을 합니다. 눈과 귀와 코, 혀와 몸을 한자로 안眼, 이耳, 비鼻, 설舌, 신身이라고 하는데, 이것들은 감각기관으로서 절대적 작용을 할 때, 특별하게 부를 때, 이것들을 안근眼根, 이근耳根, 비근鼻根, 설근舌根, 신근身根이라 해서 '뿌리 근根' 자를 붙입니다.

뿌리 근의 어원은 '인드라(Indra)'입니다. 인드라는 힌두교에 나오는 인드라신을 말합니다. 인드라신은 절대적인 신입니다. 권능, 왕권, 권력 등의 의미를 함축하고 있는 말이 인드라이고, 그 말을 한문으로 근根이라고 표현합니다. 그래서 안근, 이근, 비근, 설근, 신근의 5근이라 함은 안, 이, 비, 설, 신이 독보적이며 아주 절대적 권능을 가지고 활약합니다.

육근六根이 조합된 인간은 독보적이고 자율적인 행위를 할 수 있는 의지적 존재이다.

우리의 몸뚱이는 안, 이, 비, 설, 신이라고 하는 다섯 가지 감각기관에 '근'이 붙었을 때는 독보적이고 자율적인 행위를 할 수 있는 의지적 존재입니다.

어느 신에 의해 구속되어서 속박당하거나 어느 신에 의해 창조된 것이 아니라, 아주 독립적으로 외부의 영향을 받지 않는 신의 본능을 가지고 있는 절대자라는 겁니다. 여기에 '의근意根'이라고 하는 정신세계를 포함해 여섯 가지 6근六根을 설명하고 있는데 이 6근의 조합이 결국 인간입니다.

의근意根은 법경法境을 상대하면서 독자적 활동도 한다.

안·이·비·설·신·의는 색·성·향·미·촉·법이라고 해서 눈은 바깥의 형색을, 귀는 소리를, 코는 향기를, 이렇게 대하고 있지만 의근은 무엇을 상대로 삼는가 하면 법경法境을 상대로 삼습니다. 법경이라고 하는 법은 우주 삼라만상을 법이라고 하지만 여러분들이 상상하는 것, 공상하는 것, 망상하는 것, 즉 눈에 보이지 않고 마음속으로 나타나는 그런 현상까지도 법이라고 합니다.

그래도 허상일 수도 있고 망상일 수도 있는 이런 공상까지도, 또 선정 속에서 나타나는 경계까지도, 삼라만상을 전부 통틀어 법이라고 합니다. 일체제법一切諸法이라고 합니다. 의근은 일체제법의 법경을 상대하고 있습니다.

의근은 눈과 함께 활동하고, 귀와 코와 혀와 몸과 함께 활동을 하지만 또 법경을 상대로 활동하기 때문에 5근을 떠나 혼자서도 활동할 수 있습니다.

다시 말해 우리가 눈, 귀, 코, 혀, 몸을 가지고 감각 활동을 할 때, 의근이 함께 작용해 의식을 만들어내지만, 의근 혼자서도 활동합니다. 어떻게 활동하는 것이 혼자 활동하는 것이냐 하면, 꿈을 꿀 때나, 망상하거나, 선정할 때 이럴 때는 오근에 의지하지 않고 독립적으로 의식 활동을 할 수 있습니다.

이렇게 해서 초기불교에서는 '안, 이, 비, 설, 신 ,의'라고 하는 6가지의 근을 중심으로 한 6의식까지만 판단하고 있습니다.

무아이면서 윤회의 주체는 '아뢰야식'이라는 무의식의 마음이다.

그런데 그 당시 부처님께서는 분명히 업과 윤회에 대한 진리를 인정하고 받아들이셨다는데, 부처님께서는 연기의 진리를 깨치고 나신 후 일체가 무상無常한 제행무상, 일체가 무아無我인 제법무아, 일체가 고품인 일체개고의 삼법인三法印을 설하셨습니다. 여기서 제법은 무아라고 했습니다. 영원히 변치 않는 독립된 자아는 없습니다.

그런데 자아가 없다면 어떻게 업을 지어서 과보를 받는가? 윤회는 어떻게 하는가? 이런 문제가 상당히 논란이 되고 혼란스러운 딜레마에 빠질 수 있는 상황이 되었다는데, 그런데 부처님께서는 이미 아함부阿含部 초기 경전을 통해 곳곳에서 무아이면서 윤회의 주체에 관련한 말씀들을 많이 하셨습니다.

이에 대해서는 결국 부처님 입적 300년 후 부파불교 당시 때 여러 논사들이 이런 부분들을 연구하기 시작합니다. 그러다 대승불교 중기 때 유식학이 발달하게 되고 이 때 무아이면서 윤회의 주체인 '아뢰야식이'라고 하는 무의식의 마음을 제시하면서 이 문제가 해결되어 버립니다.

유식교학에서는 전5식과 제6의식, 제7말나식,
제8아뢰야식의 8식설八識說을 제시하고 있다.

초기불교에서 안식, 이식, 비식, 설식, 신식 다섯 가지 감각기관의 다섯 가지 마음과 의근에서 나오는 제6의식의 마음에 대승불교 유식교학에서는 제7말나식과 제8아뢰야식을 보태어 여덟 가지 마음을 제시하고 있습니다. 이것이 대승불교 중기에 나타난 유식교학에서의 새로운 마음의 제시입니다. 이것이 초기불교와 달랐던 것입니다.

우리의 마음은 눈과 귀와 코와 혀와 몸이라고 하는 다섯 가지 감각기관인 전오식前五識과 함께 여섯 번째인 제6의식이 활동하는데, 이 의식 활동의 심층에는 제7말나식인 자아의식이 '내가 있다[아유我有]'는 상을 가지고, '어리석음[아치我癡]'을 일으키고 '내가 잘났다[아만我慢]'는 생각을 하게 되며 '내가 최고[아애我愛]'라는 생각으로 '나를 사랑하는 마음이 생겨 남보다 나를 아끼고', '나에 대한 존재가 분명히 실재하고 있다[아집我執]'는 집착을 하게 되면서 업을 짓게 됩니다. 그래서 지은 이 업의 종자들을 저장하는 곳으로 제8아뢰야식이 나타나게 됩니다.

제8아뢰야식에 근본적인 원인을 제공하는 정신은 제7말나식(자아의식)이다.

만약 텅 빈 허공에 어떤 물질들이 만들어져서 그 어떤 것들이 쌓여지려 한다면 일정한 공간이 있어야 합니다. 그렇듯 조금 전 언급했던 아치, 아애, 아만 이런 것의 근본 번뇌들에 의해 업을 지었을 때, 업의 종자와 업의 습기가 쌓여지는 공간이 생긴 것을 아뢰야식이라고 합니다.

만약 근본 번뇌에 의한 업이 쌓이지 않았다면 아뢰야식이 만들어지지 않았겠지요. 그러므로 제6의식보다는 깊고, 제8아뢰야식보다는 얕으면서도 근본 번뇌를 가지고 업을 지어 아뢰야식에 저장하는 그 의식을 제 7말나식이라고도 하고 자아의식이라고 했다는 것입니다.

마음이라고 하는 것은 여덟 가지 마음이 항상 함께 움직이고 있는 것이다.

결론적으로, 마음이라고 하는 것은 전5식과 제6의식과 그리고 그 심층의 자아의식인 제7말나식과 그 업의 종자와 습기를 담고 저장하는 제8아뢰야식이 드러남으로써 여덟 가지 마음으로 설명되어져야 합니다.

그리고 이 여덟 가지 마음은 항시 함께 움직이고 있기 때문에 이들 마음들이 서로 어떻게 관계하고 있는지 충분하게 이해되지 않고는 마음의 정확한 실체를 파악하기 어렵습니다.

제7말나식과 제8아뢰야식은 앞서 말씀드린 바와 같이 유가행자^{瑜伽行者}들이 요가 수행을 하는 과정에서 깊은 선정 속에서 이 심층의 마음을 발견하게 되었습니다. 그래서 여러분들이 현대과학에서 얘기하고 있는 '몸이 마음을 만들어 낸다.' 라고 했을 때는 제6의식까지를 이야기 했습니다. 그러므로 몸이 죽으면 6의식은 사라진다는 것입니다.

끝없는 윤회로 이어지는 것은 제7 자아의식과 제8아뢰야식이다.

제6의식을 통해 분별하고 집착하면서 행동했던 업들은 종자와 습기가 되어 제7말나식을 거쳐 제8아뢰야식에 저장됩니다. 제6의식은 육체와 함께 사라져버리지만 제7자아의식과 제8아뢰야식은 한 덩어리가 되어서 끝없이 윤회로 이어져 갑니다. 그래서 윤회를 벗어나지를 못하는 것입니다.

마음은 상주불멸하는 것이 아니라 일어난 순간 없어지며 다시 일어나는 마음과 겹친다.

마음은 찰나에 생겨났다가 곧바로 사라지는데, 마음이 생겨나고 이것이 영원히 변치 않고 그대로 존재하는 것이 아닌데 어떻게 심층의 7식, 8식으로 존재하느냐 하면, 마음이 일어났다 사라지는데 다음에 일어나는 마음과 겹칩니다.
먼저 일어났던 마음이 사라질 때 다시 일어나는 마음과 겹치면서 앞에 만들어졌던 업의 종자와 습기를 다음 마음으로 전달시켜 버린 것입니다.

마음이 생멸하는 성질은 마치 폭포수에서 물이 계속하여 흐르는 것과 같다.

마음이 생멸하는 것을 비유하면, 아름다운 산에 폭포 물이 흐르고 있는 것을 들 수 있습니다. 산중 폭포는 실제로 한 방울 한 방울의 물이 끊임없이 연속적으로 흐르고 있지만 우리는 그 폭포 물이 마치 계속해서 한줄기로 흐르는 것으로 보고 있습니다.

우리의 마음 역시 한 찰나에 일어나 한 찰나에 사라지지만, 한 생각이 일어나 사라질 때 다음에 일어나는 마음과 겹치기 때문에 마음이 계속 이어지는 것처럼 느껴지는 것입니다. 이렇게 하여 우리 마음은 계속 이어지는 것입니다.

마음은 염염히 상속된다.

여러분은 어제와 오늘을 놓고 봤을 때, 어제의 나는 오늘의 나와 동일한 자아라고 판단하고 있을 것입니다. 그 이유는 75분의 1초라는 찰나의 빠른 속도로 마음이 염염히 이어지고 있기 때문입니다. 그 때문에 10년 전의 나는 지금의 나와 같다고 생각하는 것입니다. 50년, 60년 전에 일어났던 마음 역시 '나'라고 생각하고 있는 것입니다.

그런데 만약 일어났던 마음이 사라지고 한참 있다 마음이 다시 일어났다면 앞의 마음과 뒤의 마음 사이는 끊어져 있는 공간이 있기 때문에 앞의 마음과 뒤의 마음이 모두 내 마음이라 할 수 없습니다. 다른 존재라고 생각하겠지요.

하지만 일어났던 마음이 사라질 때 다시 일어난 마음과 겹치기 때문에 그 마음은 염염히 상속된다고 말할 수 있겠습니다.

마음이 염염히 상속되는 것은 업력이 작용하기 때문이다.

마음이 염염히 상속되어 나갈 때 어떤 특별한 힘이 있어야만 그 마음을 지속할 수 있는데. 그걸 '업력'이라고 합니다. 만약 업의 작용이 없으면 마음은 염염히 상속되어 이어가질 않습니다. 왜 업이 작용한다고 판단할 수 있냐면, 원래 마음의 본심은 진여본심이고 본디 생동하지 않습니다. 움직이지 않습니다. 생멸하지 않습니다. 생멸하지 않는 마음이기 때문에 업이니 인과니 업력이니 하는 것이 있을 수 없습니다.

그런데 반드시 생멸하는 마음이라야만 업력이 생기고, 그 업력이 있어야만 염염히 상속되는 작용이 있게 됩니다. 그리하여 지금 일어났던 하나의 생각과 감정과 느낌들을 다음 마음으로 이어 갈 수 있도록 어떠한 힘이 작용되는데 그것을 업의 작용이라고 합니다.
마음은 계속 이어지기 때문에 이것을 '등류等流'라고 합니다. 계속 이어지고 있는 폭포에 물이 흘러내리듯이 마음이 계속 이어집니다.
이와 같이 우리의 마음은 한번 일어나서 영원히 사라지지 않는 그런 무한적인 마음이 아니라, 찰나 찰나에 생멸하는 마음이지만 찰나찰나에 염염히 상속하고 등류하기 때문에 우리 마음은 끝없이 이어지고 있습니다.

아뢰야식은 영원불멸 불생불멸의 마음으로 끝없이 이어져 간다.

불교에서 바라보고 있는 이 '마음'은 초기불교와도 다르고 현대과학과 의학에서 보는 것과도 다릅니다. 종전에는 다섯 가지 감각기관과 여섯 번째 의식인 제6의식까지 모두 여섯 개의 마음만 있는 것으로 이해하고 있었기 때문입니다.

하지만 심층의 무의식인 제7말나식과 제8아뢰야식까지 함께 해서 마음의 본질을 설명하고 있기 때문에 마음은 모두 여덟 가지가 되는 것입니다. 이 중 7식과 8식은 뗄 수 있는 관계가 아니고 항상 두 마음은 함께 하고 있습니다.

8식은 어떤 마음이냐? 마음 중에 심왕心王이라고 합니다. 절대 사라지지 않는 마음이라고 합니다. 이 아뢰야식은 왜 사라지지 않느냐 하면, 진여본성을 의지로 삼고 있기 때문입니다.

아뢰야식에는 업의 습기가 담겨있고 업의 종자가 수없이 담겨져 있는 곳이라서 때 묻은 무명업식이 일어나는 곳이지만, 이 마음은 진여본성을 의지하고 있기 때문에 영원히 없어지지 않는 것입니다.

아뢰야식은 영원불멸의 마음이고 불생불멸의 마음입니다. 마치 실체가 있으면 그림자가 항상 따르듯이 끝없이 이어져갑니다. 진여라고 하는 마음의 참된 본성이 있기 때문에 이 아뢰야식은 끝없이 이어집니다.

아뢰야식 속의 종자와 습기를 훈습하는 것은 오근과 6식이 하고 있다.

아뢰야식 속에 들어있는 업의 결과물인 '종자' 와 '습기' 는 우리가 어떻게 행동하고 생각하느냐에 따라 훈습되며, 그 훈습에 의해 종자와 습기가 변합니다. 아뢰야식 속에 들어있는 종자와 습기가 변할 때, 선하고 맑고 밝게 변하면 성자로 나아가게 되고, 악하고 탁하고 무겁고 어둡게 어리석고 나쁘게 변하면 중생으로 나아갑니다. 아뢰야식 속에 들어있는 이 종자와 습기를 누가 훈습하고 있느냐? 그것은 제7말나식이 하고 있는 것도 아니고 제8아뢰야식이 하고 있는 것도 아닙니다. 지금 현재 몸의 다섯 가지 감각기관인 오근과 제6의식이 하고 있습니다.
지금 현재 이 순간에도 여러분들의 몸과 현재 의식인 마음을 계속 훈습시켜서 제7말나식을 거쳐 제8아뢰야식 속의 종자와 습기를 계속 훈습 저장시키고 있습니다.

지금 이 순간에도 우리는 우리 자신의 종자와 습기를 만들고 있다.

여러분들이 법사스님의 법문을 열심히 듣고 있을 때 여러분의 마음, 즉 제6의식이 딴 짓을 하면, 눈은 법사스님이 법문하는 쪽으로 보고 있고 귀는 열려 있지만, 제6의식이 다른 데 가버리면 법사스님이 무슨 말을 하고 있는지, 조금 전에 뭐라고 했는지 하나도 기억나지 않는 경우가 있습니다.
이처럼 제6의식은 떠나갈 수 있지만, 다시 또 여기 와서 몸과 함께 눈과 귀와 코와 함께 활동하기도 합니다. 그래서 몸과 제6의식이 하나가 되었을 때는 법사스님의 모습과 말이 또렷하게 귀에 들어오게 되는 겁니다. 이걸 '정신을 차린다.' 라고 합니다.

이렇게 여러분들이 지금 현재 보고 듣고 냄새 맡고 맛보고 피부로 감촉하고 또 혼자서 상상하고 공상하고 망상하는 이런 것들이 전부 업이 되고 종자와 습기를 지금도 만들고 있습니다. 이렇듯 만들어진 습기와 종자는 제8식에 저장되는 것입니다.

제8아뢰야식은 마치 앨범과도 같은 역할을 하는 마음이다.

여러분이 눈을 통해서 어떤 대상을 보고, 귀를 통해 대상에 대한 소리를 들었습니다. 이때 의근을 통해서 의식이 이걸 묻습니다. '이게 뭐지?' 라고 했을 때 제6의식은 이게 뭔지 모르니까 제7식을 거쳐서 제8식에 저장되어 있는 종자를 가지고 와서 이걸 분별하게 됩니다. 마치 사진을 많이 찍어 앨범에 가득 저장해 놓고 이것이 뭔지 알려고 하면 앨범을 뒤져 그 사진을 보고 '아! 이건 그것이구나.' 하듯이 그 앨범 역할을 하고 있는 마음이 제8아뢰야식입니다. 여덟 번째 마음입니다.

우리의 마음이 다섯 가지 감각기관과 제6의식이 활동하더라도 뭔가를 보고, 듣고, 냄새 맡으며 맛보고, 피부로 감촉한 것을 식별하고 판단을 하려고 한다면 반드시 아뢰야식 속에 저장되어 있는 정보를 가지고 와야 판단할 수 있기 때문에 그 속에 들어있는 정보가 잘못된 정보가 들어있으면 잘못된 정보를 가져와서 판단한다는 것입니다.

아뢰야식에 저장되어 있는 종자는 올바르게 저장되었을까? 그릇되게 저장되었을까?

한 가지 여러분에게 묻겠습니다. 지금 여러분의 여덟 번째 마음인 아뢰야식에 저장되어 있는 여러분의 종자, 삶의 경험들. 과거 생으로부터 끝없이 저장된 경험들, 이번 생에서 지금까지 저장된 경험들. 그 경험들이 진리 그대로 정확하게 저장이 되어있을까요? 아니면 틀리게 저장이 되어있을까요?

결론적으로 말씀드리면, 그릇되게 저장되어 있습니다. 왜냐하면, 처음 정보를 받아들여 제8아뢰야식 속에 저장시킬 때, 제7말나식인 자아의식이 아치我癡, 아견我見, 아만我慢, 아애我愛의 네 가지 근본 번뇌를 가지고 받아들이기 때문에 이미 오염되어 그릇되게 받아들이고 있기 때문입니다. 그렇게 저장시켜 놓는 것입니다.

예를 들어, 차를 타고 지나가는데 산에서 연기가 올라옵니다. 그 연기가 올라오는 것을 정확하게 파악하려고 하면 그 현장에 가서 산불에 의해서 나타난 연기인지, 아니면 강물에 의해서 올라오는 안개인지 또는 산줄기를 타고 내리는 운무인지를 정확하게 파악해야 마음속에 올바른 정보를 저장할 수 있는 것 아닐까요?

그러면 차를 타고 훅! 지나갈 때도 정확하고 올바르게 파악할 수 있을까요? 자기의 직감에 의존한다면 마음속에 산불이 나서 연기가 난다고 생각하고, 안개라고 생각하면 강이 있다고 생각하고, 운무라고 생각하면 구름이 산에 걸려있다고 생각하겠지요. 그 때문에 어떤 것이 맞는지 현장에 가보지 않고서는 알 수가 없습니다. 그처럼 우리는 자기 방식대로 기억정보들을 아뢰야식 속에 저장시켜 버립니다.

아뢰야식 속에 저장된 종자와 습기를 토대로 대상을 식별하고 판단한다.

우리 마음 가장 밑바닥에는 제8아뢰야식의 종자와 습기가 가득 차 있습니다. 지금 우리가 현재의식에서 뭔가를 식별하고 판단하고 분석할 때 이 저장된 종자와 습기를 토대로 판단하고 식별하기 때문에 '틀렸다'는 것입니다. 예를 들면, 태양이 동쪽에서 뜨고 서쪽으로 지는 줄 알고 있습니다. 그건 왜일까요? 우리 몸으로 지구가 자전하는 것을 느낄 수가 없기 때문입니다.

옛날에는 해가 동쪽에서 떠서 서쪽으로 지는 것이라 그렇게 믿었어요. 그런데 이제는 과학이 발달하고 태양계를 이해하는 지식이 옛날과 달라서 지구가 자전한다는 사실을 알게 되었습니다. 그처럼 우리는 일상생활 속에서 틀린 것들을 옳다 라고 생각하고 있는 것들이 많습니다. 이것을 어리석음이라고 합니다. 근본 어리석음이라고 합니다.

마음이 보는 것은 중추신경 세포들의 판단에 의해서 만들어낸 의식이다.

지금 여러분이 방 안에 앉아 있다고 생각해 봅시다. 여러분은 무엇인가를 보고 있습니다. 아마도 밖에 있는 그 어떤 것을 보고 있다고 생각합니다. 여러분이 소리를 듣고 있어요. 아마도 밖에 있는 어떤 소리를 듣는다고 생각합니다. 냄새를 맡는다면 밖에 있는 향기를 맡는다고 생각합니다.

그러나 여러분은 한 번도 밖에 있는 소리를 들은 적도 없고, 밖에 있는 냄새를 맡은 적도 없으며 밖의 모습을 본 적도 없습니다.

여러분의 마음이 보고 있는 것이 뭐냐 하면, 감각 세포에 의해 들어온 정보가 신경 세포로 전달되어 뇌로 들어왔을 때 중추신경 세포들의 판단에 의해서 의식을 만들어내기 때문에 이미 바깥경계하고는 관계없습니다.

화학 물질에 의해, 신경의 신경 세포들의 전류에 의해서 그것을 보고, 듣고, 냄새 맡기 때문에 한 번도 밖에 있는 것을 직접 보거나 듣거나 알 수가 없습니다.

모든 것은 다 마음이 지어낸 것이다 – 일체유심조一切唯心造

법문하는 이 법사스님의 손에 마이크가 잡혀 있습니다. 감촉이 느껴집니다. 손에서는 이미 감촉을 느꼈어요. 신근身根이 감촉을 느꼈다는 것입니다. 몸이 감촉을 느꼈어요. 이 감촉에 대해서 어떤 상을 떠올리고 어떤 개념을 떠올리려고 하면, 이 느낌의 감각은 감각 세포를 통해 내 몸속에 있는 신경 세포로 전달되고 이어 척수신경을 통해서 중추신경에 올라와 뇌에 있는 1000억 개의 뇌세포가 이 느낌을 판단해줍니다.

'아, 이건 찹찹하구나. 이건 따뜻하구나! 이건 쇠구나! 이것은 쇠와 뭔가가 합성된 것이구나.' 라고 나름대로 이 마이크에 대한 개념을 정리합니다.

또한 '이 마이크가 요렇게 생겼구나! 요런 재질이구나! 요런 성품이구나!' 라는 것을 아는 것은 이 법사의 마음이 뇌신경 세포에 의한 전류 작용에 의해, 화학물질 작용에 의해서, 보고 있고 판단하고 있다는 것입니다.

이를 인식론적 입장에서 본다면 전부 다 내 마음 안에서, 내 몸 안에서 뭘 보고 있는 것이지 내 몸 밖에서 보고 있는 것은 아무것도 없다는 것입니다. 그래서 불교에서는 '모든 것은 이와 같이 다 마음이 지어낸 것이다' 라고 합니다. 일체유심조一切唯心造입니다.

긍정·부정에 따른 마음 상태는 몸에 직접적인 영향을 미친다 .

지금까지 우리는 마음에 대한 것을 파악해보았습니다. 현대 의학적 관점에서 보는 마음과 불교적 관점에서 보는 마음은 분명히 차이가 있다는 것을 알게 되었습니다. 그런데 마음은 몸에 영향을 미칩니다. 만약 마음이 편안하거나 행복하거나 긍정적이거나 하는 마음이 일어나면 우리 몸은 좋은 호르몬들이 나와서 이완이 됩니다. 반대로 부정적이거나, 짜증스럽거나, 스트레스 받는 어떤 생각들을 받아들이게 되면 우리 몸에서는 나쁜 호르몬들이 나와 독소를 유발시키고 우리 몸을 병으로 이끌어갑니다.

몸과 마음은 떼려야 뗄 수 없는 불이不二의 관계이다.

마음은 분명히 몸에 영향을 끼칩니다. 몸은 세포에서 또 기관에서, 호르몬들을 배출하게 되는데 이 호르몬에 의해 우리의 감정이라고 하는 마음이 일어납니다. 엔돌

핀을 분비하게 되면 마음에서 즐거움이 일어나고, 도파민을 분비하게 되면 쾌감이 일어나게 되고, 멜라토닌을 분비하게 되면 만족감을 느끼게 되고, 세라토닌이라고 하는 화학물질을 분비하게 되면 행복감을 느끼게 됩니다.

우리가 느끼고 있는 쾌감이나 즐거움이나 행복하고 편안함이나 이런 만족감들은 결론적으로 몸에서 분비되는 화학물질인 호르몬의 정도와 종류에 의해 나타나는 현상들입니다. 이처럼 몸은 마음에 영향을 주고 마음 또한 몸에 영향을 주는, 서로 상의상관성相依相關性의 관계 속에 있습니다. 몸과 마음은 떼려야 뗄 수 없는 불이不二의 관계입니다. 둘이 아닙니다.

성불을 이루려면 몸과 마음 그 어느 한 곳도 소홀히 해서는 어렵다.

불교의 궁극적 목적인 성불을 이루기 위해서는 반드시 몸과 마음을 조화롭게 닦아나가지 않으면 이루어 낼 수가 없습니다. 그래서 마음을 닦으려고 하는 사람이 몸을 팽개쳐 버리면 절대 마음의 결과를 얻을 수가 없습니다. 몸을 닦는 사람 역시도 마음을 팽개치고 아무리 몸을 닦아봐야 결국은 만족한 몸을 만들 수가 없습니다.

우리가 행복하고 건강하기 위해서, 궁극적으로 성불하기 위해서는 몸과 마음의 유기적 관계성인 상의상관성의 법칙을 잘 이해해서 몸과 마음을 조화롭게 닦아나가야만 성불에 가까워질 수가 있습니다.

몸과 마음을 가장 조화롭게 닦아나가려면 호흡이 필연적·필수적이다.

성불에 가까워지기 위해서 몸과 마음을 가장 조화롭게 닦아나가려면 필연적·필수적으로 따라주지 않으면 안 되는 것이 하나 있습니다. 그것은 바로 호흡입니다. 호흡은 원래 자연 호흡이고 무의식의 호흡이었습니다.

그런데 세상에 태어나 성장하는 과정에서 의식이 만들어지고 그 의식이 만들어짐으로 인해서 그 의식에 의해 호흡이 지배를 당해 버렸습니다. 그렇다 보니 호흡은 균등한 호흡을 하지 못하고 불규칙적인 호흡을 해서 몸을 망가뜨립니다. 그 망가뜨린 몸에서 나오는 호르몬에 의해 감정과 마음이 스트레스를 받게 됩니다. 스트레스를 받은 마음이 또 다시 몸을 혹사시키고, 이런 것이 반복되면서 우리는 짜증과 분노와 신경질과 불쾌감 등이 일어납니다.

지금 마음속에 만약 짜증과 신경질이 많이 난다면, 세상 살고 싶은 마음이 없고, 의욕도 없고, 삶의 가치도 못 느끼며 무기력과 우울에 빠져 있다면, 지금 여러분의 몸 상태는 비정상입니다. 몸이 비정상이니 마음 상태도 비정상인 것입니다. 이것은 어디에서 문제가 되느냐 하면 호흡이 조화롭지 못했기 때문입니다.

호흡은 균형을 맞추어야 올바른 생명을 유지해 나갈 수 있다.

여러 가지 수행방법이 있지만, 오늘은 몸과 마음을 조화롭게 닦기 위한 호흡의 중요성을 법문하는 만큼 여러분들이 꼭 마음에 담으시기 바랍니다. 먼저 호흡은 아주 균등하게 해야 합니다. 균등하게 하는 방법은 호흡할 때 생각을 담지 말고 합니다. 왜? 생각을 담아 버리면 의식이 일어나게 되는데 의식은 호흡의 균등을 깨뜨려 버립니다.

그래서 의식을 담지 않는 호흡. 그러면 일반 사람들 호흡은 보통 1분에 18번 정도 호흡을 합니다. 운동할 당시에는 한 20번 정도 호흡을 하게 됩니다. 명상을 하게 되면 보통 1분에 네 번에서 다섯 번 정도 하게 됩니다. 수행이 깊어지면 평상시 분당 약 5~6회 정도가 됩니다. 그런데 어느 정도까지 호흡이 가야 하느냐 하면 1분에 1회 정도, 한 호흡을 해야 합니다.

호흡은 천천히 내쉬고 내뿜어야 한다.

호흡은 천천히 내쉬고 내뿜어야 합니다. 왜냐면 호흡은 천천히 들이쉴 수 없습니다. 천천히 내쉴 수는 있는데 천천히 빨아들일 수 없습니다. 폐 속에 들어있는 공기 압이 적으면 대기압이 저절로 코와 입속으로 밀려들어오기 때문에 인위적으로 조절하면 폐 기능에 부하가 걸립니다. 그래서 폐 속에 들어있는 공기를 천천히 깊숙이 완전히 토해내게 되면 1분에 3번 정도 호흡하게 되고, 내뿜게 되면 저절로 공기가 들어오게 됩니다.

먼저 공기를 내쉬고 공기를 빨아들이는 '호呼 흡吸'을 해야 합니다. '흡, 호'를 하는 것이 아닙니다. 들숨과 날숨을 잘하라는 겁니다. 그래서 여러분들이 마음과 몸을 건강하게 하고 또 선정에 들거나 성불을 하기 위해서는 반드시 호흡을 천천히 길게 깊숙이 내쉬어야 합니다.

이렇게 하게 되면 몸은 반드시 이완하게 되고 이완된 몸에서 좋은 호르몬들이 분비되어 좋은 마음과 감정이 일어납니다. 또 좋은 마음과 감정은 또 다시 내 몸에 영향을 끼쳐 몸도 건강하게 만들어가게 됩니다. 이렇게 해서 우리는 성불의 세계로 나아갈 수가 있는 겁니다.

마음의 심층을 잘 이해하면 성불의 길로 나아가는 데 도움이 된다.

결론적으로, 이 마음이라고 하는 것은 우리 몸에 의해서 발생되는 제6의식의 마음이 있는가 하면, 깊숙한 무의식의 마음인 제7말나식이라는 자아의식과 함께 모든 업의 종자와 습기를 담고 있는 아뢰야식인 여덟 번째 마음을 가지고 있는 존재이기 때문에 지금 여러분들이 말하고 생각하고 행동하는 모든 행위와 행동들은 전부 다 종자와 습기가 되어 마음 깊숙이 저장이 됩니다.

그리고 이렇게 저장이 된 것들은 여러분들이 어떤 생의 윤회를 할 때마다 반드시 종자가 되어 여러분의 삶을 이끌어갑니다. 여러분의 몸도 그렇게 만들어 갑니다.

이런 점을 염두에 두고 우리가 살펴본 의학적 관점에서의 마음과 불교적 관점에서의 마음은 차이가 있으면서도 유사한 점을 많이 발견할 수가 있었고, 특히 불교 유식학에서 말하고 있는 마음의 심층을 잘 이해해 여러분의 마음을 충분히 공부하고 이해한다면 성불의 길로 나아가는 데 도움이 될 것입니다.

진심법문 1 〈나는 누구인가, 어디서 왔으며 어디로 가는가?〉

초판 1쇄 인쇄 2021년 03월 10일
초판 1쇄 발행 2021년 03월 20일

—

글 대풍 범각
삽화 김은주
펴낸이 김윤희
펴낸곳 맑은소리맑은나라
디자인 김창미

—

출판등록 2000년 7월 10일 제 02-01-295 호
본사 부산광역시 중구 중앙대로 22번길 동방빌딩 4층
지사 서울특별시 용산구 한강대로 259 고려에이트리움 1613호
전화 051-255-0263 **팩스** 051-255-0953
이메일 puremind-ms@hanmail.net

값 22,000원
ISBN 978-89-94782-81-2